致

先父
吳貴恆

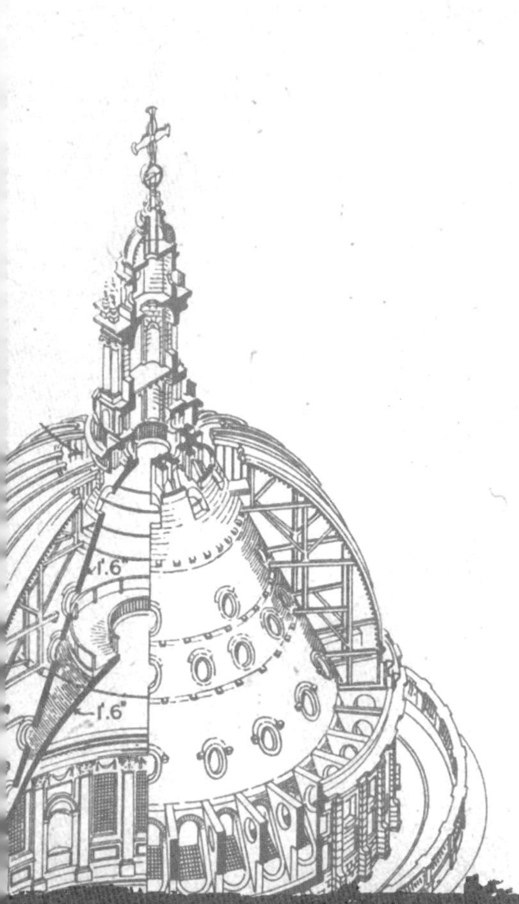

神學及歷史通識叢書

築樓蓋頂

中世紀教會縱橫談

吳國傑◎著

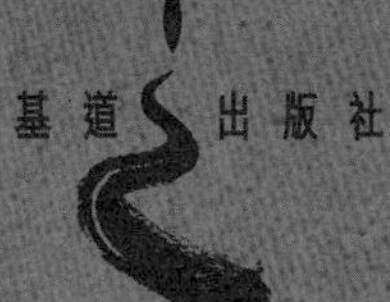

▼

神學及歷史通識叢書

築樓蓋頂

中世紀教會縱橫談

Constructing the Church

Key Developments of the Medieval Church

作者
吳國傑 Ng, Nathan K. K.

責任編輯
文肖玲

裝幀設計
奇文雲海．設計顧問

■

出版／發行
基道出版社
香港沙田火炭坳背灣街26號富騰工業中心1011室
LOGOS PUBLISHERS
Unit 1011, Fo Tan Ind. Centre, 26 Au Pui Wan St., Shatin, Hong Kong
電話：(852)2687-0331 傳真：(852) 2687-0281
網址：http://www.logos.com.hk

承印
陽光印刷製本廠

●

8/2011 初版
Cat. No. LP252
ISBN: 978-962-457-423-4

刷次	10	9	8	7	6	5	4	3	2	1
年份	2020	2019	2018	2017	2016	2015	2014	2013	2012	2011

序言

本書延續早前出版的《奠基立柱——初期教會縱橫談》，此系列的教會歷史部分，原計劃由多位華人學者聯合編寫，惟因種種理由，現由本人續寫。本書涵蓋中世紀這近千年的漫長歲月裏，基督教會的種種變遷和演變。這段時間的發展不單塑造了今日的天主教，其對基督新教的影響也無容置疑。宗教改革由之而起，現時新教普遍持守的體制與信念，部分是中世紀傳統的反動，但亦有不少部分是其延續，若不妥善掌握這段時期的教會發展，就無法準確認識我們今日的教會。

為保存統一性，本書採用與前書相類似的風格。全書共分 3 部分，合計 10 章。第一部分為導論性的介紹，指出中世紀教會如何承先啟後，成為架接初期和現代教會的橋梁，解釋認知其歷史對今日基督徒的意義，並導引研讀有關課題應有的心態和方法。本書其中一類對象為未曾受過神學訓練的熱心基督徒，故加設這些基礎資料，以幫助讀者更能明了書中內容。雖然本書預設大部分讀者均曾閱覽前書《奠基立柱——初期教會縱橫談》，但這並非必然，為方便只選讀本書的讀者掌握，小部分類似前書之導引內容會於本書重現。若讀者已參閱前書，又不欲重溫，此部分相關內容可跳讀略過。

中世紀教會歷史涵蓋年期很長，其中發生的事件甚多，基督教會也曾經歷多次興衰。本書第二部分嘗試以傳統史書表達方式，將中世紀教會歷史按時序細分成 3 個階段，逐一展示其時代處境和需要，重點介紹此時期教會的主要發展。閱畢這部分 3 章簡介，讀者應能對中世紀教會歷史之輪廓有初步的掌握；不欲進深或抽不到時間的讀者，可由此直接跳到隨後宗教改革的歷史。坊間有關宗教改革的書籍頗多，基道出版社 2006 年出版了一本譯著——麥格夫（Alister E. McGrath）的《宗教改革運動思潮》（增訂版），筆者亦計劃日後續寫本系列叢書的宗教改革部分，讀者可自由選讀。

第三部分共有 6 章，以主題方式從不同角度論述中世紀的教會發展。這些主題每個均相當重要，為整全認識此時期教會歷史所必須。筆者在這部分會較詳盡解釋有關課題，分析其成因、演變、結果和影響，幫助讀者有較深入的掌握。內文會盡量追索與現代教會的關係，讓讀者更確切認知基督教信仰與體制的歷史源流，對自身所信的有更深刻的體會。雖然本部分探討的 6 個主題在歷史發展上互相關連，但每章討論均各自獨立，讀者可按個人興趣或需要自由跳讀。當然，若能順序閱讀所有內容，效果會更加理想。

跟前書類同，本書內文加插了不同的詞語解釋和補充資料，以ⓘ符號表示，方便讀者分辨。書內適當地方亦附載相關原典文獻的節錄，全部以楷體標示，幫助讀者透過這些一手資料，親身體會昔日歷史人物的思想和掙扎。各章末段皆設溫習和反省問題，讓讀者測試自己對該章內容的理解，並反思有關歷史對本身信仰的意義。最後還附有進深閱讀書目，給有志進一步研習的讀者有路可循。由於有關中世紀教會歷史的中文書籍不多，筆者雖盡量羅列，書目仍以英文材料為主。

與前書不同的，是本書內容相對詳盡深入，以應今日傳道牧者與神學生的求知裝備需求；並在各章末另加插現代的反省與回應，以🌐符號表示，以啟發讀者對內文的思考，將體會化成具體的回應。為保存叢書的統一性，日後若《奠基立柱——初期教會縱橫談》再版時，也會作出同類內容上的擴充與增補。

趁此機會，要感謝神給我異象、能力和培訓機會，可以有幸在教會歷史研究上貢獻華人教會。多謝基道出版社的邀請，並承擔編輯、校對和出版等煩瑣卻重要的事務，使本書得以面世。又多謝香港浸信會神學院給我美好的研究環境，可以既方便又專注地進行編著。願本書能誘發更多華人基督徒追求認識自身的歷史源流，建立強健的信仰傳統，能有力面對這時代的挑戰。

最後，筆者僅將本書獻給先父吳貴恒，多謝他昔日的養育、教誨與培訓。記憶中，父親外表嚴肅、重視紀律、處事認真，同時又顧慮別人、寬容遷就，很少會堅持爭取。細心思想，今日本人的個性特質，也難說沒有父親的影響。遺憾當年大學將快畢業，父親就因病離世，轉眼已 20 餘載；願神保守他的靈魂得享安息！

吳國傑

香港浸信會神學院

2010 年 10 月

目錄

第一部分

第一部分　基本概念簡介

第一部分

在研讀本書以前，請先用不多於 10 分鐘時間，回答下列 10 題是非題，初步測試自己對中世紀教會歷史的認識。

問題	答案
1. 參與十字軍東征的都是成人。	是／非
2. 十二世紀期間，君王的地位一般比教宗高。	是／非
3. 中世紀歷代教宗皆在羅馬就任。	是／非
4. 方濟會與其他修會一樣，隱居於修道院中。	是／非
5. 到中世紀，君士坦丁堡主教長已臣服於羅馬教宗之下。	是／非
6. 第四次十字軍東征攻打了君士坦丁堡。	是／非
7. 十世紀期間，教宗一般是由掌控意大利的君王權貴任命。	是／非
8. 中世紀歷代教宗皆為歐洲人士。	是／非
9. 著名神學家阿奎那是一位道明會修士。	是／非
10. 東西方教會於 1054 年分裂，東方希臘教會演變成東正教。	是／非

以上 10 題問題，1 ～ 5 題的正確答案是「非」，6 ～ 10 題的正確答案是「是」。以上題目皆為一般中世紀教會歷史事件，撫心自問，在回答時你有否一種「不甚確定」的感覺？華人教會普遍忽略教會歷史，對中世紀的認識更少。正因許多弟兄姊妹對這時期基督宗教的認識偏向貧乏，本書特意在此先介紹一些基要的概念，以幫助讀者掌握隨後各章的內容。

中世紀教會史導論

「中世紀」一詞乃由十二世紀文藝復興初期的意大利人文主義者提出，他們熱愛昔日古希羅時期的文明，仿效他們的藝術風格，努力追求回復當年的文化成就。他們視期間近千年的歐洲歷史為文化低落的黑暗時期，並泛稱之為「中世紀」，故這詞原來有貶抑之意。時至今日，學術界對這名稱仍未有一致的時間定義，有認為始於五世紀羅馬帝國覆亡，有認為應當略後至六、七世紀希羅文化全然於歐陸消失，有學者甚至將開始時間推延到十二世紀初。中世紀的結束時間也同樣具爭議性，有指是十五世紀文藝復興遍及全歐的巔峯時期，有指是十三、十四世紀，也有說是十二世紀文藝復興初現之時。然而對教會歷史研究來說，中世紀多指西羅馬帝國覆亡、古教父傳統漸失，至宗教改革思潮逐步蘊釀之間那近千年的歷史發展，時間約為七世紀至十五世紀。究竟基督徒研讀中世紀教會歷史有何意義？研讀時有甚麼需要留意？本章會嘗試逐一解答這些基礎性的問題。

> i 「中世紀」一詞英譯 Middle Ages，常用簡稱 medieval；此詞源自拉丁文，是「中間」(*medius*)和「世紀」(*aetas*)兩字的結合，意指古希羅文明與文藝復興中間的黑暗時代。

1.1 承先啟後的歷史

教會歷史大致可分為 4 個階段：初期教會、中世紀教會、宗教改革和現代教會。這 4 個階段互相接連，在時代環境、意識形態等的轉變下，由前一個逐步演進到下一個。它們沒有清晰的分界線，階段與階段之間往往有一段重疊並存的漸進改變期。然而值得留意，這 4 個階段中最長的是中世紀；整個 2,000 年的基督教會史，中世紀約佔一半。這段時期的歷史是教會成長過程中不可或缺的一環，若忽略中世紀的基督教發展，就等同將教會變成一棵沒有莖的樹，沒有青少年期的成人，是奇形怪狀、不能接受的。中世紀以羅馬主教為首的大公教會，雖有不少令人失望的表現，但在教會的歷史進程裏，她確實扮演著承先啟後的角色，與前後各階段的歷史緊密關聯。

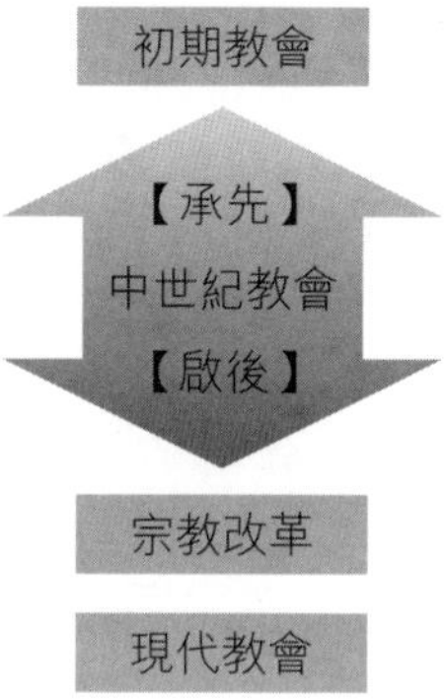

初期教會
【承先】
中世紀教會
【啟後】
宗教改革
現代教會

1.1.1 與初期教會的關係

古代教會有一個持續的傳統，就是尊重先輩。不論初期教父或中世紀教會領袖的著作，皆常引據先賢前人的教導。他們傾向依循已往立定的教義信條，並將之「發揚光大」。因此中世紀教會是初期基督教的延伸；雖然演進過程或有誇大、扭曲之嫌，但其根源往往有初期教會的影子。

> 初期教會始於主耶穌離世升天，五旬節聖靈降臨，教會於此時正式成立；終於羅馬帝國日漸勢衰，連番被蠻族入侵而終告覆亡。時間約為一至六世紀。

就以耶穌的母親馬利亞為例。今日新教徒對天主教信仰的批判，其中一項較嚴厲的是對馬利亞的尊崇，彷彿她有近乎神聖的地位。究竟天主教這信念從何而生？原來最初提升馬利亞地位的是 431 年的以弗所會議（Council of Ephesus），該會議確定耶穌基督的神性和人性是聯合在一個位格之內，由此推論馬利亞既是耶穌的母親，她也可稱為「神之母」（*Theotokos*），反對此見解的涅斯多留派（Nestorians）也因此被判為異端。由此，中世紀教會推斷馬利亞有獨特的地位，聖父藉著聖靈感孕使聖子從她的母腹而生，馬利亞因此與三一神之間有超然密切的關係，她的地位比一切受造物包括天使、天體更高。基於邏輯不斷引申，後期的天主教會逐步得出馬利亞終身童貞、沒有原罪和蒙召升天等頌揚她的教義。其他可溯源自初期教會的中世紀信念傳統，尚有羅馬教宗權威、教階制度和修會傳統等。

1.1.2 與宗教改革的關係

基督新教的形成，乃宗教改革的成果。為與羅馬公教劃分界線，不少新教徒均避免談論其與中世紀教會的關係，部分甚或斷言否定之。然而若細心留意，我們會發現由宗教改革催生的基督新教，很大程度上仍是中世紀教會的延續。聖公宗和信義宗教會的監督制和禮儀模式，無疑充滿昔日公教的影子。改革宗和長老宗的層級式架構和教會年曆，亦難說沒有中世紀教會的影響。即使被視為改革得最徹底的公理宗和浸信宗，若細問為何舊約經目次序沒有跟隨猶太人的希伯來文聖經，為何會強調靈修操練，為何懂得以哲理作為護教工具，源自初期教會的中世紀傳統是不容忽視的答案。

> 宗教改革指一連串更新中世紀宗教傳統的改革行動，目的是要糾正教會在信仰、禮儀、行政和道德上的錯誤。時間約為十六至十七世紀。

當然，基督新教亦有許多地方與中世紀教會不同，但這並不意味其影響絕不存在。相反，宗教改革重視的思想和表現，許多時是中世紀傳統的反動，要刻意將之糾正。例如中世紀教會強調神的公義和審判，人要在戰兢中以善功尋求救贖；宗教改革卻在另一端高舉神的恩典，強調因信稱義，基督徒品德的需要被大大放輕，改教家馬丁・路德（Martin Luther，1483 ～ 1546）更貶稱強調行為表現的雅各書為草木禾稭。羅馬教廷著重層級式的教階制度，視教宗、主教為信眾之首，擁有超然身分和權威；改教家親眼目睹這制度的種種流弊，失德無能的主教被選上，錯誤的教理無法糾正，遂積極提倡改革，由監督制到長老制，權力不斷下放，最後發展成會眾制。又如中世紀教會成立異端裁判所，利用國家政權壓迫異己，後期產生的新教宗派便鼓吹政教分離，以避免重蹈昔日的覆轍。

1.2 關係密切的意義

中世紀教會雖然只屬基督教歷史其中一部分，結束於數百年前，但其對今日教會仍有相當程度的影響，與現代基督徒關係密切。就如一個飽經世故的五旬壯男，雖然距離青少年期已有好一段日子，當年那份年輕人共有的盲勁已不復見，但這段時期的成長經歷，仍緊緊圍繞著個人的生活行為，無法斷離。正因中學、大學時期習得的學問知識，今日才能應付工作所需，事業有成。那時一次又一次的踫釘打擊，並艱苦而得的成功，都累積成為今日的人生經驗，塑造個人的處事風格。每當打風落雨，昔日劇烈運動時造成的傷患，就會以骨中隱痛的形式再次被記念。雖然不少朋友已甚少往來，有些更失去聯絡，但始終還有不少珍貴友情是此時建立的；也許當年的初戀情人，如今也成了多年相伴的枕邊人。當然還有許多美好和傷痛的回憶。中世紀教會就是基督教發展的青少年期，不論是喜是憂，是對是錯，也承載著我們昔日不可割離的青春歲月。綜合而言，中世紀教會歷史對現代信徒最少有以下幾重意義。

1.2.1 認識自我

沒有昨日的成長，就沒有今日的我。個人的行為、品格、性情和修養，與昔日的成長經歷和體會息息相關。在破碎家庭中長大的，很多時心靈上會有難以磨滅的創傷；往時在艱苦中努力奮鬥的經驗，是今日勝過挑戰的重要資源；曾經留學外地的，多少有點西化的味兒。要確切認識一個人，就必須回溯其成長背景。為此，每當一位政治領袖冒升掌權，不論是胡錦濤出任國家主席，或曾蔭權被委任為香港特區行政首長，報章雜誌皆立時回顧其舊日足迹，詳列往時政績與成就。無可否認，胡錦濤的共青團背景，與曾蔭權的公務員出身，皆是解讀他們今日決策行動的重要線索。中世紀教會承載著基督教往日的成長歲月，要確切認知我們現代教會的重重實況，回溯此時期的歷史發展絕不可缺。以下為數個中世紀教會歷史研究幫助基督徒「認識自我」的具體例子：

認識自我範圍	具體實際例子
神學教義	今日廣為基督教會接納的《使徒信經》如何形成？此信經最早版本見於三世紀初，此後內容不斷擴充；然而今日版本要到八世紀才正式出現，其普及主要由於查理曼（Charlemagne，約724 ～ 824）大帝的推崇。
內部分支	基督宗教為何有今日天主教和東正教之分？天主教和東正教分別源自西歐的拉丁教會和東歐的希臘教會，分別以羅馬主教和君士坦丁堡主教為首，雙方素來存在矛盾，1054 年雙方激烈爭議後正式分裂。
對外關係	為何基督徒與伊斯蘭教徒時常彼此敵視？原來在伊斯蘭教興起初期，基督教會與之關係尚算友好。惟到中世紀朝聖之路被禁絕，西方教會組成十字軍東征，兩教人士於此互相撕殺，以致造成雙方長久仇恨。

1.2.2 鑑古知今

父母在子女做錯事時教導督責，最想看到的不是子女哭著臉說「我知錯」，而是他們真的從經驗中學習，以後不再犯同樣的錯誤。以愛心教學的老師，對學生的期望不是僥倖答中題目而取得高分，而是確切從課堂和溫習中豐富個人知識。能夠從經驗中汲取教訓，行事為人才會不斷改進，逐步邁向成熟。前幾年香港股市一再飈升，在內地股民狂熱炒賣之時，香港許多市民均能在危機尚未臨到之先抽身離去；原因何在？九七金融風暴的沉痛經歷肯定是其中一個重要因由。人從經驗中學習，同樣教會亦需要從歷史裏汲取教訓。中世紀教會佔據基督教昔日成長的漫長歲月，不論成功或失敗、喜樂或痛苦，我們均應積極從其中細加反思，以得著今日推動堂會發展的智慧，避免重蹈覆轍。下列為數個中世紀教會經歷給現代基督徒的提醒，類似例子多不勝數。

鑑古知今類別	具體實際例子
教會體制	為何基督新教多避免採用領導鮮明的主教制？中世紀羅馬教宗獨攬大權，縱使教導有違真理，聖職人員道德敗壞，但信眾亦無法制衡，批判教廷者許多更遭異端裁判所逼害，因此新教不少宗派均盡量避免之。
護教辯道	面對現代世界諸般衝擊，教會應如何回應？昔日中世紀經院哲學家們邏輯嚴謹的辯證，如亞伯拉德（Peter Abelard，1079～1142）和阿奎那（Thomas Aquinas，約 1225～1274）的護教著述，至今仍具參考價值。
靈修操練	現代基督徒許多均屬靈生命膚淺，如何改善？雖然基督新教不贊同修道主義，但許多中世紀修士的靈修著作均極有深度，法蘭西斯（Francis of Assisi，1182～1226）的禱文是其中一例，教會可鼓勵信徒閱讀。

1.2.3 啟示真神

論到三一真神，聖經明說：「他使邦國興旺而又毀滅；他使邦國開廣而又擄去。」（伯十二 23）又說：「他叫有權柄的失位，叫卑賤的升高；叫飢餓的得飽美食，叫富足的空手回去。」（路一 52）神是世上萬事萬物的主宰，國家興亡在祂手中，個人際遇也由祂命定，祂是歷史發展的設計者。基督徒既是主耶穌以生命重價買贖的子民，神在信徒羣體中的工作自然額外顯明；一個個生命的改變，一件件經歷神的事迹，印證神在教會中的參與。從教會的往昔歷史，人可以窺見神的作為，從而認知祂的心意。就如舊約時代，神對以色列民的保守和督責，彰顯著祂的公義和聖潔；同樣，神也在過去2,000 年裏，按著祂的性情引導教會發展。從中世紀教會歷史，我們最少可以看到以下幾方面神的作為與屬性。

啟示神的屬性	具體實際例子
神的保守	中世紀初期，羅馬帝國遭蠻族瓜分，已大量歸信基督的羅馬人，有逃亡外地，有慘被屠殺，教會此時危在旦夕。然而因著神的保守，入侵的蠻族相繼歸主，使基督教得以堅立在歐洲地土，維持久遠。
神的同在	中世紀修道主義興盛，不少著名修士均有許多屬靈經歷，印證神同在的美妙；波拿文土拉（Giovanni di F. Bonaventure，約 1217 ～ 1274）的《永恆之路七進階》（*Seven Journeys of Eternity*），就是一個典型例子。
神的管教	中世紀羅馬教廷日趨腐化，不單扭曲信仰教義，誤導羣眾，聖職人員許多更貪圖名利，道德敗壞。就在最黑暗的時代，神興起如威克里夫（John Wycliffe，約 1330 ～ 1384）等先峯倡議改教，斥責教會錯謬。

1.3 研習本書的建議

就如到迪士尼遊玩要先索閱樂園地圖，操作電器要先讀說明書，電腦遊戲最好先有攻略指南，研讀歷史也有一些基本的技巧，可以幫助我們讀得事半功倍。本書是一本導引性書籍，以對教會歷史研究認識不深的信徒為主要對象；為此筆者特意在此簡介一些研習歷史的基本要訣，以幫助讀者掌握書中內容，以便有個愉快、充實的閱讀經歷。

1.3.1 研究模式

研讀中世紀教會歷史著述，就好比跟隨資深領隊遨遊中國大地；我們會發現許多未曾聽聞的傳統風俗，看到不少特色的文物古迹，能增廣見聞、擴闊眼界。然而，若遊歷地方眾多，資料過於豐富，又會有走馬看花、模糊混亂的感覺。要有效掌握所見所聞，最好還是先詳細閱讀行程概覽，從地圖找出各景點位置，如此才能清晰確定經過路線，避免迷失。

香港人遊歷中國可以有許多不同行程。可縱向由南到北，自廣東經福建、浙江、江蘇、山東、河北、遼寧、吉林，直到黑龍江逐省考察。可橫向由東至西，從廣東開始，經廣西、貴州、四川、青海，直達中國最西的新疆和西藏。當然，對假期時間有限的香港人來說，最普遍的是固定地區的行程，如廣東線、華中線、華北線等；此外還有些以單一城市為遊玩對象的，如北京遊、上海遊等。

同樣，中世紀教會歷史研究也有許多不同模式。雖然現時坊間相關的中文著述不多，但以外文編寫的卻相當豐富，當中有專注人物生平如阿奎那的，有研究某一教會組織如異端裁判所，有剖析個別事件現象如修道生活，也有集中教義思想發展如馬利亞觀等。正如遊歷中國廣大土地，追溯近千年的中世紀教會歷史可以有許多不同途徑，可以按時序從早到後縱向檢視，可以橫向宏觀某一時期的種種事迹，當然也可集中探討個別主題。歸納而言，研究模式大致可分成 3 類：

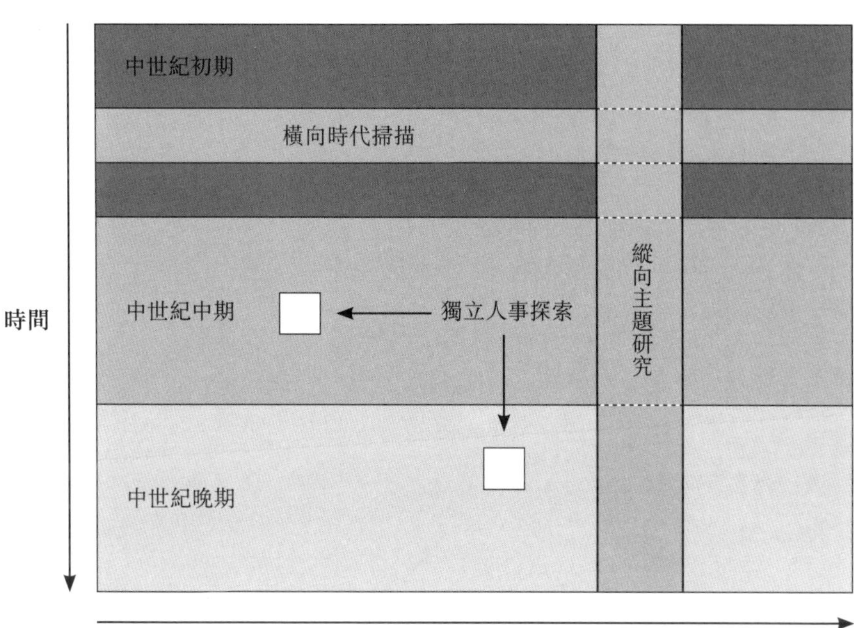

a. 橫向時代掃描：專注研究某一較窄的歷史時段，探討該時期基督教的主要發展；如卡羅林王朝時期、文藝復興時期等。若能由遠至近逐一時段探討，即能宏觀整個歷史；坊間常見的中世紀教會史概論書籍多採用此種方法。

b. 縱向主題研究：研究某一主題在不同時期的發展，橫跨整個中世紀；如修道生活的演變、教宗權威的升降等；這類研究對追索事件現象的來龍去脈甚有幫助。若能廣泛結合不同主題的研究，就能呈現整個中世紀歷史發展。

c. 獨立人事探索：專注分析個別人物或事件，涵蓋時段和範圍皆窄；如安瑟倫（Anselm of Canterbury，1033 ～ 1109）的本體論證、胡司（John Huss，約 1372 ～ 1415）的受審殉道遭遇等。這種研究討論深入，學術專文多屬此類。

1.3.2 研習建議

對一些人來説，研讀歷史是一件不折不扣的苦差。在過去多年的教學裏，曾經遇到好幾位同學坦白承認，他們自小最怕讀歷史；未有向我這位歷史科老師表白的，相信還有不少。事實上，讀歷史與觀看小説、長篇電視劇相當類似，可以甚有趣味。筆者在神學院任教，神學生們大多忙於功課溫習，無暇多看電視；但在學期初時，偶然也會踫到三幾位同學於晚飯後坐在電視機前，觀看自假期開始一直追看的長篇劇集。我沒有追看電視劇的習慣，偶然在晚飯時段觀看一、兩個情節，由於全不曉得來龍去脈，總覺劇情一點也不吸引；相反，那些追看劇集的同學，卻見他們全神貫注，津津有味。

為何有這分別？投入觀看和閱讀是其中主要關鍵。初學歷史的讀者，最常見的問題是間斷式地隨意抽讀；偶爾閱讀幾頁，隨即就放下不理，等到對所讀的已印象模糊，才再拾起史書繼續「苦」讀。這種閱讀安排，相信就是看《鹿鼎記》、看《溏心風暴》，也難生興趣。讀歷史著作最理想的方法是好像追劇集、追小説那樣，一氣呵成，全情投入。不單想像當時情境，還代入其中角色，為當事人的成功而喜樂，為所受的冤屈而激憤，如此印象就會深刻，閱讀充滿趣味。

筆者明白，香港基督徒生活忙碌，工作與事奉繁重，要抽一段時間投入閱讀一本書並不容易。為此，本書繼續採用《奠基立柱——初期教會縱橫談》的編排模式，將內容如右圖分成深淺兩個層次，從宏觀到微觀。讓讀者在「橫向時代掃描」的 3 章裏盡快掌握中世紀教會發展的主要脈胳；然後到時間許可時，才在「縱向主題研究」部分深入研讀個別專題，這些專題討論內容獨立，讀者可按個人時間安排彈性選讀。

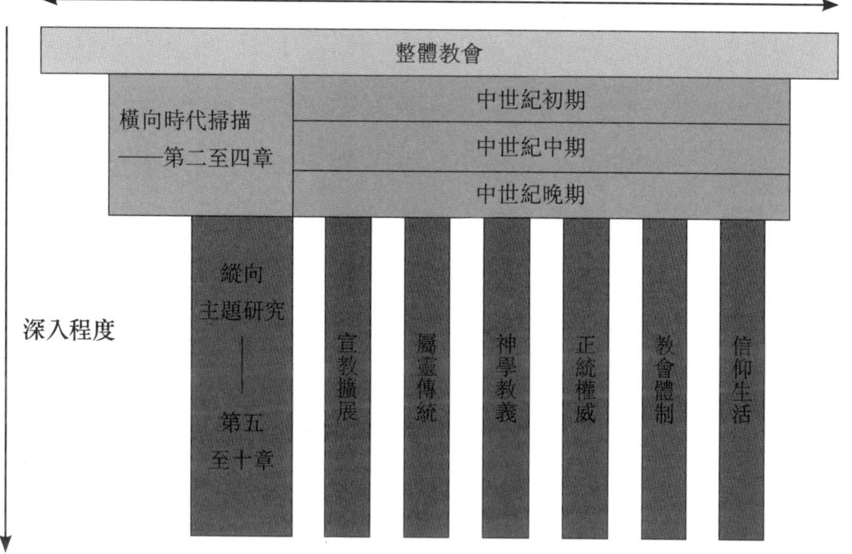

研讀教會歷史的得益

經過近十載教授教會歷史的經驗，曾目睹不少學生的進步，看到他們的轉變。有對此一竅不通，變成在堂會推動教會歷史研習的導師；有一直對歷史科目心存恐懼，逐漸對這科產生濃厚興趣；有從前只識膚淺地理解信仰，如今對整個基督教立場有清晰掌握。以下為部分學生研讀教會歷史科後的回應，願成為讀者的激勵！

教會牧者：這課程使筆者認識教會歷史的豐富知識，更使我清楚知道教會 2,000 年的過往所發生的事迹。例如天主教、更正教及東正教的由來；大公會議的舉行所為何事等等。學習教會歷史也幫助我們處理今日教會的問題。其實鑑古知今，今日教會所發生的問題，過去都已發生過，所以實在值得我們用點時間去認識教會歷史的。

教會牧者：於此學期能研習教會歷史，是在這兩年神學訓練中的重要學習，有如初嘗到一新發掘而來的寶藏。由教會歷史的學習一方面體會到在神學知識中一個重要的貫穿點，將神學、經學、教會及屬靈的發展共冶一爐；另一方面能夠鑑古知今，成為未來牧養及教會傳統作了知識裝備及參考。對於整個事奉及信仰的層面，得到另一層次的發展。

教會牧者：歷史一向給我的印象是艱難和沉悶，艱難在於牽涉的人物、地方、事件實在太多，更要按時序排列；沉悶在於討論的事情全是過去的，對於我這個喜歡展望未來、喜歡一理通百理明的理科生來説，歷史使我卻步。讀了教會歷史後，首先讓我改觀的是，原來歷史不單單是過去的事情，跟現在及未來都有關連，即鑑古知今。

神 學 生：教會歷史給大多數信徒的印象是沉悶和困難。我們不得不承認，關心教會歷史的信徒和教牧少之又少。我上教會 10 年來，鮮有聽聞過這方面的教導。……不過在上課的過程中，我發現我們並不是如想像中對教會歷史缺乏興趣的。不斷地發問，我們發現了不少有趣的問題，澄清了很多觀念，也明白了我們信仰的來源。

神 學 生：我認為教會歷史這科目極之有用，課堂上聽到的盡是新知識，因此上課時同學們總是覺得很有趣。但這情況正正反映了一個問題，我們信主多年，為甚麼大家也沒有在教會內聽過這些知識？可見香港教會對教會歷史的忽略。其實教會歷史是一個非常重要的科目，我們必須知道自己所信的宗教之起源和發展。

神學生：在進入神學院之前，我對教會歷史可謂一竅不通，因為教會的教導從來都沒有涉及這個範疇；而自己也沒有多大的興趣作深入探究，因為「歷史」似乎與「過時」、「沉悶」這類詞彙已經畫上等號。然而，在研讀過教會歷史之後，我卻別有一番體會。透過學習，我明白到認識教會歷史，就是認識我們的信仰。

信徒領袖：教會歷史對每一個基督徒都意義重大，我會花多點時間去研習。因歷史就好像我們自己的身世，究竟你的父母親是誰，他們的父母又是誰，一直追源溯本，當有人問到我的祖先是如何，我就能如數家珍。基督徒的（祖先）是誰，當有人問到基督教的來歷，我就可以清楚說明。

信徒領袖：這科令我們更自覺須進一步學習，因為我們要引此為鑑，要認真追尋我們的信仰，明日的歷史是由我們一起建構起來的，求主讓我們認清我們生命的目標，不要讓我們陷於權力、金錢及情慾的試探中，讓我們在社會裏彰顯祂生命的真諦，還原我們應有的神真善美的模樣。

信徒領袖：教會歷史使我們能更了解教會的過去，並在當中從先賢的經驗中學習。在花上相當時間研習後，我感到相當有趣，亦從各時期中的制度、異端、背景等明白到當時教會和基督徒所面對的問題，及對我們的影響。因此我們都願意花時間學習。

溫習及思考問題

1. 甚麼是「中世紀」?

2. 對教會歷史研究來說，中世紀始於何時？又終於何時？

   開始：

   結束：

3. 教會歷史可分為哪 4 個階段？當中最長的是哪個階段？

   四階段：

   最長階段：

4. 中世紀教會與初期教會有何關係？

5. 宗教改革與中世紀教會有哪兩種關係？

   a.

   b.

6. 研讀中世紀教會歷史對現代基督徒來說有哪 3 重意義？

   a.

   b.

   c.

7. 歷史研究可分為哪 3 類模式？

   a.

   b.

   c.

8. 本章對研習歷史著述提出了甚麼建議？

9. 請為自己編排一個研讀本書的時間表，計劃何時閱讀各章內容。

第二至四章：____________________

第五章：____________________

第六章：____________________

第七章：____________________

第八章：____________________

第九章：____________________

第十章：____________________

進深閱讀書目

吳國傑：《真貌重尋——教會歷史研究導引》。香港：基道，2005。

吳國傑編：《鑑古知今：教會歷史的提醒》。《山道期刊》卷六第一期。香港：香港浸信會神學院，2003。

Bradley, James E. and Richard A. Muller. *Church History: An Introduction to Research, Reference Works, and Methods*. Grand Rapids: Eerdmans, 1995.

Comby, Jean and Diarmaid MacCulloch. *How to Read Church History*. 2 vols. New York: Crossroad, 2000.

第二部分

橫向時代掃描

第二部分

第二部分

所謂橫向時代掃描，就是以歷史時段為分界，全面概覽有關時段基督教會的特殊處境和主要發展。中世紀教會延續近千年歷史，期間在政治和文化上發生過許多重大的變化。為準確描繪各時段社會環境的特色和教會體制的轉變，本書再將中世紀漫長的歷史細分為初期、中期和晚期 3 個階段。這 3 個時段前後連接，聯結起來就成為整全的中世紀教會歷史。

準確來說，中世紀教會是由六世紀末西羅馬帝國完全覆亡開始，一直延續至十六世紀初宗教改革正式爆發為止；期間涵蓋越 900 年的歐洲歷史。由於涉及範圍廣大，具深遠影響的人和事多不勝數；要在其中挑選公認能區別初、中、晚 3 段中世紀時期的分水嶺並不容易。也許，基於教廷地位的興衰變遷，887 年卡羅林王朝（Carolingian Dynasty）的終結，和 1215 年第四次拉特蘭會議（Fourth Council of Lateran）的召開，可以視為時段分界的參考點。惟必須承認歷史發展往往並無明確界線；許多持續的事件如十字軍東征等，亦每每會跨時越界，延續多個時段。為使敍述連貫，本部分有些主題的討論會超越其所屬章節應涵蓋的年期，盼讀者理解。

跟初期教會一樣，中世紀教會亦不斷在其身處的社會文化和政治處境中掙扎成長。惟不同的是，基督教會此時已具備相當規模，有能力左右歐洲整體的形勢和發展。在中世紀，社會動態與教會演進是緊密聯繫、彼此互動的。因此要準確認識基督教歷史，就必須對各時段影響教會的主要大事有基要的掌握。西羅馬帝國瓦解和伴隨的民族大遷移，將原來已接近完全基督教化的西歐改頭換面，教會與政權的關係也要重新建立；東羅馬帝國遭伊斯蘭教徒圍攻，領土不斷被削減，到十五世紀完全覆亡，也對東方教會的發展產生嚴重的影響。另一方面，在成功的宣教策略下，基督教逐漸成為歐洲廣大民眾的共同信仰；在許多時段裏，羅馬教宗甚至有壓制個別君主的巨大權力，使外在的社會環境隨教會立場而改變。

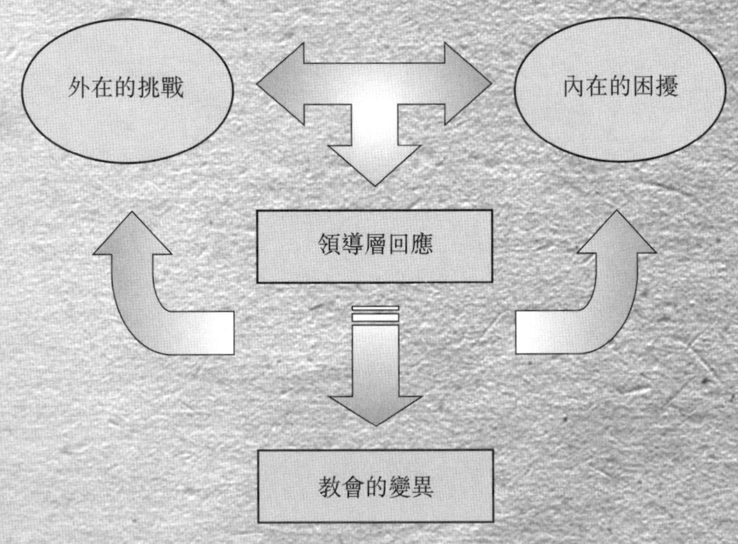

本部分 3 章內容雖各有不同分題，但它們全部都可順序歸屬為上表「外在的挑戰」、「內在的困擾」、「領導層回應」和「教會的變異」四類。這些元素彼此關連、互為因果，因此需要整體研究，前後對照。與初期教會比較，中世紀教會也是在許多內憂外患中掙扎求存；惟不同的是，初期教會產生的多是正面的成長，而中世紀教會則衍生了不少扭曲的變異。

中世紀初期

「中世紀初期」所指的，主要是六世紀末西羅馬帝國覆亡，至九世紀末卡羅林王朝結束，期間約 300 年的歷史。此時教會面對著嚴峻的考驗，原本已大致歸屬基督教的羅馬帝國，受到日耳曼外族大舉入侵；政局尚未安定，不久又要應付伊斯蘭教的威脅。如何在這動盪時刻使基督宗教繼續屹立不倒，是教會此時的重大挑戰。其中牽涉的努力，包括積極引領外族歸主，軍事防禦伊斯蘭教勢力擴張，強化教會組織體制，鞏固中央集權制度等。也許，「掙扎求存」可以說是這時期的標記，而民族遷移、政局混亂、軍事衝突、積極宣教、權力轉移等，則是中世紀初期的主要特色。

> i 「羅馬帝國」源起於公元前八世紀，此後逐步擴張而成為橫跨歐、亞、非三洲的龐大帝國。為方便治理，帝國於三世紀末開始分成東、西兩部分，395 年兩部正式完全分立。

2.1 動盪時局的處境

羅馬帝國曾經盛極一時，其版圖比古時任何一個地中海強國都大，不論是全盛時期的亞述、巴比倫、波斯或希臘，均無法與之匹比。從文化發展歷史觀看，其藝術成就更是數百年後文藝復興追求的對象。究竟如此強盛的羅馬帝國，因何會衰微滅亡？這是早年許多歷史學家經常爭論的議題。在討論後期的動盪時局以前，不妨先來看看羅馬帝國下滑以致敗亡的種種原因。

2.1.1 帝國衰微的原因

為有效治理羅馬帝國的廣大領土，在 285 年皇帝戴克里仙（Diocletian，在位於 284 ～ 305）治下，帝國開始分成東、西兩部分管治。雖然往後在君士坦丁（Constantine，在位於 307 ～ 337）等君主期間曾屢次統一合併，惟不久在 395 年東、西羅馬帝國便正式分疆治理，各自為政。究竟羅馬帝國何時開始衰微？學者有不同見解：有認為始於三世紀初皇帝瑟維魯（Septimius Severus，在位於 193 ～ 211）治下，此時羅馬帝國版圖開始逐漸縮減；有認為始於戴克里仙，其東西方分疆治理的政策大大削弱了羅馬帝國的軍事力量；有認為起因於君士坦丁，其遷都和宗教政策，激起了社會人民的離心；當然也有認為是源於 395 年開始的東西方分立，使雙方帝國不再緊密支援，給外族有機可乘。

引致羅馬帝國衰微的原因，學者們也有許多不同見解。其中較主要的，有以下幾項：

a. 社會道德敗壞：隨著國家安定富強，羅馬人逐漸變得生活奢華腐敗，失去昔日刻苦奮鬥的耐力和精神。在羅馬主流社會裏，男女隨意與異性發生關係，同性戀隨處可見，原來兩性分開的公眾浴池漸被男女共浴取代；社會是非顛倒，淫亂放縱。此外，效率低劣的官僚制度，人民不事生產，貪好格鬥、賭搏等無意義的娛樂，都在損耗羅馬帝國的國力。

b. 國家經濟崩潰：羅馬帝國軍事戰爭頻繁，對外擴張領土，內部彼此爭權。為建立強大軍事力量，維持廣大領土穩定，政權所投放之軍費年年上升；為維持收支平衡，國家向平民大眾索取的稅收也不斷提高。這苛稅政策使人民對帝國政府的不滿持續累積，期望早日改朝換代；當遇上採用低稅制的政治勢力入侵時，人民很快便棄現政權而去，轉為支持新政府管治。

c. 領導階層狹窄：帝國以數目有限的羅馬人，肩負管治廣大外族的責任。隨著領土不斷擴大，受統治、受壓制的民族日增，忠於執政者的人數比例逐步下降，漸漸顯得脆弱不足。加上邊緣城市與首都羅馬（Rome）相隔路途遙遠，難於監察管治；遇上偏遠地方出現叛亂，羅馬政權也難立時掌控實情，派兵增援。到執政者的政令和軍力抵達時，問題已一發不可收拾。

d. 內部離心力強：羅馬政權經常要面對帝國內 3 方面的挑戰。首先是羅馬權貴，羅馬人並沒有類似中國人的效忠傳統，皇位常是政客貴族爭奪的對象，故此興兵作反、謀朝篡位事件一再發生。其次是受轄外族，這些外族不滿於受羅馬人統治的光景，常要尋求獨立自治，猶太人的奮鋭黨就是一例。最後是帝國內數目龐大的奴隸，他們慘受勞役，早已怨氣沸騰。

e. 帝國首都東遷：四世紀初君士坦丁統一全國後，將帝國首都由羅馬遷到東方的君士坦丁堡（Constantinople）。首都的東遷令軍事力量也隨之轉移，西方重城包括羅馬等的防守力大減，讓入侵者有機可乘。同時，西方物資素來短缺，需仰賴東方如埃及等地的進貢；帝都東遷意味物資也不再大量往羅馬輸送，西方政府變得窮乏，以致無力抵禦外族的入侵。

> 「蠻族」原指非希臘語、非拉丁語的外族，在民族大遷移初期主要指來自北歐和東歐的日耳曼人。他們按源流宗系組成不同的族羣，各自建立勢力，四處尋找安居之所。由於此時的日耳曼族羣普遍文化低落，遠遜於羅馬帝國，故被稱為蠻族。

f. 外來蠻族興起：為著尋找食物、安定居住和逃避戰禍，早在公元前二世紀，已有蠻族從北歐來到羅馬帝國邊境居住。早年的羅馬帝國君主，包括凱撒(Julius Caesar，在位於公元前48～44)等，均曾嘗試領軍攻打這些蠻族，意圖將他們歸入帝國的管治之下，惟一直未完全成功。及至羅馬帝國漸漸衰微，這些屢遭攻擊的蠻族便乘機而起，成為最終消滅羅馬帝國的軍事力量。

事實上，羅馬帝國的衰微是由許多因素合併而成，上述每個原因均對削弱帝國力量、加速國家滅亡產生催化作用。冰封三尺非一日之寒，偉大建築不能靠一人之力，如此強大的羅馬帝國迅速在短短百年間由盛而衰，不斷萎縮，實為許多潛在問題共同誘發的結果。倘若羅馬政權能預早正視國內外問題，善加處理，對症下藥，也許帝國不單可免被蠻族入侵，免遭回教徒吞蝕，相反還能擊敗他們，加以轄制。如此歷史必會大大改寫，有全然不同的模樣。

執政年期	管治範圍	君王名稱	外文原名	主要事迹
193～211	全國	瑟維魯	Septimius Severus	羅馬帝國版圖開始縮減
284～305	全國	戴克里仙	Diocletian	將帝國分東西兩方管治
307～337	全國	君士坦丁	Constantine	將首都東遷君士坦丁堡
395～423	西方	洪諾留	Honorius	正式分裂後首位西方皇帝
395～408	東方	阿卡丟	Arcadius	正式分裂後首位東方皇帝
475～476	西方	奧古斯塔斯	Romulus Augustus	西羅馬帝國最後一位皇帝
1448～1453	東方	君士坦丁九世	Constantine XI	東羅馬帝國最後一位皇帝

2.1.2 西羅馬的覆亡

一直以來，羅馬帝國是強盛、安定與繁榮的象徵。直至四世紀中期，

「羅馬安寧」(*Pax Romana*)仍為古代西方世界的共同體認。雖然自三世紀開始，不同的日耳曼族羣經常侵擾羅馬帝國邊境，在多瑙河一帶掠奪，但在羅馬守軍保衛的範圍裏，社會普遍仍是相當安全穩定。

引發這些族羣大舉東遷的，是來自遠東中國北部的匈奴人(Huns)。他們是這時期向西遷移的蠻族中，少數不屬於日耳曼語系的族羣，然而卻又是當時軍事力量最強的民族。約370年，匈奴人開始進攻歐洲東部，迫使原來居住在羅馬帝國邊境的日耳曼族羣向東遷移，其中西哥特人(Visigoths)更於376年率先闖進羅馬帝國境內，揭開蠻族大遷移的序幕。

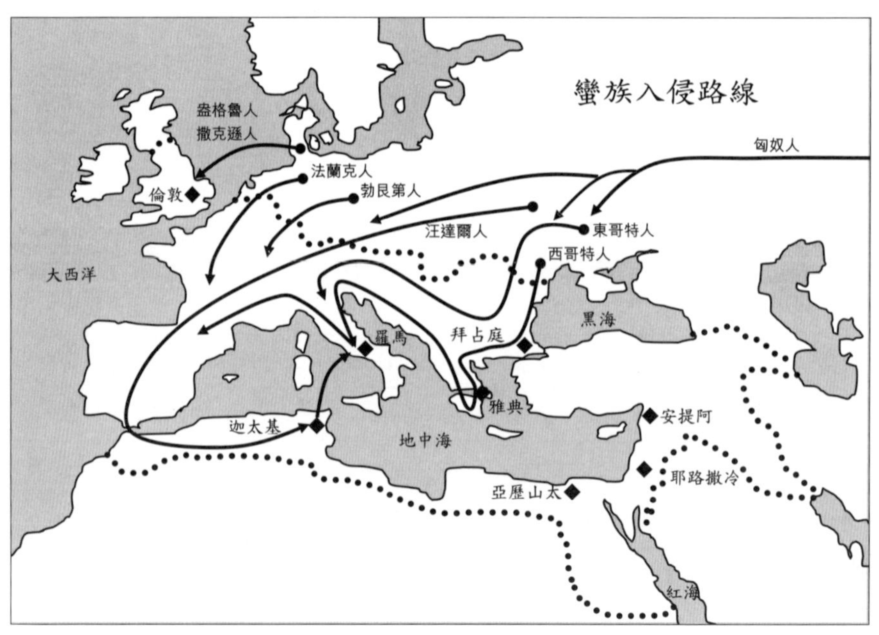

此後歐洲的歷史發展相當複雜，國與國、民與民之間互相結親聯盟，又彼此爭戰。378年，西哥特人與羅馬政權爆發衝突，皇帝華倫斯(Valens，在位於364～378)急求戰功、輕視敵人，未等同伴增援就草率領軍作戰，

結果令人意外地慘敗被殺；這次哈德良堡之戰(Battle of Adrianople)的結果，震驚羅馬上下，使帝國的弱點全然暴露於眾蠻族眼前。

此後，西羅馬帝國遭到多次襲擊，一直被視為帝國標記的羅馬城屢次失守。410 年，西哥特人突襲羅馬城，搶掠 3 天後撤退離去，全國驚愕。451 年，匈奴人攻取高盧和北意大利多個重鎮，直迫羅馬城；羅馬守軍聯結西哥特人才能勉強抵禦，免被攻陷。不久，汪達爾人(Vandals)在 455 年乘虛而入，攻陷羅馬城，大肆搶掠和屠殺達 14 天之久。羅馬帝國經歷多場戰爭失利後，已逐漸變得衰弱，最終任由蠻族宰割。

學者普遍認同，西羅馬帝國是在 476 年正式滅亡。當時奧都塞爾(Odoacer，435 ～ 493)率領日耳曼小族羣希路利人(Heruli)發動政變，篡奪當時執政者奧古斯塔斯(Romulus Augustus，在位於 475 ～ 476)的皇位。為轉移由狄奧多里(Theodoric，454 ～ 526)領導之東哥特人(Ostrogoths)的威脅，兼且一石二鳥對付篡位者奧都塞爾，東羅馬皇帝齊諾(Zeno，在位於 474 ～ 491)授權東哥特人進攻意大利；結果他們於 493 年擊敗奧都塞爾，成為意大利的新統治者。雖然東羅馬皇帝猶斯丁年(Justinian，在位於 527 ～ 565)勵精圖治，於 554 年成功擊敗東哥特人，奪回意大利主權，但為時不長。猶斯丁年離世後，568 年開始倫巴底人(Lombards)不斷進攻，帝國軍隊抵抗不住，從意大利北部節節向南敗退，結果意大利大部分地方皆成為倫巴底人的領土，直到 774 年被另一支日耳曼族羣法蘭克人(Franks)擊敗為止。

主要蠻族	著名統領	主要源流
匈奴人 Huns	阿提拉 Attila	來自遠東的強大外族，迫使其他蠻族逃入羅馬帝國；曾於 451 年進攻羅馬，領袖阿提拉死後匈奴人在歷史中消失。
西哥特人 Visigoths	阿拉利 Alaric	原居於東歐羅馬尼亞一帶，因逃避匈奴人向西南遷移，410 年成功偷襲羅馬城，最後安頓於高盧西部和西班牙一帶。
東哥特人 Ostrogoths	狄奧多里 Theodoric	早年曾於黑海北部建立王國，後因匈奴人攻擊而南遷，曾威脅君士坦丁堡，493 年進佔羅馬，成功奪取意大利主權。
汪達爾人 Vandals	迦斯域 Gaiseric	源於多瑙河流域，長征經高盧和西班牙，再轉入北非，成功奪取迦太基為首都；455 年沿海路北上掠奪羅馬城。
勃艮第人 Burgundians	艮達哈爾 Gundahar	早年在萊茵河東岸建立王國，因被匈奴人擊敗而變得微弱；後來東山再起，且向西南遷移，盤據今日瑞士一帶。
法蘭克人 Franks	克羅維斯 Clovis	起源於萊茵河流域，先後於 507 及 534 年擊敗西哥特人和勃艮第人，成為西歐霸主，領土覆蓋今法國和德國全地。
倫巴底人 Lombards	阿本恩 Alboin	原居於歐洲北部易北河下游，後遷到多瑙河沿岸，568 年開始進攻意大利，節節勝利，成功在該處建立多個公國。

2.1.3 東羅馬的萎縮

與西羅馬比較，東羅馬的資源豐富許多，軍事實力與防衛設施也比較堅固。在西羅馬帝國被蠻族相繼入侵之時，東羅馬帝國享受著相對的安寧。雖然有時也要面對外族的威脅，但全都可以化險為夷。例如阿提拉（Attila，406 ～ 453）領導的匈奴大軍，就曾於 435 年威脅東羅馬，迫使皇帝狄奧多西二世（Theodosius II，在位於 408 ～ 450）簽訂對匈奴人有利的和約。東哥特人亦曾在 489 年迫近東羅馬首都君士坦丁堡，惟威脅很快就因當時皇帝齊諾的計謀，巧妙轉移敵人攻擊對象而得以解除。

西羅馬帝國覆亡後，東羅馬帝國獨自面對四方八面的外族衝擊，此時他們又稱為拜占庭帝國（Byzantine Empire）。527 年猶斯丁年登基，在他的英明領導下，東羅馬帝國完成法制上的改革，與東面波斯帝國簽訂和約；其軍隊並在 533 至 554 年間，成功奪回汪達爾人佔領的北非、東哥特人控制的意大利和已屬西哥特人的西班牙南部，將拜占庭帝國領向顛峯。惜猶斯丁年於 565 年離世後，國勢開始下滑，原來已奪回的領土也逐一被鄰邦吞噬。

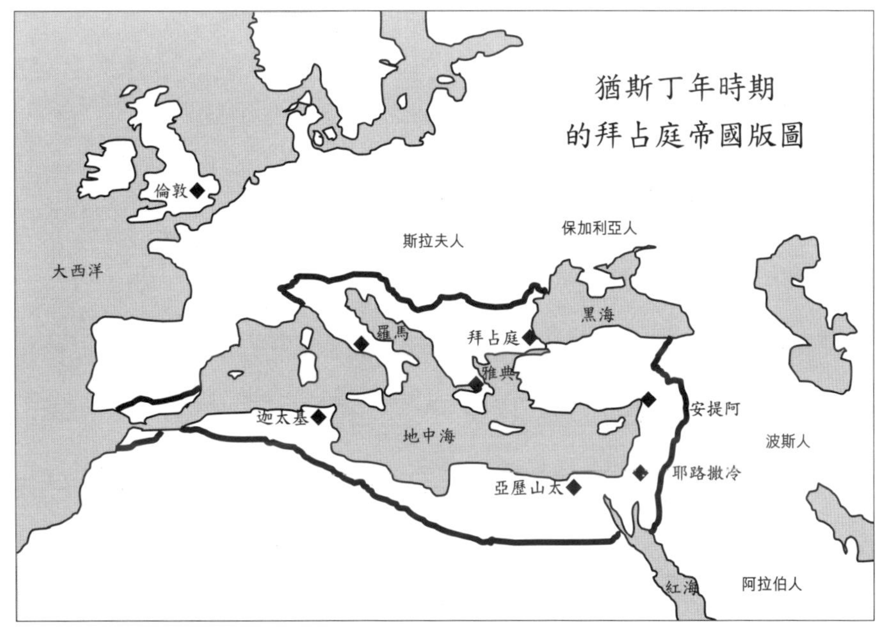

七世紀開始，拜占庭帝國可謂四面受敵，要同時應付波斯人（Persians）、斯拉夫人（Slavs）和保加利亞人（Bulgars）等民族的威脅，持

續面對衝突與戰爭達數百年之久。而這時期興起信奉伊斯蘭教的阿拉伯人（Arabs），能在 622 至 750 年這短短百多年間，迅速擴展成為東達現今的巴基斯坦與阿富汗，西至摩洛哥和西班牙的強大勢力，領土橫跨歐、亞、非三洲，更是拜占庭帝國生死存亡的長久隱患。延綿不斷的戰亂，使原來強盛的拜占庭帝國元氣大傷，漸漸萎縮衰微。

主要蠻族	著名統領	主要源流
波斯人 Persians	巴拉五世 Bahram V	源於今伊朗一帶，早於公元前六世紀已相當興盛。薩沙奈王朝（Sassanid Empire）時期常與拜占庭爭戰，弄致兩敗俱傷。
斯拉夫人 Slavs	薩莫 Samo	源自歐亞邊境，因日耳曼人被匈奴人驅趕西遷，而佔據其中歐和東歐土地，且四處擴散，分成東、南、西斯拉夫三支。
保加利亞人 Bulgars	庫布特 Kubrat	源自中亞的土耳其族羣，隨匈奴人西遷至歐洲。早期曾受雇於拜占庭帝國以對付外族，六世紀初開始反過來攻擊拜占庭。
阿拉伯人 Arabs	穆罕默德 Mohammed	源於阿拉伯半島的遊牧民族，610 年開始逐漸信奉伊斯蘭教，651 年結束波斯薩沙奈王朝，且逐步吞拼北非和西班牙等地。

2.2 分散流失的危機

基督教會經歷早期在羅馬帝國治下，長達 200 多年的逼迫，終於守得雲開見月明。因著皇帝君士坦丁的歸信，基督教會於 313 年頒佈的米蘭諭旨（Edict of Milan）獲得合法地位，可以自由公開地傳道和聚會。在四世紀末皇帝狄奧多西一世（Theodosius I，在位於 378 ～ 395）治下，基督教進一步成為羅馬帝國惟一合法的宗教，信徒人數不斷上升。好景不常，蠻族入侵與西羅馬帝國的失落，使教會原已取得的優勢逐漸消失；取而代之的是政局混亂、人心惶惶、信眾流失、內部分裂，基督教會要在這惡劣環境中掙扎求存。

2.2.1 信徒人數的下滑

在這段中世紀初期的動盪時刻，東西方教會信徒人數均有顯著下降；當中尤以飽受戰火催殘的西方更為嚴重，拉丁教會陷入生死存亡危機。若不是後來在蠻族中的福音工作成功見效，基督宗教也許已從西歐拔除，教會以及世界歷史也要改寫。

西方以羅馬主教為首的拉丁教會，信眾人數急速下滑，有 3 個主要原因。第一，許多已歸信基督的羅馬人在戰禍中遇害身亡，有當兵的戰死沙場，有平民無辜被屠殺。第二，隨著戰禍混亂，六世紀西歐爆發嚴重瘟疫，四處出現饑荒，奪走生命無數。第三，為逃避戰火與瘟疫，大量西羅馬居民離鄉別井，遷移到較安全的地方；有逃往東羅馬帝國，也有到其他偏遠城鎮。這幾個因素使居住西羅馬帝國境內的人口減去大半；原來有 100 萬市民的羅馬大城，有高達 90%喪生或遷離，剩下的不足 10 萬，教會信眾數目也按相近比例劇減。

> i 羅馬帝國的官方語言是拉丁文。雖然西羅馬於三世紀開始普及採用拉丁文，但東羅馬民眾仍一直沿用希臘文。因此西方的基督教稱為拉丁教會，而東方則稱為希臘教會。西羅馬帝國覆亡後，東羅馬皇帝赫拉克留（Heraclius，在位於 610 ～ 641）約於 620 年將帝國的官方語言改回希臘文，正式結束拉丁文化的影響。

相對來說，東方以君士坦丁堡為首的希臘教會，在當地基督徒君主的保護下，享受著比較安穩的發展。然而，因著戰爭軍費龐大，帝國逼於向國民提高稅捐，結果造成日益強烈的不滿；以致採用低稅制伊斯蘭勢力入侵時，許多國民便自發投誠。東羅馬帝國許多領土被阿拉伯人奪走的同時，原來在當地居住的基督徒亦相繼改投伊斯蘭教。雖然有從西羅馬而來的難民不斷湧進，成為東方教會的教民；但伊斯蘭勢力的膨脹速度驚人，在入不抵出的情況下，東方希臘教會的人數相應下降。

2.2.2 神學爭議的延伸

因著耶穌基督的特殊宣告和事迹，初期教會對祂的本質爭議甚多，先後有亞流主義（Arianism）、亞波里拿留主義（Apollinarianism）、涅斯多留主義（Nestorianism）和歐迪奇主義（Eutychianism）等異端出現。對耶穌成就救贖的不同理解，也產生伯拉糾主義（Pelagianism）和半伯拉糾主義（Semi-Pelagianism）等歧異思想。隨著時局轉變，這些神學爭議在東西方教會出現頗為不同的面貌；惟相同的是兩方發展皆為早期爭議的延伸，要求教會認真面對。

東方希臘教會此時要處理的是「基督一性論」（Monophysitism）的爭議。對於耶穌基督神人二性的結合，雖然 451 年的迦克墩信經清楚訂明，主耶穌基督神性完全、人性完全，然而兩性如何並存於一個位格之內，始終難於為人所理解與接受。迦克墩信經在東方教會尤其未獲普遍認同，傳統早見於亞歷山太主教區利羅（Cyril of Alexandria，約 370 ～ 444）那視基督只有一性的見解，仍廣被接納；有人甚至努力以種種手段，意圖將之定為正統教義。此後到七世紀，教會領袖仍努力探索基督的二性如何合一，當中的能力、行動和意志，究竟有一個還是二個？由此又衍生「基督單意論」（Monotheletism）

> i 基督一性論源自希臘文 *monos* 和 *physis* 的結合，前者直譯為「惟一」，後者指「性質、本性」。這理論認為道成肉身的基督只有一性，而非迦克墩信經所列明的神人二性。直到今日，基督一性論仍是敍利亞、科普替和衣索匹亞等地之正教教會所持守的信仰立場。

的異端爭議。

西方拉丁教會要面對的主要異端問題，則是亞流派蠻族的湧入。約於 341 年，在亞流派於東方教會得勢之時，傳教士烏斐拉（Ulfilas，約 311 ～ 383）獲委任為哥特主教，成功引領大量哥特人歸信基督。此後，其他日耳曼蠻族也相繼接受亞流式的基督信仰。雖然亞流主義最後在 381 年的君士坦丁堡會議再度被判為異端，惟蠻族並未因此而自動改變其基督論立場。因此，幫助眾蠻族改信正統信仰，便成為此時西方教會的重大挑戰。

亞流主義源自四世紀初亞歷山太長老亞流的異端思想：堅持神是獨一的，聖子乃聖父的受造物，與父的本質不同，因此絕非真神。該主義於 325 年的尼西亞會議被判為異端，惟後來又死灰復燃，且曾一度得勢；到 381 年的君士坦丁堡會議才最終被判罪。

哥特人信奉亞流式基督信仰的經過

那些稱為哥特人的蠻族住在多瑙河外，他們當中因爆發內戰而分成兩派，一方以弗泰格努（Fritigernus）為首，另一方則由亞他拿理（Athanaric）帶領。當亞他拿理佔著上風，弗泰格努嘗試尋求羅馬的協助以對付敵人。當此事到達皇帝華倫斯（Valens）耳中，他隨即下令駐守在色雷斯的軍隊前往，協助這些蠻族彼此攻打；他們在多瑙河外徹底擊敗亞他拿理。正因這緣故，許多蠻族成了基督徒。對弗泰格努來說，跟隨羅馬皇帝信奉同一宗教，是對其施恩協助的回敬；他且催促屬下跟隨他皈依歸信。所以，今日有許多哥特人受亞流主義信仰所塗毒，因為當時的皇帝正擁抱這思想。當時的哥特主教烏斐拉負責制訂哥特文字，翻譯聖經為他們的語言，並將屬神真理教導這些蠻族。

蘇格拉底：《教會歷史》4.23

2.2.3 東西雙方的分立

自 451 年的迦克墩會議，羅馬帝國內的基督教會，即出現羅馬、君士坦丁堡、亞歷山太、安提阿和耶路撒冷五大主教長分疆統領的局面；他們各有其管治範圍，同時在信仰教義等重要議題上共同協商決策。自始，羅馬與君士坦丁堡的主教長即互爭長短；隨著亞歷山太、安提阿和耶路撒冷相繼於637至641年間陷入伊斯蘭教徒手中，羅馬和君士坦丁堡主教長兩權分立的局面更顯分明，前者在西方拉丁教會稱雄，後者在東方希臘教會稱霸。

中世紀初期，除語言文化的距離外，東西方教會的外在政治氣候也存在極大差異。東方教會在拜占庭帝國政權的蔭庇下，享受著相對穩定的社會環境；惟在單一皇帝獨尊的國家體制裏，教會只像政權轄下的一個部門，主教長彷彿只是授任管理宗教事務的大臣，處處受制於王權之下，帝國君主可隨意干涉教會事務。相反，隨著蠻族相繼入侵，西羅馬帝國瓦解，西方教會時刻要面對軍事入侵、政權動盪的威脅；然而，在各蠻族分疆自治的混亂時局裏，又讓當時力量仍然微弱的羅馬教會找著一線生存空間，雖然受當地政權影響在所難免，但獨立自由程度明顯較東方教會為大。

> i 西羅馬政權被蠻族推翻後，東羅馬皇帝隱隱成了西方政權和教權的精神領袖。西方的蠻族君主一直被視為東方皇帝的執政代表，雖然各地君王並無實質從屬關係，但也有一定象徵性意義。與此同時，新任羅馬主教就職時，往往也努力嘗試獲取東方皇帝的認同，此情況一直延續到751年東羅馬勢力完全撤離西歐才正式停止。

東西教會雙方爭議的問題很多，除兩地主教長的地位高下外，還包括神學用詞、節期訂定、禮儀細節、轄區分界等不同範疇。在中世紀初期，較為著名的討論議題是圖像之爭（Iconoclastic Controversy）。八世紀初期，東羅馬皇帝利奧三世（Leo III，在位於717～740）為求統一帝國信仰，聯結國內猶太教和伊斯蘭教勢力，以迷信拜偶像為理由，禁止教會內流行已久的圖像敬拜，結果惹來一眾尊重圖像者的不滿與對抗。此事件原本只影響東方教會，惟西方羅馬教宗貴格利三世（Gregory III，在位於731～741）和撒迦利亞（Zacharias，在位於 741 ～ 752）卻插手其中，將一切反對圖像者革除教籍。事件惹來東方教會羣眾的不滿，不論支持或反對圖像的，都認為事件只為東方教會的內部事務，羅馬主教無權干涉。

2.3 兩地鞏固的努力

西羅馬帝國被瓦解，伊斯蘭勢力不斷擴張，面對著百年難得一遇的動盪時局，基督宗教確實面對空前的挑戰。若不是此時教會先賢們的努力，對外積極向蠻族宣教，對內嚴肅處理異端爭議，基督信仰恐怕已逐步邁向萎縮，甚或消失於歐洲大陸之上。這段時期東西方教會的努力，他們如何扭轉逆境，將危機化為轉機，值得後世再思細味。

2.3.1 積極對外宣教

蠻族大舉入侵，信徒人數急劇下滑。相比起來，基督教會在中世紀初期的宣教，雖說規模略感微小、影響相對局部，但在多位著名傳道者一代接一代的艱苦努力下，宣教工作漸見成效，為基督教會在新社會環境裏的自處立下根基，為未來的發展帶來希望。綜合來說，這時期的宣教努力有兩個主要源頭，分別是愛爾蘭的修道團體及羅馬教廷的聖職差遣。

根據歷史文獻，早在三世紀初基督信仰已傳至英倫島嶼。蠻族入侵，歐洲大陸廣泛地區淪陷，基督徒或遇害、或流亡；惟愛爾蘭因地處偏遠，一直未受蠻族干擾，其中的信徒羣體可休養生息、儲備實力，成為將福音帶返歐陸的宣教奇兵。五世紀初，傳教士帕提克（Patrick of Armagh，385 ～ 461）在當時仍相當落後的愛爾蘭傳道，成功帶領多人歸主，建立修道團體，追求信仰敬虔。這些修道團體日益強盛，且擴展至蘇格蘭、威爾斯等地。563 年，生於愛爾蘭的傳教士科倫巴（Columba of Iona，約 521 ～

597）抵達蘇格蘭西岸的艾奧維島（Iona）；他於該處建立的修道羣體，逐漸擴展成當地的基督教中心、對外傳道的宣教基地。由此差出的傳教士艾丹（Aidan of Lindisfarne，卒於 651），在蘇格蘭東岸的林迪斯凡（Lindisfarne）建立修院，成為此時期第二個宣教基地。約 585 年，愛爾蘭修士科倫巴努（Columbanus，卒於 615）率先到高盧法蘭克人中間傳道，成功更新重振當地教會；他且進到意大利倫巴底人的地方，在那裏建立修院。

	愛爾蘭的修道團體	羅馬教廷的聖職差遣
發動團體	修士自發	教廷推動
權威領袖	修道院長	主教聖品
宣教組織	修道羣體	教區教會
傳道計劃	個人自發、沒組織、沒策略	中央統籌、有組織、有策略

羅馬教廷方面，教宗貴格利一世（Gregory I，在位於 590 ～ 604）於 597 年差遣本篤會修士奧古斯丁（Augustine of Canterbury，卒於 604 ～ 609 年間）前赴英格蘭，帶領多人歸主，成為首任坎特伯雷大主教。此後，又差派傳教士保利努（Paulinus of York，約 584 ～ 644）協助，擔任首位約克主教。690 年，威利布羅德（Willibrord，658 ～ 739）從約克出發到荷蘭和比利時一帶，成功帶領該處的弗里西亞人（Frisia）皈依歸信。716 年，另一位來自英倫島嶼的傳教士波尼法修（Boniface，約 675 ～ 754）從坎特伯雷出發，鞏固在弗里西亞人中間的工作；又往萊茵河以東的日耳曼人那裏，成功

> i 坎特伯雷的奧古斯丁是本篤會聖安德烈修院的院長，597 年被差派到英倫島嶼宣教。抵步僅數個月，即成功帶領那裏一位地區君主接受基督信仰；他是英格蘭宗教歷史中的重要創始人。

帶領大批羣眾歸主，在那裏建立穩固的教會和修院體制。

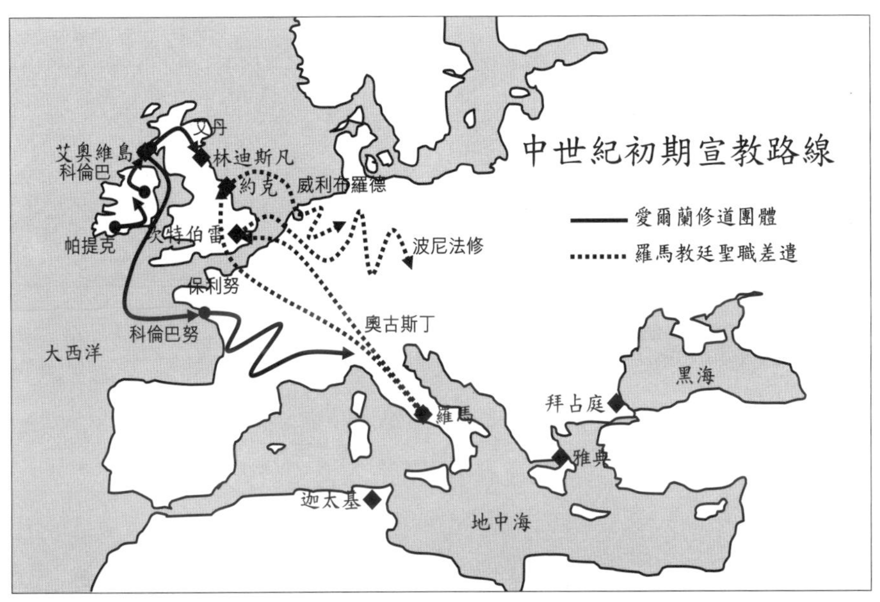

2.3.2 解決神學分歧

繼初期教會首 4 次大公會議後，中世紀初期的教會延續先輩處理異端的方法，於 553 和 680 至 681 年在君士坦丁堡再召開了兩次大公會議，分別處理基督一性論和基督單意論的爭議。由於有關神學爭議主要發生在東方，加上西方政局混亂，出席這兩次大公會議的主教主要來自東方希臘教會。會議結果，基督被確認具有神和人兩種本性，且有兩個意志；基督一性論和基督單意論皆被定為異端。支持者遂獨立出來，成為今日分佈敍利亞、科普替和衣索匹亞的正教教會。

大公會議	會議地點	會議年期	處理異端
第一次	尼西亞	325 年	亞流主義
第二次	君士坦丁堡	381 年	亞流主義＋亞波里拿留主義
第三次	以弗所	431 年	涅斯多留主義＋伯拉糾主義
第四次	迦克墩	451 年	歐迪奇主義
第五次	君士坦丁堡	553 年	基督一性論
第六次	君士坦丁堡	680 ～ 681 年	基督單意論
第七次	尼西亞	787 年	反圖像主義

至於西方的亞流派蠻族，教會則採取種種傳道、政治和軍事手段，努力使他們轉歸大公教會。日耳曼蠻族中，首先接受大公信仰的是法蘭克族；496 年，該族君主克羅維斯在一場決定性的戰爭中，倚靠基督反敗為勝，因而皈依大公教會，他且帶領其軍隊和人民歸信。為免強盛的法蘭克人以異端為借口發動攻擊，勃艮第人率先於 516 年放棄亞流主義思想，改從大公信仰；法蘭克王族後來又以姻親關係吞併勃艮第國。534 年，北非的汪達爾人被東羅馬皇帝猶斯丁年的軍隊擊敗，從此他們分散各地，逐漸放棄亞流主義，轉歸大公教會。不久，盤踞意大利的東哥特人亦於 554 年被猶斯丁年的拜占庭大軍擊倒，民族宗教也像汪達爾人般改為正統。受著法蘭克人的影響，位處西班牙的西哥特人亦於 589 年開會通過正統的尼西亞信仰。可以說到六世紀末，除倫巴底人的信仰立場仍左搖右擺外，差不多所有日耳曼蠻族都已皈依大公教會。亞流派蠻族的問題於此近乎徹底解決。

克羅維斯皈依大公信仰經過

兩軍在戰場上互相殺戮，克羅維斯的軍隊幾近覆歿。眼見危在旦夕，他的心被搞動，眼中流淚，舉目向天，說：「克羅娣德〔克羅維斯太太〕宣稱是永生神兒子的耶穌基督，聽說祢能幫助受壓者，賜勝利給凡仰望祢的人，如今我懇求祢的榮耀的幫助。假若祢幫助我勝過仇敵，讓我得試人們所見證屬祢的權能，我就必相信祢，受洗歸入祢名下。因為我曾呼求我的神，但發覺他們並不能幫我，所以我確定他們沒有能力，不能援助事奉他們的人。現在我呼求祢，渴望祢能幫助我脫離仇敵。」當他這樣呼求，亞歷曼尼就轉身逃跑；當軍隊看到他們的首領被殺，就都轉投克羅維斯之下。……此後，這君王認信三一神是全能的，奉聖父、聖子、聖靈的名受洗，且被膏以基督的十字架。他的軍隊也跟隨受洗，人數超過 3,000。

圖爾的貴格利：《法蘭克人史》2.30 ～ 31

2.3.3 東西兩方堅持

東西兩方教會的爭議，因圖像之爭而被激化。自西羅馬帝國遭蠻族瓦解，東羅馬皇帝一直被視為西方教會的象徵性政治領袖；新任羅馬主教就職，皆努力試圖獲得東方皇帝肯定。726 年，東方皇帝利奧三世宣佈圖像為偶像，下命全面拆除銷毀；他且對支持圖像者進行迫害。時任西方羅馬教宗的貴格利三世卻兩度召開會議，公開斥責利奧的行為。為抗衡各方敵對者的軍事威脅，羅馬教廷且向法蘭克人求助，與東羅馬帝國的脫離關係。800 年聖誕日，當法蘭克國王查理曼（Charlemagne，在位於 768 ～ 814）在羅馬聖彼得教堂禱告時，羅馬教宗突然為他加冕成為神聖羅馬皇帝，象徵完全擺脫東方皇帝的政治管轄。

i

800 年羅馬教宗為查理曼加冕的行動，一直被視為「神聖羅馬帝國」的起始。這帝國純屬一個復古的國號，並無實質政權和國界。自查理曼始，羅馬教宗一直將之封贈予支持教廷的強勢君主。隨著時代轉變，神聖羅馬帝國最後於 1806 年告終。

此事不久，又出現𡚸丟斯分裂(Photian Schism)事件，當中東西方主教長互相驅逐。858年，東方皇帝米迦勒三世(Michael III，在位於842～867)將君士坦丁堡主教長伊格那丟(Ignatius of Constantinople，在位於847～858及867～877)撤職，原因是他大力抨擊其叔父；皇帝又將著名的平信徒神學家𡚸丟斯(Photius，在位於858～867及877～886)升任為主教長，接替伊格那丟。無路可訴，伊格那丟惟有向羅馬教宗尼古拉一世(Nicholas I，在位於858～867)求助；尼古拉遂於863年宣告罷免𡚸丟斯。回以顏色，𡚸丟斯公開指斥西方教會種種錯謬，如私自在《尼西亞—君士坦丁堡信經》(*Nicea-Constantinople Creed*)加入「和子」(*Filioque*)字詞等，他且於867年召開會議，宣判尼古拉罪過。𡚸丟斯事件將東西方教會的衝突表面化，使分裂變得難以挽回。

「和子」是拉丁文用語，為西方教會私下加進信經的字詞。東方教會只承認聖靈由父而出，西方教會則認為聖靈由父「和子」而出。東方教會對此篡改非常不滿，因而引發雙方長久衝突。後世稱這事件為「和子之爭」。

2.4 中央集權的形成

時局動盪，原來的政教秩序受到衝擊，教會需要在逆境中積極自我調節，掙扎求存。特別是西方拉丁教會，原來在羅馬政權蔭庇下的安樂環境剎那消失，取而代之的是一個個對大公教會毫無敬意的蠻族政權；危機處處，大公教會此時若處事失當，隨時有被取締消滅的危險。雖然基督新教對此時羅馬教權的冒升甚有保留；但不容否定，羅馬教廷這段期間的努力確使危機化成轉機，對基督宗教能繼續屹立於歐洲有一定貢獻。在新的社會文化裏，基督徒的宗教追求也隨之更新調節，其中最突出的當數修道生活的普及。

2.4.1 修道熱潮的興起

早在四世紀初，修道主義已於東方埃及的沙漠興起。在安東尼（Anthony，251 ～ 356）和帕科繆（Pachomius，292 ～ 346）等著名修士的帶動下，修道頓成基督徒羣體屬靈追求的時尚風氣。因著耶柔米（Jerome，約 347 ～ 419）和迦賢努（John Cassian，約 365 ～約 433）等教父的推動，修道運動由東方傳到西方。在西方的修道主義中，本篤（Benedict of Nursia，480 ～ 540）扮演著領導的角色，他在 529 年寫成的《本篤會規》（*Rule of Benedict*），平衡敬虔追求與人性軟弱，廣獲各地修院認同，逐步成為西方修道的標準規章；查理曼的兒子敬虔者路易（Louis I the Pious，在位於 814 ～ 840）更將之定為國內惟一合法的修道會規，其影響延續至今。因著政教各方的推崇，並修士們的美好見證，修道生活在西方愈見普及。

> i 本篤早年因羅馬社會的敗壞而隱居洞穴，很快便吸引修道者成羣跟隨。529 年他遷到迦西諾山，在那裏建立首間本篤修院；並擬訂修道會規，強調貧窮、獨身、服從和持守等幾項原則。

蠻族入侵，社會動盪，大城市受到嚴重衝擊，人口流散。地處偏遠、自給自足的小村莊，漸漸成為人民聚居生活的理想模式。有趣的是，修道院正正就是自給自足的小社羣；憑著修士們的共同努力，生活所需一應俱全，住宿、畜牧、農耕、糧食、酒搾、煮食、工藝、醫藥、聖堂、圖書等等，樣樣齊備。由於修院往往位置偏僻，不受戰禍搶掠侵擾，成為保存文化、安居樂業的理想避難所。有些人甚至刻意遷到修院附近居住，以求獲取社羣的保護和供應；新移民多的地方更因此逐步形成圍繞修院的城鎮。雖說修道院以退隱操練為旨，但其與附近社區的關係卻千絲萬縷；他們服務人羣、貢獻社會，於鄰近城鎮中的地位漸漸提升。總括來說，這時期的修道院最少有以下 6 項功能：

a. 宗教中心：人口分散，教廷未能處處設立教會，部分修道團體便開放聖堂或協助設立聖堂，作民眾信仰敬拜、接受牧養的地方。

b. 傳道基地：對於附近尚未接受基督信仰的蠻族，克苦耐勞、敬虔委身的修士，往往是最熱心傳道的宣教士，積極引領他人歸信。

c. 教育機構：修院保留和抄寫的典籍，是該時代珍貴的知識寶藏；修士學識豐富，許多貴族都喜愛將子弟送交修院教導和培育。

d. 慈惠組織：生活艱苦，不少貧民惟有將無力撫養的子女托交修院，讓其培育成修士或修女。此外，許多修院亦會定期出外接濟窮人。

e. 商業買賣：為改善生活，不少修院會將本身出產的禽畜、農產或工藝品，送到市場售賣，以換取修院所需；成為早期商業買賣的參與者。

f. 善終安老：許多貴族富戶都喜歡在年老時寄居修院，一方面身體可得修士照顧，另一方面心靈可得餵養；於此靜候離世歸主的日子。

2.4.2 羅馬主教的權威

時勢造英雄，羅馬主教能在帝國消亡、蠻族入侵的動盪之秋，找緊時機、獲取高位，實非無故偶然。其中利奧一世（Leo I，在位於 440 ～ 461）和貴格利一世（Gregory I，在位於 590 ～ 604）等著名領袖的勇氣、魄力、智慧和洞見，更是締造教宗統領身分的重要誘因。到九世紀末法蘭克國卡羅林王朝終結之時，羅馬教宗已同時擁有下列多重身分，地位被大大提升。

> i 貴格利一世是教會史家公認首位真正具教宗地位和職權的羅馬主教。早年曾任政府官員，後投身修道，建立修院；又曾代表西方教會出使君士坦丁堡。成為主教後一直勵精圖治，強化教會，使羅馬教權攀上高峯。

a. 民眾政治代表：五世紀中蠻族入侵，羅馬軍政領袖相繼逃亡離去，羅馬主教利奧一世多次充當羣眾代表，與蠻族如匈奴人和汪達爾人等領袖談判，化解一場場危機。六世紀末東羅馬軍隊遭倫巴底人擊退，貴格利一世體會此方軍力不足倚靠，遂自行與倫巴底人簽訂和約，解除軍事威脅。

b. 廣泛土地主人：戰亂頻繁，許多土地被蹂躪，農莊被荒廢，農夫非死則逃。教宗如貴格利一世等把握時機，廣泛佔領多處荒地，指派代表重新開墾耕作、重新建造；使教會名下的土地財產大增。

c. 救濟窮乏力量：戰禍、疫症頻生，貴格利一世指令將教會收入分成四份，平均分作主教經費、聖品薪津、維持教堂和慈惠救濟之用；他關注照顧窮乏、老弱、孤寡、病患和難民，使教會成為援助他們的避難所。

d. 推動修道牧長：本身為修士的貴格利一世相當積極支持修道，他經常藉宣講、寫作和政令推動苦修；在貴格利的影響下，本篤的修道會規、偽丟尼修的神祕主義、畫十字的禮習和貴格利式的歌詠，都受到認許，廣被採用。

e. 知識文化主管：修院地處偏遠，能保存文化典籍，不被戰禍侵擾或軍匪掠奪。教廷妥善將修院領導其下，也使西方教會成了掌控和傳授知識文化的權威；特別在卡羅林王朝推動知識教育時，教會地位更顯矜貴。

f. 策劃宣教先驅：597 年，貴格利一世率先差遣坎特伯雷的奧古斯丁到英格蘭宣教；此後又有威利布羅德和波尼法修等，相繼在教廷支持下到蠻族中間傳道。這些宣教士的成功，使羅馬主教的領導地位更廣獲認許。

g. 政權授任象徵：由克羅維斯創建的米羅雲王朝（Merovingian Dynasty），於七世紀漸漸失去實權；經過幾代立功，卡羅林家族變成了法蘭克國的真正統領者。751 年，熱心宗教的矮子皮平（Pepin the Short，在位於 751 ～ 768）請求教宗撒迦利亞允準結束米羅雲王朝，正式登基為王。此舉無形中承認教宗擁有授任王位之權。

h. 跨國屬靈領袖：隨著對外宣教的成功和各地蠻族的歸信，教宗成了跨國的屬靈領袖，各國君主和人民皆為其牧養的羊羣。相比昔日歸附西羅馬政權之下，此時教宗已不再受任何一國君主轄制，享有獨立自主的權威。

2.4.3 東方教會的自處

對於西方教權的冒升，東方教會一直不以為然；對於羅馬主教的「教宗」宣稱，君士坦丁堡方面從不承認。相反，因著拜占庭是羅馬帝國惟一真正的延續，君士坦丁堡又是該國的首都，故其主教長一直爭取成為眾教會之首。六世紀末，約翰四世（John IV，在位於582～595）更將「普世」（Ecumenical）名號加在君士坦丁堡主教長之上，惹來羅馬教宗嚴重抗議，大加斥責。在圖像之爭和阜丟斯分裂事件裏，東西方教權的爭競和分裂更顯嚴峻；雖說其後關係曾經稍得緩和，但雙方從未真正融合。

> i 約翰四世是君士坦丁堡第三十三任主教長，曾因採用「普世」名號而與羅馬教宗貴格利一世激烈對抗。東正教對他相當肯定，且封他為聖人。

君士坦丁堡主教長一直與羅馬教宗抗衡，然而其身分從未升至西方教權的高位。在拜占庭王權之下，教會所能作的相當有限；主教長只能擔任推動修道牧長和策劃宣教先驅等宗教角色。至於民眾政治代表、廣泛土地主人、救濟窮乏力量、知識文化主管、政權授任象徵等，皆屬皇帝專享，主教長最多只能在其中協助。隨著伊斯蘭教徒入侵，廣闊土地被佔領，君士坦丁堡主教長的轄區日漸萎縮，權力也相應下降。

動盪時局的危機轉機

每一個國家、每一個社會都有時局動盪的一刻。當中有源自天然災害，如南亞的巨大海嘯、中國的四川地震；有由於瘟疫流行，如香港的非典型肺炎、墨西哥的 H1N1 甲型流感；有由軍事戰爭引發，如索馬里的內戰、美國入侵伊拉克；有涉及政權變遷，如香港的九七回歸、吉爾吉斯政變奪權；有來自恐怖襲擊，如美國的九一一事件、俄羅斯的地鐵爆炸；有與民眾示威相關，如北京六四事件、泰國紅黃衫軍對恃；當然還有近年影響廣大民眾的金融危機，包括 1997 年的亞洲金融風暴、2008 年的全球金融海嘯等。今日華人教會遍佈世界各地，隨時有機會遇上突然而來的時局動盪，究竟我們當如何有效面對，將危機化成轉機？羅馬教會在帝國崩潰、蠻族入侵這局勢風起雲湧的時刻，成功保衛教會羣體的安全，提升基督教的社會地位，確有過人之處。綜合而言，他們此時的表現和努力，有以下幾點特別值得我們細想參考。

一、堅守崗位、不離不棄：蠻族入侵，羅馬帝國軍政權貴許多均棄守而逃，留下窮苦大眾獨力面對戰禍掠奪的威脅。此時羅馬教會成為照顧災民肉體和心靈的避難所，羅馬主教起來冒險與蠻族領袖談判，由此取得民眾的支持、信任和愛戴。所謂患難見真情，在危難中的援手往往最能觸動人心，賺取情誼；錦上添花對人的意義和價值，遠難及得上雪中送炭。動盪時刻，正是教會最能在社會發揮作用之時；早年一羣基督徒醫護人員在非典型肺炎期間的付上，不是贏得許多香港人的尊重嗎？若在危急關頭基督徒率先撤離他去，將來就很難獲取別人的信任。

二、竭力傳道、宣揚基督：蠻族橫行、戰禍連連，教會信徒人數急速下降；幸見入侵的日耳曼羣族相繼皈依歸信，基督宗教才得在西歐持續屹立擴展。當中的成就，愛爾蘭修道團體和羅馬教廷的積極宣教努力功不可抹。教會存在的重要使命，是要在地上見證基督、傳揚福音，成為上主在地上的燈台，以真光照亮周圍的人。無奈現今許多教會均缺乏對外傳道和宣教的意識，只重視內部弟兄姊妹的維繫，忽略大使命的承擔。許多實例證明，這類不肯外展的教會，每每會不斷萎縮，信徒失去生命動力，羣體漸漸變成一池死水，屬靈情況每況愈下。

三、融入社羣、同甘共苦：教會地位上升的另一因素，是能進入社羣之中，成為人們生活的重要部分。隨著基督信仰普及，教堂漸漸成為羣眾聚集之地，主日崇拜變成社區每週盛事；加上修道羣體於各處鄉鎮積極貢獻，提供慈惠、教育及安老等服務，使人對教會的重視有增無減，關係愈加密切。今日，華人基督教羣體辦理的社會服務雖有不少，但對外界需要不聞不問的也很普遍。近年廣大市民關注的時事議題，如貧富懸殊、環境保育、政制改革等，教會有何回應？2003 年香港教會響應七一遊行，顯露信徒羣眾力量，社會此時相對較重視我們的意見，原因何在？值得從中反思！

四、把握時局、化危為機：時勢造英雄，危機往往同時亦是轉機，端視乎我們能否把握、如何回應。在政局相對穩定的東方拜占庭帝國，君士坦丁堡主教長的地位雖未受任何威脅，但亦無法進一步提升，一直要服在君權之下。相反，西方羅馬主教雖在蠻族入侵期間面對嚴峻挑戰，甚至面臨滅亡危機，但卻能在教會存亡之秋把握機遇，成為跨國的屬靈領袖，享有獨立自主的權威。動盪難關並一定是壞事，平穩安逸時，人多不願冒險作出改變；惟到危機出現，就迫於接受改革。若改革合宜，就有可能為教會羣體帶來新氣象，糾正久存陋習，更上一層樓。

溫習及思考問題

1. 「中世紀初期」基督教會的標記和特色是甚麼？

   標記：＿＿＿＿＿＿＿＿

   特色：＿＿＿＿＿＿＿＿

2. 羅馬帝國衰微有哪些可能原因？

   a. ＿＿＿＿＿＿＿＿

   b. ＿＿＿＿＿＿＿＿

   c. ＿＿＿＿＿＿＿＿

   d. ＿＿＿＿＿＿＿＿

   e. ＿＿＿＿＿＿＿＿

   f. ＿＿＿＿＿＿＿＿

3. 試完成下表，綜合總結各蠻族的發展和信仰上的改變？

主要蠻族	起源地區	佔領地域	民族結果	被滅/歸信年份
匈奴人	遠東	——	[滅亡]/歸信	——
西哥特人			滅亡/歸信	589 年
東哥特人		意大利	滅亡/歸信	
汪達爾人	多瑙河流域		滅亡/歸信	
勃艮第人			滅亡/歸信	
法蘭克人		法國和德國全地	滅亡/[歸信]	
倫巴底人			[滅亡]/歸信	

4. 西方教會人數急速下降，有哪 3 個主要原因？

a. ____________________

b. ____________________

c. ____________________

5. 東方教會在中世紀初期尚有哪兩個基督論的神學爭議？最終如何解決？

爭議焦點	解決年份	相關會議	會議結果

6 試完成下表，列出各宣教士的工作地域。

愛爾蘭的修道團體		羅馬教廷的聖職差遣	
宣教士	工作地域	宣教士	工作地域
帕提克			坎特伯雷
	艾奧維島		
		威利布羅德	
科倫巴努			

7. 這時期的修道院有哪 6 項功能？

a. ____________________

b. ____________________

c. ____________________

d. ____________________

e. ____________________

f. ____________________

8. 試於下表比較東西方主教長的身分地位。(✓：是；✗：否；?：爭議中)

身分地位	羅馬主教	君士坦丁堡主教
普世教會首領	?	
民眾政治代表		
廣泛土地主人		
救濟窮乏力量		
推動修道牧長		
知識文化主管	✓	
策劃宣教先驅		
政權授任象徵		
跨國屬靈領袖		✗

9. 綜合而言，羅馬教廷在這段動盪時期的行動表現，對後世有何重要影響？你認為對基督教會的發展是好是壞？為甚麼？

重要影響：____________________

是好是壞：____________________

原　　因：____________________

進深閱讀書目

章文新等編：《拉丁教會文集》。馬葆煉、向高等譯。香港：基督教文藝，1990。

Evans, Gillian R. *The Church in the Early Middle Ages*. London / New York: I. B. Tauris, 2007.

McKitterick, Rosamond and Timothy Reuter, ed. *The New Cambridge Medieval History*. Vol. 1 ～ 2. Cambridge / New York: Cambridge University Press, 1995 ～ 1999.

MacMullen, Ramsey. *Christianity and Paganism in the Fourth to Eighth Centuries*. New Haven: Yale University Press, 1997.

中世紀中期

> 「卡羅林王朝」為法蘭克國之輝煌統治時代，執政年期在八世紀中至九世紀末間，為當時歐洲強國，歷代君主均虔守基督信仰，其中包括查理曼大帝等著名領袖。

本章以「中世紀中期」為討論焦點，時間涵蓋九世紀末卡羅林王朝的瓦解，到十三世紀初第四次拉特蘭會議的召開，期間有超過 300 年的漫長歷史發展。這時西方教會由獲得敬虔政權支持，變成受地方君王轄制；其後幾經掙扎，又重獲自主、獨立與權威。到高峯英諾森三世（Innocent III，在位於 1198 ～ 1216）在任時，教宗甚至變成全歐洲的最高領袖，有指令各國君主的能力和權柄。這時期的主要特色，有動盪戰亂、回教擴充、政教爭權、東西分裂、十字軍東征、修道復興等，而「教權高升」可以說是中世紀中期的時代標記。

3.1 政局不穩的困擾

> 查理曼為法蘭克國最強盛君主，成功統一西歐多個部族，擴張疆界；他又積極在幣制、藝術、文學、教育、禮儀等各方面推動改革。800 年被加冕為首位神聖羅馬帝國皇帝。

蠻族大舉入侵，瓜分西羅馬帝國，歐洲政局頓時變得混亂不穩。強盛的拜占庭皇帝猶斯丁年重新奪回西歐部分領土，可惜維持不久。中世紀初期的國家社會動盪，要到 751 年法蘭克國卡羅林王朝時期才得稍微安定。因著卡羅林家族的奮戰，伊斯蘭勢力的擴充被壓止；也因著其一代代君王的軍事和政治努力，法蘭克國漸漸成為當時歐洲霸主。在查理曼（Charlemagne，在位於 768 ～ 814）大帝頂盛時期，國家版圖擴闊至西歐越半面積，覆蓋今日法國、德國、比利時、荷蘭、瑞士、捷克、奧地利、斯洛文尼亞和意大利等廣大地域。在一國獨大的情況下，社會相對穩定。

3.1.1 卡羅林王朝的衰微

> 敬虔者路易，又稱路易一世。早年駐守法蘭克國西部，成功從伊斯蘭教徒手中奪回部分西班牙領土。在位期間積極推動修道，採納《本篤會規》為全國修院權威標準。

法蘭克國偉大的君王查理曼，原來計劃將國家分歸他 3 個兒子治理。惟另兩個兒子皆英年早逝，到 814 年查理曼離世時，其惟一尚存的兒子敬虔者路易（Louis I the Pious，在位於 814 ～ 840），便順理成章繼位為獨攬大權的全國君主。因著國家版圖廣闊，國內異族要求獨立，王族成員互相爭權，加上外族屢次入侵；在路易執政期間，國家已出現分裂張力。為方便治理，817 年敬虔者路易將國家分成 3 部分：大兒子意大利的羅他利（Lothair I of Italy，在位於 817 ～ 855）掌管中法蘭克，次子阿奎泰的皮平（Pepin I of Aquitaine，在位於 817 ～ 838）掌西法蘭克（編按：西法蘭克等同法蘭西，或現今的法國，這反映不同時代的用詞名稱；下同），三子日耳曼人路易（Louis II the German，在位於 817 ～ 876）獲分東法蘭克（編按：東法蘭克等同日耳曼，或德意志，或現今的德國，這反映不同時代的用詞名稱；下同）領土。惟 3 個兒子的關係並不和諧，登位不久即爆發內戰；結果，二哥皮平離世後，其轄區從他兒子手中被奪回，改由敬虔者路易的小兒子禿頭的查理（Charles II the Bald，在位於 838 ～ 877）管治。855 年大哥羅他利死後，三弟路易與幼弟查理聯手進攻，從羅他利其中一個兒子手中瓜分部分中法蘭克北部領土。此後，兩人又為爭奪國家皇帝的地位而刀劍相向。在這種你爭我奪、戰禍頻繁的情況下，法蘭克國力漸走下坡。

因著內戰動亂，原屬查理曼的強大帝國，到十世紀初已被瓜分得四分五裂；鬥爭、衝突和宿怨，使帝國難再統一復興。缺乏強勢領袖、成員互相爭鬥、王室後繼無人，使卡羅林家族逐漸衰微，領土也逐一落入家族以外的權貴手中，卡羅林王朝由此靜靜萎縮消亡。自 800 年查理曼大帝開始，羅馬教廷一直定期選拔西歐最強盛的君主，加冕為神聖羅馬帝國皇帝。惟此時各國均力量薄弱，因無法選拔合適人選，自 924 年意大利的貝倫加爾（Berengar of Italy，在位於 887 ～ 924）遇刺身亡，帝位就一直懸空；直到日耳曼國王鄂圖一世（Otto I，在位於 936 ～ 973）興起，才於 962 年獲授加冕，延續神聖羅馬帝國的帝位。

西法蘭克		中法蘭克		東法蘭克	
君王	年期	君王	年期	君王	年期
阿奎泰的皮平	817 ～ 838	意大利的羅他利	817 ～ 855	日耳曼人路易	817 ～ 876
禿頭的查理	838 ～ 877	意大利的路易 羅他林的羅他利 勃艮第的查理	855 ～ 875 855 ～ 869 855 ～ 863	巴伐利亞卡羅曼 小路易 肥胖的查理	876 ～ 880 876 ～ 882 876 ～ 887
口吃的路易	877 ～ 879				
法蘭西的路易 法蘭西的卡羅曼	879 ～ 882 879 ～ 884			卡林多的阿奴夫	887 ～ 899
肥胖的查理	884 ～ 888			童子路易	899 ～ 911
法蘭西的奧杜	888 ～ 898				
簡樸的查理	898 ～ 923				
法蘭西的如多夫	923 ～ 936				
渡海的路易	936 ～ 954				
法蘭西的羅他利	954 ～ 986				
懶惰的路易	986 ～ 987				

3.1.2 動盪與戰亂的再現

卡羅林王朝衰微，在缺乏強大軍事統領和保護下，西歐又再次出現外族入侵、戰亂頻繁的動盪局面。在東法蘭克，卡羅林王朝的管治到 911 年結束；國土逐漸演變成諸侯割據的日耳曼聯邦，其中勢力較突顯的有五大家族，包括撒克遜家族（Saxony）、洛林家族（Lorraine）、斯華比亞家族（Swabia）、巴伐利亞家族（Bavaria）和法蘭科尼亞家族（Franconia）。919 年撒克遜家族興起，接續王位而成撒克遜王朝（Saxonian Dynasty）；其第二任國王鄂圖一世更揮軍奪取意大利廣大領土，成為中世紀繼查理曼以後最有權勢的君主。撒克遜王朝持續執政五代，到 1024 年止；因著後繼無人，帝位於 1027 年轉歸法蘭科尼亞家族，號稱撒利王朝（Salian Dynasty）。撒利王朝共歷四代君主，執掌日耳曼到 1125 年止；因著君王無嗣，權貴因爭逐稱王而爆發內戰，結果斯華比亞家族取得王位，於 1138 年開始霍恩斯托王朝（Hohestaufen Dynasty）。

在西法蘭克，卡羅林王朝到 987 年才正式終止。相對於東法蘭克多個家族分權鼎立，西法蘭克的王權較為統一，形成單一君主的法蘭克國；該國自卡羅林王朝結束，就一直掌控在卡佩家族（Capet）及其支系之下。卡佩家族的創始人為休格（Hugh Capet，在位於 987 ～ 996），他是前朝君王如多夫（Rudolph of France，在位於 923 ～ 936）的女婿。按照其家規，只有長子才可繼承卡佩家族的稱銜，其他兒子皆要另立門戶；由此而衍生出許多支系家族，如華羅斯家族（Valois）和布爾邦家族（Bourbon）等。卡佩王朝（Capetian Dynasty）在西法蘭克的執政時間很長，到 1328 年才因斷絕後嗣而改由支系華羅斯家族承繼。

西法蘭克（法蘭西）			東法蘭克（日耳曼）		
王朝	君王	年期	王朝	君王	年期
卡佩王朝	休格	987 ～ 996	—	康拉得一世	911 ～ 918
	羅伯特二世	996 ～ 1031	撒克遜王朝	亨利一世	919 ～ 936
	亨利一世	1031 ～ 1060		鄂圖一世	936 ～ 973
	腓力一世	1060 ～ 1108		鄂圖二世	973 ～ 983
	路易六世	1108 ～ 1137		鄂圖三世	983 ～ 1002
	路易七世	1137 ～ 1180		亨利二世	1002 ～ 1024
	腓力二世	1180 ～ 1223	撒利王朝	康拉得二世	1024 ～ 1039
	路易八世	1223 ～ 1226		亨利三世	1039 ～ 1056
	路易九世	1226 ～ 1270		亨利四世	1056 ～ 1106
	腓力三世	1271 ～ 1285		亨利五世	1106 ～ 1125
	腓力四世	1285 ～ 1314	—	羅他利二世	1125 ～ 1137
	路易十世	1314 ～ 1316	霍恩斯托王朝	康拉得三世	1138 ～ 1152
	約翰一世	1316		腓勒得力一世	1152 ～ 1190
	腓力五世	1316 ～ 1322		亨利六世	1190 ～ 1197
	查理四世	1322 ～ 1328		斯華比亞的腓力	1198 ～ 1208
華羅斯王朝（1328 ～ 1589）				腓勒得力二世	1212 ～ 1250
布爾邦王朝（1589 ～ 1792）				康拉得四世	1250 ～ 1254

除內部戰亂外，此時期西歐還持續受到外族侵擾。除了將在本章下節論述的伊斯蘭勢力，還要時刻面對維京人和馬扎爾人的威脅。

a. 維京人（Vikings）：又稱諾曼人（Normans）或魯斯人（Rus），原居於北歐丹麥一帶，亦屬日耳曼裔的部落；善於航海，勇猛善戰。早於 787 年已開始進攻英倫島嶼，約 840 年入侵歐洲大陸西法蘭克地區。他們時常突襲城市，掠奪修院，焚燒教堂。911 年，西法蘭克王簡樸的查理（Charles the Simple，在位於 898 ～ 923）將大片今稱為諾曼第的地方割讓，以換取和平。1066 年，維京人成功奪取英格蘭，取代當地的盎格魯－撒克遜人（Anglo-Saxons）而為新的執政者。

b. 馬扎爾人（Magyars）：源自東方的遊牧民族，為現今匈牙利人的祖先，騎術甚佳。相傳由 7 位族長帶領，由東向西不斷入侵。他們於 906 年擊敗斯拉夫人的莫拉維亞王國，佔據東歐中部。隨後開始攻擊西歐的日耳曼族羣，持續得勝；直到 955 年才被撒克遜王朝的鄂圖一世擊敗，不再西遷。後來他們定居東歐，且接受了基督教信仰。

匈牙利首都的馬扎爾族長紀念碑

3.1.3 伊斯蘭勢力的集結

自穆罕默德（Mohammed，約 570 ～ 632）於 622 年創立伊斯蘭教，教徒即不斷增長；且由原初只包括阿拉伯人，擴展至不同民族。到十世紀中，伊斯蘭勢力已發展成盤據歐、亞、非三洲，圍繞地中海各處的多個王國，包括倭馬亞王國（Umayyad）、法蒂瑪王國（Fatimad）和布韋希王國（Buyid）等。十一世紀初，土耳其人接受伊斯蘭信仰，且於 1037 年成立塞爾柱王國

（Seljuq），成為當時勢力龐大的東方強國。

伊斯蘭教既起源於東方，位處東歐的拜占庭帝國自然最受威脅。自英明君主猶斯丁年離世，該國已強勢不再。伊斯蘭勢力興起，原屬拜占庭帝國的許多領土均迅速被佔據；634 至 698 年間，巴勒斯坦、敍利亞、埃及、北非相繼淪陷，當中包括安提阿、耶路撒冷、亞歷山太和迦太基等大城。此後多個世紀，信奉基督信仰的拜占庭帝國與信奉伊斯蘭信仰的阿拉伯人持續爭戰，領土時收時擴；曾經連首都君士坦丁堡也被圍困，亦曾光復大片領土。到十一世紀中期塞爾柱王國壯大，推翻布韋希王國，土耳其人便取代阿拉伯人而為拜占庭帝國的首要敵人。

i 此時期入侵的伊斯蘭教徒被稱為「薩拉森人」（Saracens），而佔據伊比利亞半島的又被稱為「摩爾人」（Moors）；前者強調他們來自東方，後者則指對方皮膚較黑。兩個名稱均非專指某一民族，而是同類伊斯蘭教入侵者的通稱。

伊斯蘭勢力的擴張並非止於東方，西歐的基督教國家亦同樣受其困擾。佔領北非後，阿拉伯人連同被歸化的北非土著，於 711 年開始向西歐北移。在短短 8 年間，相等於現今大半西班牙和葡萄牙的伊比利亞半島（Iberian Peninsula）之中部和南部被攻陷。幸有法蘭克國卡羅林家族的查理馬特爾（Charles Martel，約 688 ～ 741），於 732 年給予迎頭痛擊，才壓止其入侵攻勢。此後，伊期蘭教徒一直盤據伊比利亞半島，時常以海盜形式突襲西歐城市，羅馬城也曾於 846 年被掠奪。直到 1492 年，半島領土才完全被光復，伊斯蘭入侵者被驅逐離開西歐。

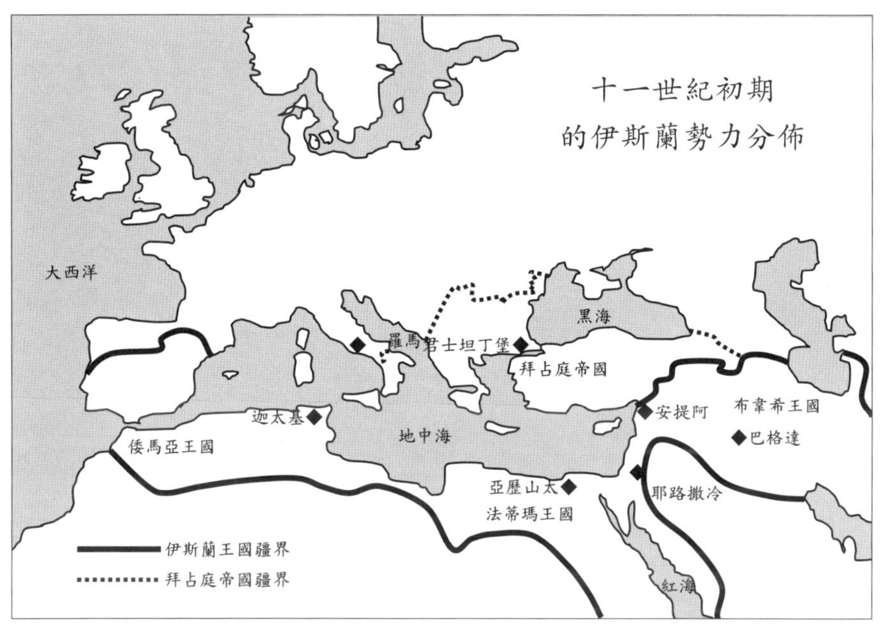

3.2 各方權力的衝突

自法蘭克國王克羅維斯接受基督信仰開始，大公教會一直得到政權保護和支持；雖然某程度上仍受制於王權之下，但地位隨蠻族君主相繼歸信而不斷提升。到卡羅林王朝時期，矮子皮平和查理曼對宗教的熱心，使教權進一步獲得肯定。然而，王朝的瓦解使教宗和主教的選立再次落在地方權貴手中，教會受當權者操控。

3.2.1 受控教會的腐敗

羅馬帝國覆亡後，日耳曼蠻族成羣地接受了基督信仰；然而對他們來說，教會主要是動盪社會裏的精神寄託和道德力量，真心虔誠信靠的君王領袖並不多。促使眾多蠻族相繼接受大公信仰的法蘭克國王克羅維斯，可以為達到個人目的而不擇手段，違犯道德規律；成功擊退伊斯蘭勢力入侵的查理馬特爾，曾大量沒收教會土地以獎償其軍隊部下。掌控地方教會的權貴，往往無視信仰傳統要求，不理應徵者的屬靈質素，以價高者得的方法售賣聖職；如此，教會變得良莠不齊，部分更腐敗不堪。

雖然情況在卡羅林王朝時期略見改善，但王朝衰微後權貴操控教會的問題又再次出現。管轄羅馬的君王支配教宗，各地貴族隨意任命主教，教會良莠不齊現象故態復萌。中世紀中期教會腐敗的例證多不勝數，下列為幾個典型事例：

a. 淫婦專政：十世紀初，富有而美麗的狄奧多拉（Theodora，活躍於十世紀初）與她的女兒瑪羅扎婭（Marozia，約 890 ～ 937）於羅馬當權，她們兩人控制了多任教宗。據說教宗塞奇三世（Sergius III，在位於 904 ～ 911）是狄奧多拉的情夫，後又與瑪羅扎婭有染，二人且有私生子，即後期的教宗約翰十一世（John XI，在位於 931 ～ 935）。此外，教宗約翰十世（John X，在位於 914 ～ 928）亦是狄奧多拉的情夫。而其他教宗如利奧六世（Leo VI，在位於 928）和士提反八世（Stephen VIII，在位於 928 ～ 931）等，均只是她們的傀儡。淫婦專政維持超過半個世紀，直到瑪羅扎婭的孫子約翰十二世（John XII，在位於 955 ～ 963）被鄂圖一世廢除才正式終止。

b. 教座世襲：十一世紀初，出身貴族的教宗本篤八世（Benedict VIII，在位於 1012 ～ 1024）登位。因著其家族的操控，本篤八世離世後，其弟以平信徒身分獲擢升為教宗，號稱約翰十九世（John XIX，在位於 1024 ～ 1032）。其後，聖彼得寶座又傳給他們兩人的侄兒本篤九世（Benedict IX，在位於 1032 ～ 1045）；雖然天主教官方聲稱他祝聖為教宗時年約 20 歲，但有早期古籍見證當時他實質只得 12 歲，乃是其父親（即本篤八世和約翰十九世的兄長）將他捧上高位。

c. 劣德教宗：任意的選任難免產生敗德的教宗。淫婦專政時期最後一個教宗約翰十二世，據說他曾使教會變成妓院，與不同婦女通姦行淫；963 年鄂圖一世召開羅馬主教會議時，約翰十二世就被控殺人放火、通姦亂倫和求助魔鬼；據說他是在與婦人偷情時，被捉姦在床的丈夫憤而殺死。情況類同，教權世襲的最後一個教宗本篤九世，亦同樣被指控在光天化日之下屢犯姦淫和謀殺，他且率領一眾匪徒洗劫朝聖客旅，無法無天。1044 年民眾將他逐離羅馬，另立西維斯特三世（Sylvester III，在位於 1044 ～ 1045）為教宗；惟本篤九世以武力歸回，堅拒下台。翌年，他將教宗職位售賣給一位敬虔神父，號稱貴格利六世（Gregory VI，在位於 1045 ～ 1046）；惟不久他又反口，再次以教宗自居。

約翰十二世的敗德惡行

樞機執事本篤與其他同伴執事和聖品們，皆見證他〔約翰十二世〕接受賄款以封立主教，當中包括只有 10 歲的都迪主教。……他們又見證其淫亂，雖然這些事並非他們親眼目睹，但卻證據確鑿。與他通姦的，有寡婦雷妮婭，他父親的妾史提芬娜，寡婦安娜，並有他自己的姪女；他使聖潔的宮殿變成妓院。此外，他又公然殺人；他弄盲告解神父本篤，將他致死；又將樞機副執事約翰閹割，將他殺害。……他們又指出，在擲骰賭搏時，他會呼求朱彼特、維納斯和其他鬼魔的協助。

克姆拿的呂彭特：《報應》

3.2.2 政教兩權的爭持

雖然中世紀中期的教會每每受制於政權之下，但亦有不少教宗意圖擺脫君王權貴的轄制，甚至想利用敵對貴族間的矛盾，以及種種象徵性行動，將政權置於教權之下。800 年，法蘭克國王查理曼進入聖彼得教堂禱告，教宗利奧三世（Leo III，在位於 795 ～ 816）突然給他加冕為神聖羅馬帝國皇帝，也許是此時期教宗將教權置於政權之上的一項標誌性嘗試，暗示教宗有廢立皇帝的權力。種種迹象顯示查理曼並不喜悦這次加冕，他的史官記載：「他當時很抗拒，並聲言若果早知教宗有此意圖，他當日就不會入這教堂。」繼承查理曼的敬虔者路易，更直接從祭壇上取下皇冠，自己帶在頭上；以此表明皇位乃直接從神賜予，與地上的教宗無關。然而，後世卻經常以教宗為皇帝加冕這儀式，來支持教權高於政權之説。

在這時期的政教權鬥中，較著名的教宗是尼古拉一世（Nicholas I，在位於 858 ～ 867）和貴格利七世（Gregory VII，在位於 1073 ～ 1085）。他倆被後世譽為繼利奧一世和貴格利一世後的兩大巨人，將教宗權力從幽谷一再推到山巔。以下為他們成功降服當代君主的具體事例：

a. 尼古拉一世：尼古拉在位時，如查理曼大帝般強勢領導的皇帝已不復存在，剩下的都是要與地方貴族分權的弱勢君王。860 年，中法蘭克地區君主羅他利二世為要迎娶經已身懷六甲的情婦為妻，將一直不孕的原配帖特伯加（Theutberga）休棄；行動且得當地兩名大主教認許。帖特伯加向教宗乞援，尼古拉遂於羅馬召開會議，將兩名大主教革職，並判決有關休妻另娶行動有違教會法規；經過尼古拉多次迫令，羅他利終在 865 年屈服，恢復帖特伯加的皇后位分。

> **i** 除處理帖特伯加被休事件，此時尼古拉一世還涉及與東方主教長阜丟斯的爭議，並壓制了理姆斯大主教軒馬爾（Hincmar of Reims）的攬權，強烈維護著羅馬教宗的權威。

b. 貴格利七世：貴格利升任教宗時，像鄂圖一世般權傾全地的皇帝早不復見，日耳曼正由五大家族分權。貴格利為改革教會免受政權操控，於

1075 年頒令所有聖職必須按教會規章公正選拔，君王權貴皆不得干預。惟當時撒利王朝的亨利四世（Henry IV，在位於 1056 ~ 1106）不從，擅自任命一名米蘭大主教。貴格利遂於翌年召開大齋期會議，將亨利革除教籍；他且宣佈暫停亨利對日耳曼和意大利的管治權，呼籲基督徒停止對之效忠。敵對家族乘機藉此攻擊亨利，在眾叛親離的情況下，亨利惟有屈服；於 1077 年初親自到貴格利下塌的堡壘，懺悔認罪，謙卑求赦。

> 貴格利七世原名希爾得布蘭（Hildebrand）。他一直致力改革教會陋習，領導「克呂尼運動」，提升聖職人員質素，將教會從政權操控中釋放出來，對教會更新貢獻甚大。

3.2.3 東西雙方的分裂

東西方教會一直存在矛盾張力；在圖像之爭和皐丢斯分裂事件裏，雙方積存已久的不滿以爭議衝突方式浮現，事件加深了彼此間的裂痕。十世紀至十一世紀初，羅馬教宗受到地方權貴操控，出現淫婦專政、教座世襲、劣德教宗等腐敗現象，西方教權變得低落。雖然教宗持續意圖插手東方教務，惟此時羅馬教廷實在聲望低劣、勢力微弱，其聲音每每不受重視。1024 年，教宗約翰十九世更試圖為獲取巨額賄款，願意否定一切羅馬教宗高於君士坦丁堡主教長之說；惟事件被揭發，談判被迫中止。

十一世紀中葉，「克呂尼運動」（Cluniac Movement）興起，更新改革、追求敬虔、脱離俗世政權操控的聲音不絕。在一任又一任委身教宗的推動下，教會積存已久的敗壞陋習，特別是聖職買賣和收納情婦等問題，得以逐一去除，羅馬教廷聲望被大大提升。在羅馬教會再

> 「克呂尼運動」原是一個修道更新運動，要改革日漸衰微的修院。其追求敬虔、克苦委身的精神，慢慢延及教會。由於貴格利七世在其中成就突顯，故運動又稱「貴格利改革」。

次高舉教宗為普世教會領袖的同時，東西方教會長久積存的爭議再起，在互不相讓的情況下，結果出現 1054 年的持久分裂。

分裂的起因眾説紛紜，東西方教會的表達也各有差異，對錯難分。可以肯定，西方教會爭取以羅馬教宗為普世教會領袖的舉動，惹起了君士坦丁堡主教長瑟如拉留（Michael Cerularius，在位於 1043 ～ 1059）的不滿。1053 年，他聯同部分東方省主教，發公開信給西方教會（包括教宗本人），指控他們多項禮習上的「錯謬」：包括隨從猶太人的習俗在聖餐中使用無酵餅，在大齋期時於週六禁食，違犯耶路撒冷會議上使徒們對禁戒吃帶血食物的規定等。教宗利奧九世（Leo IX，在位於 1049 ～ 1054）隨即寫了一封措詞傲慢的信，反斥瑟如拉留及東方教會多項「罪過」：包括妄用「普世主教長」的名號，關閉拜占庭境內的拉丁教堂，為原屬拉丁教會的改宗者重新施洗，容許聖職人員保存婚盟，及信經中沒有標明聖靈由父「和子」而出等。

利奧的諭函由樞機主教宏伯特（Humbert of Mourmoutiers，約 1015 ～ 1061）陪同 3 名特使，帶往君士坦丁堡。宏伯特以教宗全權代表的姿態到達，期望得到東方教會的尊敬禮遇；惟連教宗本人也不懼怕的瑟如拉留對他們態度冷漠，拒絕會面。宏伯特一怒之下，於 1054 年 7 月 16 日宣佈革除瑟如拉留及其伙伴的教籍，並將利奧的諭函置於聖蘇菲亞大教堂的祭壇上。瑟如拉留還以顏色，在得到東方眾教會的支持下，他發出教諭痛斥西方特使的罪行，並宣佈將羅馬教宗及其屬下逐出教會。此時東西方教區數目相約，教會於此正式一分為二；西方發展成今日的羅馬天主教，而東方則演變成東正教。

羅馬教宗利奧九世致君士坦丁堡主教長瑟如拉留諭函

……你被指控曾在未聽審或定罪的情況下，公開譴責使徒和拉丁教會。這實在是一個史無前例的僭越和無法置信的惡行，譴責的主要原因是拉丁教會竟敢以無酵餅慶祝記念主受苦的日子；你這是何等無理的指控！是何等罪惡的傲慢！……你既妄斷這無人能審判的至高教宗，就要接受從所有尊貴會議中全體教父而來的咒詛……彼得及其承繼人有權自由審判全教會，無人能擾其地位，因為至高教宗是不受任何人審判的。……

3.3 提升教權的努力

基督新教與羅馬天主教的最大分歧，是有關教宗權威的體會。對於基督新教來說，只有耶穌基督是教會的元首，聖經才是基督教信仰的權威，任何教會領袖皆不能與之相違；然而對於羅馬天主教來說，教宗是神在地上的代表，擁有至高無上的屬靈權柄，是詮釋真理的權威。究竟羅馬天主教這種思想從何而來？中世紀教權的高升，是天主教教宗觀念發展的關鍵時刻。

3.3.1 教宗權威的確立

羅馬主教地位高升，主要原因是其首都地位。羅馬既是羅馬帝國的首都，其教會也具超然身分；四世紀開始，君士坦丁堡成為帝國的新首都，也以同樣理由獲得特殊地位。蠻族入侵期間，羅馬主教把握時機，獲取大量土地財富及政治本錢，將教權進一步推高。然而，面對地方君王權貴，缺乏軍事保護的教會時而受到操控；政權隨意任命教宗、權貴插手聖職買賣、主教聖品淫亂敗壞等，都在削弱教廷的權威。

十一世紀中葉的「克呂尼運動」，是確立教宗權威的重要努力。因著希爾得布蘭（即後來的貴格利七世）等領袖的推動，西方教會內種種腐敗得到正視。其中影響最深遠的，是 1059 年《教宗選舉諭令》（*Decree on Papal*

Elections）的制訂；此論令規定教宗必須由樞機主教團集體選出，任何屬世權柄均不得干預。

1059年的《教宗選舉論令》

……我們〔教宗尼古拉二世及其樞機主教們〕頒令確認，當這普世羅馬教會的教宗離世，眾樞機主教當首先細心考慮商議，然後傳召各核心聖品加入，此後其餘的聖品和信徒要對新選舉給予認同。為免賄賂惡習以各樣途徑潛入，屬神的人在教宗選舉上應擔當領導角色，其他人應跟隨他們的帶領。……但由於使徒宗座高於全世界所有教會，沒有省主教能在其上，因此當選舉教宗登上使徒超然的宗座時，眾樞機主教毫無疑問當執行省主教的功能。若有適當人選，他們當在本教會〔羅馬教會〕內選拔；若沒有，就當從其他教會挑選。

此後，貴格利七世又下令堅持惟教廷有權封立主教，任何政權均不得強自任命。如此，克呂尼運動將教權從當政者手中釋放出來，不再輕易受其操控。無法確知是偶然還是刻意，此時出現了多份偽造文件，對確立教廷權威相當有利；其中以下列兩份文獻最為著名：

a. 《君士坦丁御賜教產論》（*Donation of Constantine*）：文件聲言四世紀時，羅馬皇帝君士坦丁（Constantine，在位於307～337）授予羅馬主教崇高地位，可以統轄帝國內所有教會及世俗事務；君士坦丁堡、亞歷山太、安提阿和耶路撒冷的主教長，皆要聽命其下。文件實際上為八世紀的偽造作品，五大主教長並立局面在君士坦丁時期根本尚未形成，惟在中世紀羅馬教廷常以此為論據，支持教宗具首席權威之説。到十五世紀此偽著才被指正，惟此時羅馬教宗的超然地位早得確立。

b. 《託伊西多爾名教令集》（*Pseudo-Isidorian Forgeries*）：為羅馬公教的教廷文獻匯集，現存有數十份抄本，內容存在相當差異；部分包含上述的《君士坦丁御賜教產論》。文獻約於九世紀中編纂而成，屬西法蘭克教會的產物，教令集包括一些宣稱為早期教宗的諭令；藉強調羅馬教宗的權威，抗衡君王權貴和省主教的影響，主張地方主教權力獨立。這些諭令多為偽造文件，卻被後期教宗經常引用為權威。教令集一直被信為真，到十五、十六世紀才被人文主義者和宗教改革家揭示為偽著。

3.3.2 過度推演的神學

要確立羅馬主教在普世教會中的領導角色，單靠首府地位和政權支持等理由，並不足以服眾。為求名正言順地獲得肯定，羅馬教會一直就本身的身分和權柄，尋求神學上的解釋；當中較倚重的是使徒統緒和彼得權威。這些解釋雖在一定程度上偏離或扭曲了史實真相，但卻為中世紀羅馬教會經常引用的論據。時至今日，羅馬天主教仍以這兩個論點為教宗權威的主要依據。

a. 使徒統緒（Apostolic Succession）：強調領導和牧養教會的職分，是由耶穌基督經眾使徒傳授。羅馬公教認為這使徒的職分和權柄，是經由主教的按立代代傳遞。此觀念早於初期教會經已存在，且得如居普良（Cyprian of Carthage，死於 258）等教父支持。然而，初期教父普遍認同使徒統緒乃各地主教（甚或包括眾聖職人員）共同擁有；惟羅馬主教獨享使徒權柄之說，實為羅馬教會一廂情願的宣稱，歷來一直存在爭議。基督新教某程度上也接受使徒統緒，惟相信其傳授乃藉信仰教誨而得延續；為此基督徒普遍以神藉使徒遺傳下來的聖經為權威，並指斥中世紀的羅馬公教偏離這正統標準。

b. 彼得權威（Petrine Primacy）：認為羅馬教會乃彼得和保羅所設立，兩人也於羅馬殉道，故承繼著他們的權柄；彼得且是羅馬教會首任主教。這觀念最早可見於早期教父愛任紐（Irenaeus of Lyon，約 130 ～約 200）的著作，其後被一再重申；然而在教會歷史中亦不無反對。基於對馬太福音十六章 16 至 19 節的偏差理解，羅馬教會宣稱主耶穌已將天國的鑰匙交給彼得；羅馬主教既為彼得的承繼者，就同時擁有屬靈上捆綁和釋放的特權。中世紀時期，教宗常以此權柄威脅世俗的君主和臣民，使他們為驚懼來生刑罰而順服就範。事實上，羅馬教會很難確定是彼得和保羅所創；保羅寫羅馬書時，羅馬教會早已存在，但保羅此時尚未到過羅馬，而他的問安語亦沒有提及彼得。現代學者差不多一致認同，單一主教制度到一世紀末才正式出現，羅馬教會以彼得為首任主教之說，也相當值得商榷。

基於對馬太福音十六章 16 節至 19 節的獨特理解，昔日的彼得雕像多手執天國鑰匙。

1076 年貴格利七世革除亨利四世的諭令

眾使徒之首聖彼得，求你側耳傾聽你僕人我的呼喚。……憑著我的信實和權柄，我現在奉父、子、聖靈全能神的名宣告，褫奪亨利在日耳曼和意大利的皇權。我這樣做，是憑藉你的權柄，為要維護你教會的尊嚴；因為他抗拒教會。他拒絕像基督徒般順服，不肯回轉歸向神，反與已被革除教籍的人交往；他屢屢犯錯，藐視我為其救恩而提出的警告，反與你的教會隔絕，嘗試強行使之割裂。因此，憑著你的權柄我詛咒他；就是憑藉你的名我詛咒他，好使世人知道你是彼得，是永生神的兒子將祂的教會建立在其上的磐石，陰間的門也不能勝過這教會！

3.3.3 十字軍的爭戰

伊斯蘭勢力不斷擴張，一直威脅著位處東方的拜占庭帝國。十一世紀中葉土耳其塞爾柱王國興起，成功擊敗及佔領阿拉伯、亞美尼亞、格魯吉亞多處地區，當中包括聖地巴勒斯坦一帶，成為東方霸主。1068 年拜占庭帝國受到襲擊，大片領土被奪，朝聖之路受阻。為解除威脅、奪回聖地，東方皇帝亞勒修一世（Alexius I，在位於 1081 ～ 1118）於 1095 年遣使向西方求助。當時的羅馬教宗烏爾班二世(Urban II，在位於 1088 ～ 1099)接待來使，並允諾援助。烏爾班視此為東西方教會復合的良機，能解除 1054 年羅馬和君士坦丁堡主教互相驅逐所帶來的分裂，且可趁機將東方教會收歸其下。為此，他於法國東部召開克萊蒙會議（Council of Clermont），宣告組成十字軍，參加者罪得赦免，陣亡者可得永生；羣眾踴躍響應，十字軍迅速成立。

初時，十字軍東征進展順利。來自西歐多國的聯合軍隊，成功奪回尼西亞、安提阿、耶路撒冷等多個重要城市。然而，他們並沒有將所得地域歸還東方拜占庭帝國，卻在當地成立歸屬西方的拉丁封建社會，劃分為耶路撒冷王國、安提阿公國、的黎玻里郡和伊得撒郡四個行政區；又在該處成立以羅馬教宗為首的教階，設主教長、主教十多名。此種處事方式使東方人民對西方國家甚感失望，不再信任，也從此不再支持十字軍東征。此後，因著伊斯蘭勢力的集結反攻，巴勒斯坦多處地區相繼淪陷。為要重新光復聖地，一次又一次的十字軍接連出發，規模較大的也有不下 8 次之多；直到 1291 年巴勒斯坦完全失陷，十字軍東征才告終結。

十字軍東征對歐洲帶來巨大影響，有正面、也有負面。（1）正如當日國民黨與共產黨聯合抗日一樣，面對強大的共同敵人，歐洲各地的權貴變得相對團結，地主間互相仇殺的情況明顯減少。（2）東征促進了東西交流，許多東方希臘的文化藝術與哲理思想於此時才重新被發現，文藝復興運動和亞里士多德思想在西歐的興起，都直接或間接與東征有關。(3) 十字軍乃為宗教而戰，顯示羅馬教宗擁有推動權貴調兵遣將的能力，其地位因而上升；然而後期東征的挫敗，卻又使人質疑教宗的屬靈領導，受尊崇程度也相應下降。(4) 十字軍耗費資源龐大，西方貴族不少都因參與東征而變得窮乏，相反沿途買賣的商人卻變得富有，社會結構因而改變，以經濟貿易為主的城市開始出現。(5) 戰爭難免附有醜陋一面，十字軍雖以宗教聖戰為名，但背後卻包含許多不良動機和惡行，濫殺無辜、貪婪斂財、陰謀奪權等情況於東征期間屢見不鮮，人性的醜惡盡露。(6) 東征加深了基督宗教與伊斯蘭教羣體的仇恨，特別是十字軍初次攻佔耶路撒冷時，對城內伊斯蘭教平民進行的大屠殺，帶來了難解的積怨。(7) 東征也加深了東西方教會的裂痕，西方軍隊奪取巴勒斯坦地卻據為己有，第四次十字軍更為斂財而突改以君士坦丁堡為攻擊對象，在其中掠奪霸佔；使東方信徒更敵視西方的專橫，雙方更難復合。

東征	年期	東征緣由	東征結果
第一次	1096 ～ 1099	從伊斯蘭教徒手中奪回聖地	成功於巴勒斯坦建立拉丁封建社會
第二次	1147 ～ 1149	奪回幾年前失陷的伊得撒郡	十字軍遭伊斯蘭軍擊敗、無功而回
第三次	1189 ～ 1192	奪回再次被攻陷的耶路撒冷	聯軍內部不和、無法取回耶路撒冷
第四次	1202 ～ 1204	佔據埃及削弱伊斯蘭軍勢力	中途突轉為攻打及擄掠君士坦丁堡
第五次	1218 ～ 1221	佔據埃及削弱伊斯蘭軍勢力	初期取得達米他、惟兩年後又失陷
第六次	1228 ～ 1229	奪回早前被佔據的耶路撒冷	成功奪回耶城、惟 1244 年再次淪陷
第七次	1248 ～ 1254	佔據埃及削弱伊斯蘭軍勢力	曾奪回達米他、惟撤退時被圍困慘敗
第八次	1271 ～ 1272	佔據埃及削弱伊斯蘭軍勢力	無功而回、1291 年聖地終完全失陷

3.4 各取所需的發展

面對內部王朝不斷更替、外邊伊斯蘭勢力屢屢入侵的不穩政局，東西方教會有各自不同的應對與改變。這時期的歷史發展，對後世的天主教和東正教有頗為重要的影響，有正面、也有負面，部分影響甚至延續至今，是認識教會古今發展不容忽視的一環。

3.4.1 修道操練的更新

在蠻族入侵時期的動盪時刻，修院扮演著敬虔追求之宗教中心的角色。然而作為當時子女教育兼善終安老的主要機關，修院同時又提供俗世生活不可或缺的服務。就如今日富翁給子女就讀的名校捐錢一樣，人羣為求得著修院的優待，獻金支持有增無減。修院原是苦修操練的地方，然而豐足的收入使修院生活漸漸變得舒適奢華，敬虔精神逐漸被安逸腐敗所取代。為改革修院，推動敬虔追求，多個修道更新運動於中世紀相繼出現，使原來腐化的羣體重新振作，成為此時期推動教會發展的重要動力。在中世紀中期，較著名的有克呂尼修道運動和熙篤修道運動。

a. 克呂尼修道運動（Cluniac Monasticism）：始自阿奎泰的威廉公爵（William of Aquitaine，875 ～ 918）於 910 年在法國克呂尼（Cluny）所建立的修道院。該修院嚴格遵守《本篤會規》，強調靈命操練和敬拜生活；直接效忠羅馬教宗，不受任何地方權力操控。克呂尼修院很快成了敬虔修道的典範，名聲大噪，許多新舊修院爭相加入。到其第六任院長休格（Hugh of Cluny，1024 ～ 1109）於 1049 年在位時，克呂尼修會已有修院逾千間，成為西方眾修會之首。克呂尼修道運動的敬虔追求，亦深深影響著教會內的信徒羣體；教宗貴格利七世策動的教制與道德改革，也是由此引發。

b. 熙篤修道運動（Cistercian Monasticism）：克呂尼修道運動的影響隨著熱潮過去而沉寂，信仰與修道生活漸漸又再出現更新改革的需要。1098 年莫利斯米的羅伯特（Robert of Molesme，約 1027 ～ 1111）在法國的熙篤（Citeaux）建立了一所紀律嚴明的修院，強調簡樸克己，更嚴緊地依從《本篤會規》。在伯爾納（Bernard of Clairvaux，1090 ～ 1153）等著名領袖的推動下，熙篤修會發展迅速，名震遐邇；在短短數十年間，修院數目已增加到數百所，成為此時期教會發展的主要力量。

伯爾納於 1112 年加入熙篤修會，三年後受差遣於克勒窩（Clairvaux）成立修院。他是當時舉足輕重的教會領袖，德高望重，曾兩度影響教宗選立。

除上述兩個修道運動外，因應十字軍東征時期救助孤寡老弱、保護朝聖客旅及維護聖地設施的需要，此時期又出現了多個修道武士團。當中較著名的，有 1099 年第一次東征後不久，在耶路撒冷專門照顧貧病老弱的施洗約翰醫院成立的醫院武士團（Knights Hospitaller），修會於 1113 年正式為羅馬教宗確認。1119 年起立誓保護朝聖客旅的聖殿武士團（Knights Templar），是中世紀武士團中勢力最龐大的一支，以耶路撒冷所羅門聖殿遺址為駐紮基地，其修道會規於 1129 年獲教廷批准採用。至於 1190 年成立的條頓武士團（Teutonic Knights），主要由日耳曼信徒組成，以協助羅馬教廷在聖地施行救濟活動為修會主要任務。

3.4.2 羅馬教權的高升

中世紀提升教權的努力，雖有偽造文獻、扭曲信仰、戰爭掠奪的問題，但卻確切地提升了教宗的地位。昔日尼古拉一世和貴格利七世成功降服世俗君主，已在一定程度上彰顯羅馬教宗的權威；然而教權達至巔峯，卻是在十二世紀末教宗英諾森三世（Innocent III，在位於 1198 ～ 1216）在位之時。英諾森曾先後降服德、英、法三國君主，迫使他們順從其意旨，將世俗國王定義為教宗的使臣，充分顯露其歐洲霸主的氣焰。

a. 操控德意志：1197 年德意志皇帝亨利六世（Henry VI of Germany，在位於 1190 ～ 1197）才 32 歲便英年早逝，其妻西西里女王君士坦斯（Constance of Sicily，在位於 1194 ～ 1198）緊接於翌年去世，二人留下不足 4 歲的稚子，即後來的腓勒得力二世（Frederick II，在位於 1212 ～ 1250）。羣雄無首，德意志陷入分裂爭權局面；皇室衰微、時局混亂讓教廷有機可乘，英諾森三世趁機在意大利建立一個以教宗為首的獨立國土，有效忠教廷的軍隊。英諾森同時又一再插手干預德意志的王位選舉，1212 年更一手將當時還不足 18 歲的腓勒得力二世捧上王位，使之成為自己的傀儡皇帝。雖然後來腓勒得力時常違背羅馬旨意，但已是英諾森離世後的轉變。
b. 壓迫英格蘭：1205 年原來的坎特伯雷大主教離世，英格蘭王約翰（John of England，在位於 1199 ～ 1216）欲推舉一名心腹接替，惟英諾森三世卻於 1207 年委派自己的舊學生蘭頓（Stephen Langton，約 1150 ～ 1228）繼任。約翰反對，禁止蘭頓進入英格蘭；英諾森譴斥恐嚇不果，便向英格蘭全國發出禁教諭，教堂不給教民施行宗教儀式，要藉民眾壓力迫使約翰就範，然而約翰仍堅拒服從。談判破裂，英諾森再於 1209 年革除約翰教籍，又威脅要廢除其王位；時正英格蘭與法蘭西爭戰，英格蘭接連受挫；在重重壓力下，約翰惟有屈服。他不單要容讓蘭頓到坎特伯雷就任大主教，且要交出英格蘭皇冠，向羅馬教宗稱臣後才將之領回，象徵其王位乃教宗所賜。

c. 降服法蘭西：法王腓力二世（Philip II of France，在位於 1180 ～ 1223）原配妻子於 1190 年喪生，腓力後於 1193 年決定再娶丹麥公主瑛格寶（Ingeborg of Denmark，1175 ～ 1236）為妻。不知何因，二人出現衝突，腓力拒絕給對方加冕為皇后；然而瑛格寶卻堅稱他們經已完婚，自己應是法蘭西合法皇后。事件拖延，腓力於 1196 年再娶阿尼斯（Agnes of Merania，約 1180 ～ 1201）為妻，阿尼斯不久給他生下一子一女。然而英諾森三世卻以腓力與瑛格寶仍有婚約為理由，判他與阿尼斯的婚姻無效，命令二人立即分開；腓力拒絕不從，英諾森遂向法蘭西全國人民發出禁教諭。因著教廷與丹麥方面的壓力，經過一段漫長鬥爭，腓力最終於 1213 年接回瑛格寶為法蘭西皇后。

羅馬教權的高升，於 1215 年由英諾森三世召開的第四次拉特蘭會議充分顯露。該會出席者，有來自歐洲各地逾千名省主教、主教和修道院長，並有各國的君主、權貴或其代表。會議通過許多英諾森提出的方案，肯定教宗對國家社會的領導地位，否定任何違背教廷的聲明，指斥一切不接受教宗權威的羣體；這會議成為中世紀教權達至巔峯的標誌。

第四次拉特蘭會議規條

拉特蘭會議冀盼給予教會豁免權，向城市的官員和首長，以及那些要壓迫教會和教民的人，無須繳納捐款、税項或索取其他物品；以咒詛的痛苦禁止這等僭越的行為。會議規定違例者及其支持者要被逐出教會，直到他們有令人滿意的補償。然而若主教及其聖職人員察覺有很大需要或看為有益，他們可在不受強迫的情況下作出資助。……如此上述的平信徒要以謙卑、虔敬和感恩的心接受。

第 46 條

3.4.3 東方教會的擴展

正當西方羅馬教宗地位不斷高升，有能力以神在地上的代表身分降服地方政權；東方君士坦丁堡的主教長仍維持從屬於君王政權以下，是拜占庭帝國內掌管宗教信仰的功能性領袖。事實上對於東方教會來說，教會真正的元首只有耶穌基督，其下所有地方民族的主教長皆地位平等；雖說君士坦丁堡主教長在東方教會廣受尊崇，但他也只是「平等中的首位」(first among equals)，在教會會議中只擁有一票投票權，絕非高高在上的特殊權威。面對伊斯蘭勢力持續威脅，拜占庭帝國領土日漸萎縮，寄處該國的東方教會也隨之逐步減弱。

然而，此時東方教會有一個重要的突破性發展，就是斯拉夫人的歸化。有關歸化過程頗長，從九世紀開始，一直延續到十一世紀；期間存在相當波折，西方羅馬教會也曾多次嘗試插手其中。藉著拜占庭宣教士區利羅（Missionary Cyril，827 ～ 869）和麥托丟(Missionary Methodius，815 ～ 885)兩兄弟的努力，聖經和教會文獻被翻譯成斯拉夫文，由此衍生採用古斯拉夫語的教會羣體。當時斯拉夫人遍佈東歐各處；因著此時期的宣教努力，保加利亞、莫拉維亞、塞爾維亞、烏克蘭、俄羅斯等地的人民相繼接受福音、歸信基督，為東正教日後的生存和發展奠下重要基礎。

> i 宣教士區利羅和麥托丟原為拜占庭帝國國民，受差遣在斯拉夫人中間傳道。他們創造斯拉夫文字，其翻譯工作促成了斯拉夫民族的大量歸信，被譽為「斯拉夫人的使徒」。

聖職人員的敗壞防治

在基督教圈子中，廣稱為神父、牧師或傳道的聖職人員，普遍被視為屬靈的象徵，教會信徒一般對他們有較大的尊重，也有較高的期望。然而，近年時有爆出聖職人員的種種醜聞，如孌童虐童、侵犯少女、搞婚外情、盜竊走私、賬務混亂、弄權鬥爭等等。由於華人教會普遍有「家醜不出外傳」的傾向，真實個案數字相信遠比已公開、已揭發的為高。

從聖經、從經驗可知，基督徒不會在信主後立即變成聖人，昔日歸信前的許多惡行陋習、性格缺陷，仍會在奔走天路時繼續纏擾；信徒需要時刻儆醒操練，靠著神的恩典釘死舊我、更新變化。基督徒愈親近主，往往就愈體會到自己的無能與敗壞，愈曉得主恩可貴；為此使徒保羅年老時，仍宣稱自己在罪人中是個罪魁，惟一可誇的是耶穌基督的救恩、忍耐和憐憫（提前一 15 ～ 16）。聖職人員也是人！其與廣大平信徒的分別，是曾經蒙主呼召、立志獻身傳道；因著曾經接受神學訓練，他們的信仰知識普遍比平信徒為高。然而，這些差別能確保聖職人員不會沉淪犯罪嗎？當然不夠！為此，中世紀教會出現如淫婦專政、教權世襲和敗德教宗等種種不良現象，絕不為奇。

聖職人員作為教會的領袖、福音的執事、屬靈的代表，他們若有任何敗壞惡行，甚至犯罪跌倒，難免會對弟兄姊妹的信心造成極大傷害，因此必須小心避免。教會可如何防止聖職人員失腳、減少禍害？以下有 3 點提議：

一、具屬靈素質人員的挑選：中世紀教會的問題，往往源於聖職人員的隨意選拔。權貴操控主教領袖的任命，價高者得的聖職買賣，都是教會事奉人員良莠不齊的禍根。貴格利七世努力爭取由樞機主教團集體選出教宗，聖職人員要按教會規章公正選拔，成功將教權從政要權貴手中釋放出來，令教會腐敗現象一時間大幅減少。今日，教會推薦信徒進入神學院接受裝備造就，必須小心謹慎，要詳細考慮奉獻者的品格、心志和屬靈質素，為教會未來的牧者領袖好好把關；當知道神學院收生時一、二次面試，對申請者的認識絕不能與長期牧養相處的堂會相比。曾聽過有堂會推薦教友修讀神學，私下明言將來絕不會聘請此人，這是何種道理？當緊記己所不欲、勿施於人！

二、具監管功能的權力架構：缺乏監管機制的教會架構，不單會讓不良的堂會領袖持續犯罪作惡，也可成為良好聖職人員的試探誘惑。昔日羅馬教廷的教階制度，造成了主教在地方教會獨大的情況，羅馬教宗更成了至高無上的權威，尼古拉一世、貴格利七世和英諾森三世甚至有能力脅迫世俗君王就範。權力使人腐化！從歷史可見，在缺乏監管的情況下，敗德弄權的教宗領袖一再湧現，低層信眾對腐敗現象敢怒不敢言，結果教會問題久久未得正視、無法解決。因此，一個能對當權領袖提出質詢、對行政運作評核監管、對錯謬過失加以糾正的架構，實為健康堂會不可或缺的要素。遺憾時至今日，基督教圈子中仍有一些宗派與堂會，個別領袖集人事、財務、行政等大權於一身，不受任何監管，實相當危險！

三、能彼此守望的同工團隊：教權所以能在十一世紀的克呂尼運動中從執政權貴的手中釋放出來，其中一個主要原因是由於一眾克呂尼修士的互相激勵、同心追求敬虔；此時期的重要革新領袖包括希爾得布蘭等，皆為克呂尼修道羣體出身。任何屬靈人士都有軟弱受困的機會，就是神所重用的大衛王，不也曾與拔示巴犯姦淫麼？因著拿單先知的警誡，大衛才曉得謙卑悔改。現代堂會常見的現象，是教牧同工、聖職人員要獨立事奉，各自為本身所負責的羣體、部門、團契、活動而忙過不停，少有彼此分享、互相勉勵的機會。遇上個人生命或婚姻家庭等困擾，教牧每多要獨自面對，很難找到支援；到同工需要被關注時，問題往往已變得相當嚴重，泥足深陷。堂會當盡量建立彼此守望的同工團隊，成為教牧領袖的支援網絡。

溫習及思考問題

1. 「中世紀中期」基督教會的標記和特色是甚麼？

   標記：________________

   特色：________________

2. 卡羅林家族逐漸衰微，有哪 3 個主要原因？

   a. ________________

   b. ________________

   c. ________________

3. 下列的外來羣族，各侵佔了歐洲哪些地方？

   維京人：________________

   馬扎爾人：________________

   薩拉森人／摩爾人：________________

4. 1054 年東西方教會的分裂，原因何在？你認為哪方的責任較大？

   ____

   ____

5. 綜合來説，羅馬教權的高升有哪些主要原因？請補充以下未填寫的各點。

 a. 昔日羅馬帝國的首都地位____________________

 b. ____________________

 c. ____________________

 d. ____________________

 e. 積極就羅馬教會的權柄尋求神學上的解釋：使徒統緒、彼得權威________

 f. ____________________

6. 配對：請將下列修會與其特色連線配對。

克呂尼修會 •	• 誓以保護朝聖客旅為宗旨
熙篤修會 •	• 協助在聖地施行救濟活動
醫院武士團 •	• 出於照顧貧病老弱的醫院
聖殿武士團 •	• 強調靈命操練和敬拜生活
條頓武士團 •	• 強調簡樸克己及紀律嚴明

7. 配對：請將下列教宗與相關事件連線配對。

利奧三世 •	• 迫君王亨利四世懺悔求赦
尼古拉一世 •	• 率先宣告組織十字軍東征
塞奇三世 •	• 先後降服德、英、法三國
約翰十二世 •	• 被控通姦亂倫、求助魔鬼
本篤九世 •	• 率一眾匪徒洗劫朝聖客旅
利奧九世 •	• 去信斥責東方教會的罪過
貴格利七世 •	• 突然給查理曼加冕為皇帝
烏爾班二世 •	• 助帖特伯加恢復皇后位分
英諾森三世 •	• 同時與狄奧多拉母女有染

8. 羅馬教權的高升，你認為對整體教會來説是福還是禍？請分享你見解。

____

____

9. 你認為「中世紀中期」教會的發展，在哪些方面影響現代教會最深？為甚麼？

____

____

進深閱讀書目

黃孕祺：《教會史話》。香港：基督教會書室，1983。

Noble, Thomas F. X. and Julia M. H. Smith, ed. *Early Medieval Christianities, c.600 ～ c.1100*. The Cambridge History of Christianity 3. Cambridge / New York: Cambridge University Press, 2008.

Reuter, Timothy, David Luscombe and Jonathan Riley-Smith, ed. *The New Cambridge Medieval History*. Vol. 3 ～ 4. Cambridge / New York: Cambridge University Press, 1999 ～ 2004.

Volz, Carl A. *The Medieval Church: From the Dawn of the Middle Ages to the Eve of the Reformation*. Nashville: Abingdon, 1997.

中世紀晚期

本章討論「中世紀晚期」的教會發展，涵蓋範圍從1215年第四次拉特蘭會議結束，到1517年宗教改革（Reformation）正式爆發，期間橫跨超過300年歷史。這段時期歐洲持續出現巨大轉變：西方有英法百年戰爭，黑死病肆虐，伊比利亞半島得光復，航海事業迅速發展，多國民族主義抬頭；東方更見蒙古帝國直迫威脅，鄂圖曼帝國強勢興起，拜占庭帝國最終滅亡。在這動盪之秋，基督教會也出現巨大改變：在羅馬教宗繼續力爭權位之時，各國君主和人民已開始對教廷的專制霸道反感，一再嘗試加以對抗，「教宗被擄巴比倫」便是這時期政權反擊教權的代表行動；當然面對國家被滅的東方希臘教會，其變遷更是翻天覆地。綜合而言，「保衛教權」可說是這時期教會發展的標記，其主要特色包括瘟疫戰亂、民族主義、政教相爭、東方滅國、經院哲學、宗教裁判和托缽修道等。

> 「宗教改革」為一連串改革運動，抨擊糾正中世紀教會教義扭曲和道德敗壞的問題；由此而衍生出基督新教。雖說宗教改革的根源可追溯到十四世紀或更早時期，但史家普遍皆以1517年馬丁·路德在威登堡城教堂登上《九十五條論綱》為此運動的正式序幕。

4.1 政治形勢的轉移

自羅馬帝國覆亡、日耳曼羣族大舉入侵，歐洲已出現羣雄割據的局面。正所謂一山不能藏二虎，歐洲大陸竟多虎並立，爭戰衝突自然在所難免。中世紀中期，因著有伊斯蘭勢力作為共同敵人，各國為籌組十字軍已耗盡精力，無暇在歐洲本土再惹紛爭。然而十字軍東征於十三世紀結束後，各國政權你爭我奪的情況又再出現，歐洲人民再次陷於戰爭禍患之中；此時適逢有巨大瘟疫流行，平民生活苦不堪言。

4.1.1 動亂黑暗的歐洲

數算此時期歐洲的爭戰，確實多不勝數。英格蘭為鞏固北方勢力，於十二世紀末開始攻打威爾斯、愛爾蘭和蘇格蘭，造成許多傷亡；有成功奪取領土，也有被沉痛擊退；其中華萊士（William Wallace，1272 ～ 1305）率領蘇格蘭人民苦戰英格蘭軍的故事，更成了電影《驚世未了緣》（BraveHeart）的主題故事。南部被伊斯蘭教徒佔據的伊比利亞半島，此時亦爭戰不休；北部的基督徒王國開始聯合，最終演變成由阿拉貢國王斐迪南（Ferdinand II of Aragon，在位於 1479 ～ 1516）與卡斯蒂利亞女王伊莎貝拉（Isabella I of Castile，在位於 1474 ～ 1504）夫婦共同領導的聯合王國，西班牙由此而生；他們不斷向南推進，終在 1492 年擊敗佔據當地長達 781 年的伊斯蘭教摩爾人，將他們逐出歐洲，徹底光復國土。

斐迪南與伊莎貝拉

然而若計影響程度，此時對西歐破壞力最大的，當數英法兩國的百年戰爭。早前提及，維京人奪取英格蘭前，早已佔領西法蘭克諾曼第一帶地方；也就是說，當年英法兩國的分界，並非如今日般有海峽之隔，而是互相彼鄰。1328 年法王查理四世（Charles IV of France，在位於 1322 ～ 1328）離世，身後無嗣；法蘭西封建貴族推舉其侄兒腓力六世（Philip VI of France，在位於 1328 ～ 1350）繼位，然而查理四世的外甥英格蘭王愛德華三世（Edward III of England，在位於 1327 ～ 1377）起來爭奪王位，腓力沒收愛德華在法蘭西土地，雙方因而爆發戰爭。起初英軍節節勝利，成功迫令法蘭西割讓大幅領土；後期法蘭西因得著年輕農家少女貞德（Joan of Arc，1412 ～ 1431）的幫助和領導，收回不少失地。英法雙方戰爭持續，期間曾因軍費耗盡而暫時休戰；到 1453 年法蘭西收復所有國土，百年戰爭才告終結。

> 貞德出生於法蘭西農村，17 歲時聲稱受神呼召起來解救法蘭西。在她的領導下，法蘭西成功抵抗英軍進攻，收復失地。可惜貞德在巴黎一場戰事中慘被俘虜，輾轉落入敵軍手中，英格蘭人將她當成女巫燒死。電影《聖女貞德》（Messenger）就是以她的故事為題。

禍不單行，戰事不絕的西歐此時期還遇上致命的瘟疫，就是俗稱「黑死病」（Black Death）的淋巴腺鼠疫。此疫症的病菌經由老鼠身上的跳蚤攜帶，可透過與病者接觸或飛沫傳播；患者皮下會出現變黑的血點和腫塊，病徵出現後幾小時內就可喪命。疫症病菌首先於 1347 年由航海船隻帶到意大利，然後向北傳播；在短短六年間已傳遍整個歐洲，甚至遠達東北端的俄羅斯。因著這瘟疫而死亡的人數高達 2,500 萬，佔當時歐洲總人口約三分之一；情況遠比近年爆發的非典型肺炎、甲型H1N1 流感嚴重。疫症對社會、經濟、信仰均造成巨大衝擊，革命起義的聲音不斷強化。

4.1.2 民族主義的抬頭

國家君王屢受身處外地的教宗欺凌，不獨相關君王感到激憤，愛國的臣民也同感羞辱。所謂壓力愈大、反抗力愈大，羅馬教宗的專橫霸行，漸漸激發起各地的民族主義情緒，開始愈來愈多人傾向重視國家多於教廷，效忠君王高於教宗。就在當年英諾森三世成功迫使英格蘭王約翰交出皇冠、俯首稱臣後不久，一眾英格蘭貴族即於1215年通過史上著名的《大憲章》(*Magna Carta*)，要求約翰在其上蓋印；憲章涉及行政、司法、財政、宗教、人權等等許多領域，其中一項是宣告英格蘭人民在宗教信仰上得自由，不再受制於國外勢力之下。雖然英諾森三世曾於第四次拉特蘭會議上公開譴斥《大憲章》冒犯教宗，惟此憲章卻成為國家從人治走向法治的里程碑，後世英、美各國的憲法，皆在一定程度上以此為據。

《大憲章》的教會規條

為我們和我們將來後裔的緣故，我們首先獲神允許，並獲我們的憲章確定，英格蘭教會得自由，其權利不受損，其自由不減少。……因此我們願意且確切地命令英格蘭教會要自由，在我們境內的人民，要良好而和平地、免費而安靜地、徹底而完全地，擁有上述一切自由、權利和施贈。如前所述，這是在所有事物和地方裏，永恆地給予我們和我們後裔自己，以及他們的後裔的。

民族主義高升，同時引發權力高度集中之君主國的出現。過往教宗所以能夠挑戰、壓制國家君王，在相當程度上要多得各國權貴割據的混亂局面，這些地方權貴以國內抗衡性反對力量的姿態，使君王有所顧忌，甚或因此就範。然而在國土統一的君主國裏，君王在國內擁有絕高權威，地方貴族違背君王就等同叛國，隨時可遭殺身滅族之禍。1485年，英格蘭率先平定內部蘭開斯特(Lancaster)和約克(York)兩大家族的紛爭，始於亨利七世(Henry VII of England，在位於1485～1509)的都鐸王朝(Tudor Dynasty)，標誌著英格蘭統一君主國的開始。隨後，法王查理八世(Charles VIII of France，在位於1483～1498)於1491年藉婚盟取得不列塔尼(Brittany)地區，完成統一國家大業。如前所述，西班牙在斐迪南和伊莎貝拉夫婦的領導下，亦於

1492 年徹底擊退摩爾人，正式光復領土。這些君王均在本身國家擁有極高軍政大權，得臣民擁護愛戴；君主政權的高升，暗示教廷對地方的影響力相對下降，使君王違背、抗衡或壓倒教宗的情況得以再次出現。

4.1.3 鄂圖曼帝國興起

在東方，由土耳其人組成的塞爾柱王國不斷擴張，先後吞滅伽色尼王國（Ghaznavid）和布韋希王國，成為拜占庭帝國的重大威脅。然而塞爾柱王國的盛勢並不長久，內部分裂使王國日漸衰微，伊斯蘭羣族漸漸陷於四分五裂之中。其後雖有由撒拉丁（Saladin of Ayyubids，在位於 1174 ～ 1193）統領的伊斯蘭聯軍，成功於 1171 年推翻法蒂瑪王國，並於 1187 年從十字軍手中奪回耶路撒冷，帶來中興盛況，惟強勢同樣不長。1219 年開始，來自遠東的蒙古大軍不斷向西推進，先後奪取今日伊朗和伊拉克一帶，且於 1258 年攻陷巴格達，使伊斯蘭勢力幾近崩潰。此時蒙古出現內部不和，各汗國間彼此爭戰，伊斯蘭羣族才得喘息的機會，免被全然吞噬。後來部分蒙古汗國接受了伊斯蘭信仰，該教勢力再得穩固。因著內部分裂，蒙古帝國不久便開始瓦解，步入衰亡。

> 撒拉丁為庫爾德人，約出生於 1138 年。頂盛時期，埃及、敍利亞和伊拉克皆在其管轄之下。他是一位敬虔的伊斯蘭遜尼派教徒，品格高尚；雖曾擊敗十字軍，但仍廣為當時的基督徒敬重。

在蒙古衰落之時，一個原屬土耳其塞爾柱王國的小國開始富強，在傑出君王奧斯曼一世（Osman I of Turk，在位於 1299 ～ 1326）及其後人的領導下，領土不斷擴張，先後佔領地中海東岸及巴爾幹半島大片土地，鄂圖曼帝國（Ottoman Empire）於此興起。十五世紀初，鄂圖曼帝國開始攻打拜占庭帝國，節節勝利，1453 年君士坦丁堡被攻陷，正式結束東羅馬帝國逾千年的統治。往後，鄂圖曼帝國還繼續擴張，先後取得阿拉伯半島、埃及和北非多處領土，成為雄據中東逾 600 年的伊斯蘭國霸主。

4.2 分裂教會的挑戰

權極一時的教宗英諾森三世，於 1216 年突然離世，此時第四次拉特蘭會議才結束不足 1 年。英諾森的離世，標誌著教權下滑的開始。長久霸權激發反抗情緒，持續戰禍弄得民不聊生，奪命瘟疫觸動信仰危機，民族主義抗衡宗教委身；種種演變均對羅馬教權帶來衝擊，令人質疑所信所守是否蒙神賜福，教宗權威因而受到挑戰、遭到削弱。

> i
>
> 1294 年的英法爭戰，起因於法王腓力四世沒收了英王愛德華一世（Edward I of England，在位於 1272 ～ 1307）在法蘭西境內的資產。他們爭戰數年，弄得兩敗俱傷、軍費耗盡；結果雙方於 1303 年簽訂「巴黎和約」，腓力女兒嫁給愛德華兒子，以婚盟關係維繫和平。因著這婚盟，這對夫婦的兒子，即後來的英王愛德華三世變成擁有法蘭西王族血統；著名的英法百年戰爭，就是愛德華三世為爭奪法蘭西王位而引發的衝突。

4.2.1 教宗被擄巴比倫

第四次拉特蘭會議規定，任何國家政權均不得向教會徵稅。然而，當時教廷坐擁全歐洲近半資產，擁有的財物可謂富甲古今；藉著種種的捐獻，各地教堂每年均有極為可觀的收入。教會可得免稅，就等同今日宣告企業家、地產商無須納稅一樣，會令地方政權收入大減，迫於向市民大眾苛索以維持政府運作。這在太平盛勢、國泰民安時還可忍受；但在戰爭爆發、保家衛國、急需軍費時，就難於持守。

1294 年英法兩國初次爆發戰爭。法蘭西君王腓力四世（Philip IV of France，在位於 1285 ～ 1314）為籌集軍費，大量向教會和聖職人員徵稅。羅馬教宗波尼法修八世（Boniface VIII，在位於 1294 ～

1303）立即發出教諭禁止，腓力以停止向羅馬輸送教會捐款還擊，兩人因而爆發衝突。經過數年磨擦，波尼法修於 1301 年發出教諭，大膽宣告教權高於政權，傳召腓力到羅馬受審；腓力隨即在法蘭西召開政教大會，指控波尼法修種種錯謬，反命令他出席受審。1303 年波尼法修以革除腓力教籍、向全法蘭西發出禁教諭還擊；惟教諭尚未公佈，法王已聯同意大利的反教宗勢力將波尼法修捉拿囚禁、嚴加拷打。雖然囚禁只 3 日波尼法修便得釋放，惟這位落難教宗已身心受創，1 個月後便傷重不治。

接替波尼法修八世的是本篤十一世（Benedict XI，在位於 1303 ～ 1304），他嘗試為其前任教宗伸冤，革除所有當日有分參與囚禁虐打波尼法修的人出教。惟他就任只短短 8 個月，便被人毒殺身亡；下毒者以腓力一黨人嫌疑最大，但一直沒有證據證實。此後，腓力於 1305 年將心腹推為教宗，名為革利免五世（Clement V，在位於 1305 ～ 1314）。革利免自知不受意大利籍樞機主教們支持，一上任他便提升 9 個法籍聖品為樞機主教，以穩固本身地位。翌年他又廢除波尼法修所發出一切對腓力不利的教諭；默許他攻擊聖殿武士團，奪取其資產。1309 年，革利免更以羅馬政局不穩為借口，將教廷遷到法國亞威農（Avignon），正式成為法蘭西君王的傀儡教宗。此後，多任教宗皆為法蘭西君王所提拔和操控，教廷一直留在亞威農，直到 1377 年才遷回羅馬；史稱這段教廷移至法蘭西的事迹為「教宗被擄巴比倫」（Babylonian Captivity），教權於此大幅下滑。

在位年份	被擄巴比倫時期的教宗	教宗英文名稱
1305 ～ 1314	革利免五世	Clement V
1316 ～ 1334	約翰二十二世	John XXII
1334 ～ 1342	本篤十二世	Benedict XII
1342 ～ 1352	革利免六世	Clement VI
1352 ～ 1362	英諾森六世	Innocent VI
1362 ～ 1370	烏爾班五世	Urban V
1370 ～ 1378	貴格利十一世	Gregory XI

4.2.2 教會大分裂困擾

雖為法籍人士，又身處亞威農，但作為教宗，總盼望重奪昔日壓倒各國君王的權威，不欲持續受地方政權轄制。被擄巴比倫時期的教宗，多夢想要返回羅馬；但法蘭西君王會否阻撓？能否得到羅馬教會合作支持？顧慮重重，總不能成事。直到貴格利十一世（Gregory XI，在位於 1370 ～ 1378）在任時，教宗終提起勇氣，在 1377 年正式返回羅馬就職。惟抵達只年餘，貴格利便與世長辭。

在選任新教宗的會議上，樞機主教團受著羅馬羣眾的壓力，選出一位意大利籍教宗，名為烏爾班六世（Urban VI，在位於 1378 ～ 1389）。法蘭西的樞機主教們對此甚感不滿，加上得到法王鼓勵，他們返回亞威農另選一位法籍教宗，號稱革利免七世（Antipope Clement VII，在位於 1378 ～ 1394）。如此，西方教會分裂成兩大陣營，一方效忠羅馬，另一方效忠亞威農，雙方教區數目相若、信徒人數相近；史稱「西方基督宗教的大分裂」（Great Schism of Western Christianity）。

為解決紛爭，一眾教會領袖於 1409 年在意大利比薩（Pisa）召開會議，出席者有越百位樞機和主教，教區代表、修道院長、神學教授合共500多位。會議確認教會必須合一，惟現任兩位教宗均存在爭議；故會議要求羅馬教宗貴格利十二世（Geogory XII，在位於1406～1415）和亞威農教宗本篤十三世（Antipope Bendict XIII，在位於1394～1417）同時辭職，另選亞歷山大五世（Antipope Alexander V，在位於1409～1410）為教宗。惟會議議決只獲約半數教區支持，貴格利和本篤均指斥比薩會議為僭越行為，拒絕下台。結果問題不但未能解決，還使本來的兩頭教會變成三頭，令局勢更加混亂。

面對如此亂局，西方教會於1414～1418年在德意志君士坦茨（Constance）正式召開大公會議，由皇帝西基斯門（Sigismund of Luxemburg，在位於1410～1437）親自主持，出席者有越200位樞機和主教，另有修道院長和神學教授200多位。會議上，羅馬教宗貴格利十二世派遣代表出席，授權召開大公會議，並主動提出請辭。結果會議於1415年通過罷黜現有亞威農教宗本篤十三世和比薩會議教宗約翰二十三世（Antipope John XXIII，在位於1410～1415）；1417年罷黜行動完全辦妥後，才選出馬丁五世（Martin V，在位於1417～1431）為新任教宗。西方教會大分裂的困擾於此才正式解決。

<table>
<tr><th>在位年份</th><th>羅馬的教宗</th><th>在位年份</th><th>亞威農的教宗</th><th>在位年份</th><th>比薩會議教宗</th></tr>
<tr><td>1378～1389</td><td>烏爾班六世</td><td rowspan="2">1378～1394</td><td rowspan="2">革利免七世</td><td rowspan="2" colspan="2">—</td></tr>
<tr><td>1389～1404</td><td>波尼法修九世</td></tr>
<tr><td>1404～1406</td><td>英諾森七世</td><td rowspan="2">1394～1417</td><td rowspan="2">本篤十三世</td><td>1409～1410</td><td>亞歷山大五世</td></tr>
<tr><td>1406～1415</td><td>貴格利十二世</td><td>1410～1415</td><td>約翰二十三世</td></tr>
<tr><td>1417～1431</td><td colspan="5">馬丁五世</td></tr>
</table>

4.2.3 反抗勢力的積聚

除教宗被擄巴比倫和緊接的教會大分裂外，此時還出現許多異見組織，分佈歐洲各地，成為擺脱教廷中央控制的分離羣體，甚或是抗衡羅馬教宗專權的反對勢力。這些異見組織部分在宗教改革爆發後迅速加入新教行列，成為支持改教的重要力量。

a. 迦他利派（Cathars）：最早在1143年見於德意志科倫（Cologne），十二至十三世紀活躍於西歐多處，特別是法蘭西南部和意大利北部。該派有不同名稱，在法蘭西稱為「阿爾比根派」（Albigenses），在意大利則稱為「清潔派」（Patarenes）。迦他利派指斥羅馬教廷過於世俗，強調自己才是真正承接使徒傳統的教會；他們自稱按照使徒教會的方式生活，同心禱告、安於守貧、不嫁不娶、禁戒肉食。信仰方面，他們採二元論思想，相信宇宙乃善、惡兩位神所創造，善的創靈魂，惡的造物質；信仰追求的目標是要脱離物質身體的囚牢，讓靈魂重獲自由。後世基督教會皆以此派為異端。

b. 瓦勒度派（Waldenses）：由法蘭西里昂（Lyons）富商瓦勒度（Peter Waldo，約1140～約1217）創立，他約於1172年回應聖經教導，變賣產業分給窮人，實踐守貧生活、積極傳道；其跟隨者遍佈意大利、德意志、法蘭西和西班牙各地。1179年，教宗亞歷山大三世（Alexander III，在位於1159～1181）批准瓦勒度派的守貧誓願，但規限他們不得隨意宣講。瓦勒度派人士不從，與教廷決裂，繼續四處遊行傳道。瓦勒度派堅稱耶穌基督是惟一的中保，反對煉獄觀念，指斥當時守夜、齋戒等儀節，只接受水禮和主餐兩個禮儀。宗教改革爆發後他們部分接受了加爾文派思想，成為基督新教的一支。

c. 羅拉德派(Lollards):引發自英格蘭著名學者、牛津大學的威克里夫(John Wycliffe,約 1330 ～ 1384),其支持者以學者為主;羅拉德派並沒有固定組織,也沒有公認權威。其特色在於認定羅馬教廷已被世俗事物所腐化,主張高舉聖經權威;他們以學術態度審視信仰,不受教會傳統規限,此派立場流行於英格蘭學術界。經過細心查考聖經,威克里夫得出與現代基督新教類似的教義立場,被譽為「宗教改革的晨星」。他反對當時聖職人員的特權制度,主張信徒皆祭司;強調聖道重於聖禮,立意將聖經翻譯給信眾閱讀。十六世紀,羅拉德派人士多支持宗教改革,加入新教行列。

d. 胡司派(Hussites):起因於波希米亞布拉格大學教授胡司(John Huss,約 1372 ～ 1415),他深受威克里夫的思想影響,接受與基督新教相近的信仰立場,惟沒有否認化質説。胡司一反當時以拉丁文施彌撒的教會傳統,採用通用的波希米亞文宣講,極受當地信眾歡迎。1414 年胡司被傳召到君士坦茨的大公會議上受審,在得到皇帝西基斯門的安全保證下,胡司決意前往;惟一到步便被囚禁在監,半年後在未經公平審訊的情況下被定罪,最後遭活活燒死。胡司的殉道令波希米亞人民情緒高漲,組成胡司派以革命抗爭。他們後來多支持改教,莫拉維弟兄會就是主要由此派人士組成。

e. 大公會議派(Conciliarists):活躍於十四、十五世紀,主張教會的最高權力機關應是大公會議,而非羅馬教宗一人;這派在西方基督宗教大分裂期間相當盛行,被視為解決多個教宗並立的最佳體制。十四世紀英格蘭神學家、牛津大學教授俄坎的威廉(William of Ockham,約 1285 ～ 1347),是提倡這派立場的中世紀先驅。他指出教會乃普世信徒共享,非羅馬教廷獨尊;過往曾有信仰與道德敗壞的教宗,大公會議可有效將此問題修正。此派立場後來在大分裂問題解決、羅馬教權再次高升時受到指斥，但仍一直在羅馬公教內有相當支持；其信念且在聖公會、信義宗等新教宗派內具體實現。

反抗組織/勢力	開始年份	主要倡議人	主要特色和發展
迦他利派	1143 年	—	二元論異端思想，後來被教廷鎮壓下來。
瓦勒度派	1172 年	瓦勒度	強調字面遵守聖經，部分後來加入改教。
羅拉德派	1372 年	威克里夫	與基督新教信仰相近，後來多加入改教。
胡司派	1402 年	胡司	與基督新教信仰相近，後來多加入改教。
大公會議派	—	俄坎的威廉	主張教會最高權力是大公會議而非教宗。

4.3 保衞教權的爭持

面對時局變遷，敵對分裂勢力不斷擴張，教權備受挑戰，羅馬教廷此時也在多方努力，意圖維護、捍衞教權的地位。雖然這些努力，於現今後世看來或許有偏離正道、是非扭曲、人意弄權之嫌；但在當時世代來說，確曾一度發揮鞏固教廷地位的作用，幫助羅馬教廷繼續屹立於廣大信眾之上，維持擔任大公教會權威領導的角色。

4.3.1 經院哲學的興衰

「經院哲學」(Scholasticism) 又名「士林哲學」或「煩瑣哲學」，十一世紀末開始見於修院學校，後在中世紀的大學中持續普及，曾經流行一時，直到十六世紀宗教改革前夕才逐漸衰落。經院哲學並非一套創新的教義立場，而是一種神學課題的整理方式；通過系統性的思想反問，運用亞里士多德和奧古斯丁 (Augustine of Hippo，354 ～ 430) 的哲學和辯證方法，尋求為各信仰難題提供合符傳統、邏輯一致的理性解釋。在中世紀，羅馬教廷自命為神在地上的代言人，是教義詮釋的權威；對於基督信仰上的難題，特別是存在於權威典籍間的矛盾言詞或概念，自然不能啞口無言、無知應對。經院哲學存在的原初目的，是要協助教會維護傳統的信仰教導，嘗試以邏輯論證方法展示「正統」神學教義的精深奧妙、通達合理，權威典籍實際可如何彼此協調、互相補足。

此時期的著名經院哲學家，有安瑟倫（Anselm of Canterbury，1033 ～ 1109）、亞伯拉德（Peter Abelard，1079 ～ 1142）、倫巴都（Peter Lombard，約 1100 ～ 1160）、阿爾伯特（Albertus Magnus，約 1193 ～ 1280）、阿奎那（Thomas Aquinas，約 1225 ～ 1274）、蘇格徒（John Duns Scotus，約 1265 ～ 1308）和俄坎的威廉等。按受柏拉圖或亞里士多德思想影響的程度，他們有專注普遍共相、有著重個別事物，也有介乎兩者之間，如此可分為唯實論（Realism）、溫和唯實論（Moderate Realism）和唯名論（Nominalism）三個類別。

思想類型	主要特色	代表人物
唯實論	認為普遍共相真實地獨立存在於個別事物之外；重視演繹法，由普遍理論和概念推演特殊個體。	安瑟倫
溫和唯實論	認為普遍共相真實地獨立存在於個別事物之外；注重歸納法，由個別事物歸納普遍理論和概念。	阿奎那
唯名論	認為概念只是名稱，在思維以外並不存在共相；注重歸納法，由個別事物歸納普遍理論和概念。	俄坎的威廉

經院哲學曾討論不少嚴肅問題，安瑟倫的本體論證和阿奎那的五段論證，更曾是當時證明神存在的權威理據。經院哲學家們的努力，曾為維護羅

馬公教教義立場、捍衛教廷信仰權威發揮支撐作用。然而隨著時間過去，主要的神學課題均已得到充分討論，瑣碎無聊的問題逐漸湧現，如「一根針頭可容納多少天使站立？」、「神可否道成黃瓜而非成肉身？」這些問題都令人厭煩，使經院哲學的討論漸漸失去意義。

4.3.2 宗教裁判的威脅

面對日益嚴重的反抗勢力，特別是已廣泛流傳的迦他利派異端思想，教宗亞歷山大三世和路西三世（Lucius III，在位於 1181 ～ 1185）分別於 1163 年和 1184 年發出教諭，要求各地主教調查所轄教區內的異端羣體，將執迷不悟者交世俗政權懲處。1215 年，教宗英諾森三世於第四次拉特蘭會議上，通過一連串針對異端分子的刑罰方案，包括革除聖職、充公財產、逐出教會、交政權囚禁或處死等。為對付法國南部獲當地政權支持的迦他利派，教廷早於 1208 年已呼籲組織十字軍以剷除異端；經過 20 年的戰爭和屠殺，協助迦他利派的貴族敗陣，雙方簽訂巴黎和約（Treaty of Paris），法國南部從此失去政治自由。為根除迦他利派，有效執行消滅異端的教令，教宗貴格利九世（Gregory IX，在位於 1227 ～ 1241）於 1229 年在法國南部土魯斯（Toulouse）的慶祝勝利大會上宣告成立宗教裁判所（Inquisition），委任全職調查員代表教廷進行異端審查和裁決的工作，各地教會領袖、政府官員均須配合支持，提供協助。

有若中國明朝的東廠和西廠，宗教裁判所漸漸成了教廷對付異見異己、鞏固中央權威的工具，任何不順從教宗、反抗教廷的人物組織，皆可成為宗教裁判所調查、審訊、拷問、壓迫、刑罰的對象。在宗教裁判所的努力和推動下，迦他利派繼續被追擊，領袖被殺、經卷被焚，到十四世紀中迦他利派已消聲匿迹，不見影蹤。同一時間，瓦勒度派亦遭受宗教裁判所的打壓，他們部分返回羅馬公教，部分則退到東歐和阿爾卑斯山谷，避世隱居。在1415年的君士坦茨會議上，威克里夫和胡司皆被判為異端，羅拉德派和胡司派均要被取締；經過連串逼迫，羅拉德派漸漸轉為地下活動，不再公開指斥教廷錯謬；胡司派雖得波希米亞政權支持，且在1420年通過《布拉格四條信綱》（*Four Articles of Prague*），但經過1420至1434年的持續戰爭，胡司派的根據地已逐一被擊破，他們惟有向羅馬公教作出妥協，放下大部分改革思想，堅持不屈的只剩下少數。如此，瓦勒度派、羅拉德派和胡司派等反抗教廷的勢力，都因宗教裁判所的工作和努力被壓止下來，到宗教改革爆發後他們才能東山再起。

胡司派的《布拉格四條信綱》

一、可自由傳講神的道。
二、平信徒跟聖品一樣，可在主餐中同時領受餅和酒。
三、聖職人員理應守貧，其屬世資產應當充公。
四、公眾罪惡應當公開，且遭受懲處。

4.3.3 羅馬教權的重申

對於要堅持獨攬大權的教宗來說，大公會議派的思想可以說是支持者最多、理據最強的威脅。自古以來，許多重要的教會信仰和立場都在大公會議上表決：如三一神、基督神人二性等教義，羅馬、君士坦丁堡各主教長的特殊地位等。在西方教會大分裂時期，多位教宗各自稱雄、互相抗衡，以大公會議解決紛爭的聲音更一度成為教會主流。然而，隨著大分裂得以完滿解決，以羅馬教宗為神在地上的代理人、為使徒彼得單一承繼者、為教會最高權威的聲音又再出現，且愈發強化。1453年，樞機主教托奎馬達（Juan de Torquemada，1388～1468）特意寫成《教會總論》（*Summary of the*

Church），維護教宗擁有至高無上權威之說。1460 年，教宗庇護二世（Pius II，在位於 1458 ～ 1464）直接譴斥大公會議派的思想，聲言主張大公會議權力高於教宗之説乃是從「叛逆之心」而來的「卑鄙濫權行為」，他更指責上訴於大公會議的做法為「錯誤和可厭」。大公會議派於此開始衰落，支持逐漸減少。

數十年後，曾獲授權審查馬丁．路德的樞機主教卡耶坦（Tommaso de Vio Gaetani Cajetan），於 1511 年寫成《教宗與會議權力的比較》（*On the Comparison of the Authority of Pope and Council*），再次為教宗專權辯護；他指稱「教宗在神的教會擁有至高權威」，因為主耶穌基督將天國的鑰匙只給彼得一人，並委派他牧養羣羊；由此可見，教會最佳的體制是由一人領導，如此才能有效維持和平與合一。為回應宗教改革，於 1545 至 1563 年舉行的天特會議（Council of Trent），再次重申肯定教宗的首席權威，稱譽羅馬教會為眾教會的母親兼師傅，所有聖職人員均須向羅馬教宗宣誓效忠，承諾終身順服。

天特會議規條

當教堂（特別是主教座堂）為維持和強化教會而開設聖職，授職者必須敬虔委身，能成為眾人的榜樣，有能力在主教的職務和工作上提供協助。⋯⋯對於負責牧靈的聖職，授職者必須於上任兩個月內，在主教面前公開宣認其正統信仰，並立誓承諾終身順服羅馬教會；若主教不在，也要在其牧者或上司面前宣誓。⋯⋯

第 24 次會議（1563）第 12 條

4.4 適應環境的演變

在社會巨變的洪流下，東西方教會皆在相當程度上被迫調節改變。從前遠離人羣的隱居式修道，逐漸被強調服務社會的托缽式修道所取代。雖然羅馬教廷極力意圖主導西歐的政治和社會發展，但各國政權的抗衡與叛離，各處反對勢力的興起和積聚，都使教宗權威不斷受挫，難再強權稱霸、隻手遮天。面對國破家亡厄運的東方教會，更痛失行政決策的中心基地，面對領袖失去自由、信眾分散離去、教會掙扎求存的命途。

4.4.1 托缽修士的興起

繼克呂尼和熙篤修道運動後，中世紀的修院於十三世紀又再出現更新重整的需要。此時，因著十字軍東征帶來的社會變遷，貴族領導的封建制度逐步過渡到商貿為主的經濟體系；憑著己力謀生、生活無拘無束、信仰思想自由的庶民，漸漸成了社會主流。為有效服侍人羣，與普羅大眾共同生活的「托缽修士」(Friars)開始出現；他們不再隱居修院之內，自耕自足，而是進入人羣之中，傳道服務，靠虔誠信徒的捐贈過活。此時成立的托缽修會頗多，其中最具規模的有下列 4 個；在 1274 年的第二次里昂會議(Second Council of Lyons)上，他們獲教廷確認為「四大托缽修會」。

a. 道明會(Dominicans)：1216 年獲教宗洪諾留三世(Honorius III，在位於 1216 ～ 1227)批准成立，1221 年成為托缽修會。創立人為西班牙人多明尼古(Dominic，1170 ～ 1221)，他早年在法蘭西南部向迦他利派異端傳道時，吸引了一羣跟隨者，由此逐步組成修會；故該會一直注重傳揚聖道、教授真理。道明會士慣穿黑色外套，故又名「黑衣托缽修士」。中世紀著名神學家阿爾伯特和阿奎那皆為該會修士。

b. 方濟會（Franciscans）：1209 年獲教宗英諾森三世口頭批准成立，1223 年得洪諾留三世確認。創立人為意大利人法蘭西斯（Francis of Assisi，1182 ～ 1226），他立誓持守貧窮，感召按照馬太福音十章 7 至 19 節的教導過信心生活，跟隨者眾；他們強調慈惠關懷、服務社羣。方濟會士慣穿灰色外衣，故又名「灰衣托缽修士」。神學家波拿文土拉（Giovanni di F. Bonaventure，約 1217 ～ 1274）、蘇格徒和俄坎的威廉均屬方濟會。

1223 年洪諾留三世確認允准方濟會成立教諭

……使徒宗座慣於允准祈求分享其慈愛者的敬虔願望和正直素求。因此主裏親愛的兒子們，我們既同意你們的敬虔懇求，就以吾等的使徒權柄，確認從前我們先輩教宗英諾森批准你們的修會規章。我們以本荐信強調：小托缽修士的規章和生活乃是這樣，要以順服的生活，捨棄一切私有財產和持守獨身，來遵從我們主耶穌基督的聖福音。……法蘭西斯托缽修士承諾服從和尊敬教宗洪諾留及其按規章獲選的承繼人，及羅馬教廷；而其他托缽修士則要服從法蘭西斯及其承繼者。任何人若要選擇這種生活，且去到我們弟兄那裏，他們要領他們到省牧那裏，因為惟獨他們（沒有其他人）有權允准接收托缽修士。……任何人違反本諭令的確認，或以輕率暴行破壞之，均屬違法；這人當知道他已招引全能神及祂使徒蒙福彼得和保羅的憤怒。

c. 迦爾默羅修會（Carmelites）：1226 年獲准成立，1245 年成為托缽修會。該會於 1154 至 1156 年間起源於巴勒斯坦的迦密山，據説創始人為伯杜特（Bertold，約卒於 1195）；他們強調敬虔操練、默觀禱告；內中分赤腳和非赤腳兩個派系。其修士慣穿白色外套，故又名「白衣托缽修士」。大德蘭（Teresa of Avila，1515 ～ 1582）和十架約翰（John of the Cross，1542 ～ 1591）皆為該會著名修士。

d. 奧古斯丁修會（Augustinians）：1256 年由按照《奧古斯丁會規》（*Rule of*

Augustine）操練的多個修道羣體聯合組成，推動者為教宗亞歷山大四世（Alexander IV，在位於 1254 ～ 1261）。該會以教父奥古斯丁（Augustine of Hippo，354 ～ 430）為其創始人；他們注重羣體生活，棄絕私有財產。聯合時，他們各自放棄原有服飾，統一穿著黑袍。宗教改革家馬丁 · 路德，當年就是出自奧古斯丁修會。

4.4.2 羅馬教權的起伏

羅馬教廷的地位，於中世紀中期英諾森三世在位期間達至高峯。此後，因著戰禍瘟疫帶來的信仰困擾，以及民族主義引發的反抗情緒，教廷權威逐漸受到質疑。教宗被擄巴比倫和其後的教會大分裂，將教宗權威推向低谷；各種反抗勢力的積聚，成為挑戰羅馬教權的威脅。雖説經院哲學對信仰的維護，宗教裁判所對異己的打壓，以及羅馬教廷對其權威的重申，某程度上能略為中止教權下滑的趨勢，惟實際矛盾問題根本尚未解決，人民對教廷的不滿情緒只是暫時抑壓而已，時機成熟便會乘勢爆發。

到十五世紀宗教改革前夕，多位缺乏敬虔、淫亂敗壞、愛好弄權的教宗相繼接任，使教廷聲望一再下瀉。教宗保羅二世（Paul II，在位於 1464 ～ 1471）被指為同性戀者，他涉嫌在與一名僮僕性交時突然中風離世。繼位的西克斯都四世（Sixtus IV，在位於 1471 ～ 1484）曾隨意升任多個年輕俊男為樞機主教，有指他們皆為其同性伴侶，也有説這些少男實為其私生子。隨後的英諾森八世（Innocent VIII，在位於 1484 ～ 1492）最少有兩名私生子，他濫用職權，公開偏袒其親生骨肉。緊接的亞歷山大六世（Alexander VI，在位於 1492 ～ 1503）擁有多名情婦，私生子女不下 7 個，部分更被公開宣認；他賜給情婦和私生子女諸般財富和尊榮，更有獲授任為樞機主教；根據歷史文獻，有懷疑他其中一個私生女的兒子，實質由他而出，只因教廷制度所限不敢宣認。猶流二世（Julius II，在位於 1503 ～ 1513）也有最少兩名私生女，敵對者同時指控他有同性戀行為。接任教宗的利奧十世（Leo X，在位於 1513 ～ 1521）也被史學家指為同性戀者，他有多個同性伴侶，謠傳更說他在與一名男童性交時突然暴斃床上。私生活如此敗壞，售賣聖職、貪婪儉財、爭權奪利的指控，更是多不勝數。無論多少真假，這些教宗的敗行傳言已嚴重影響教廷的威望；可以說，在馬丁．路德引發宗教改革以前，羅馬教廷已聲名狼藉，令人失望不已。

上梁不正下梁歪！在上的教宗尚且淫亂荒唐，在下的神父修士又怎能保守敬虔正直？卜迦丘（Giovanni Boccaccio，1313 ～ 1375）的《十日談》（*Decameron*）收集了一百個中世紀故事，充分反映當時教會的敗壞。例如一所以聖潔稱著的女修道院，收容了一個裝啞的壯男作園丁，從此修院上下修女逐一與之發生關係；壯男後來開聲說話，卻對外宣稱是因修女敬虔禱告使他恢復話語機能，修院聲望反得提升。一名修道院長與人妻有染，給其丈夫服食迷藥後公開埋葬，然後暗中掘出來，囚禁在暗無天日的地窖裏，並令他相信自己已經身故，正在煉獄中受刑；後來妻子懷孕，院長將丈夫放回「人間」，充當孩子父親，還聲稱多得院長懇切禱告，丈夫才得「復活」；眾人信以為真，院長聲譽因而大得提升。又有一個女修道院長，夜間與一名修士淫亂，突然被呼喚出來審理一個小修女被捉姦在床的案件，匆忙間女院長誤將情夫的短褲當作自己的頭巾套上；來到大廳，女院長當著全體修女面前嚴詞厲色地痛罵小修女，還聲稱非嚴辦不可；小修女抬頭一看，見到女院長頭上的男性短褲，心裏明白，就對這道貌岸然的女院長說：「請你先把頭巾紮好再跟我說吧！」從此小修女可無拘無束地與情郎幽會。面對教會如此景況，當時追求敬虔的有識之士，如薩沃那洛拉（Girolamo Savonarola，1452 ～ 1498）、伊拉斯姆（Desiderius

Erasmus，約 1466 ～ 1536）等，都猛烈抨擊羅馬教廷的腐敗，提出改革的呼聲。

薩沃那洛拉對羅馬教廷敗壞的指控

來！敗壞的教會，聽主對妳說的話：我給妳這美麗的衣裳，妳卻藉此使自己成為偶像。妳以妳的寶貴器皿加添驕傲，以聖職買賣褻瀆聖禮，妳的奢華使妳成為醜惡的妓女；妳禽獸不如，是一隻可鄙的怪物。曾幾何時妳會為自己的罪孽慚愧，但現在妳不再有這羞恥；曾幾何時若神父有兒子，他們會稱之為侄，但現在不再有侄，只有兒子。妳已建造一個敗德之家，妳使自己從頭到腳變成一個臭名之家。這公眾的女人做了甚麼？坐在所羅門的座位上，向一切經過的拋眉眼；每個有錢的都可進來做自己喜愛的事情。無奈人人都想將美善拋棄。淫亂的教會，願妳的羞恥在普天下人眼前被揭露，願妳的毒氣升到天上，願妳在四方八面暴露妳的不貞！

4.4.3 東方教會的轉移

拜占庭帝國於 1453 年遭伊斯蘭教鄂圖曼帝國殲滅後，君士坦丁堡主教長隨即失去自由身分，成為土耳其政權轄下一個傀儡宗教領袖。1454 年，鄂圖曼君王梅米特二世（Mehmed II，在位於 1451 ～ 1481）為穩定國內數目眾多的東正教徒，任命了一名拜占庭神學家為君士坦丁堡主教長，號稱蓋拿丟二世（Gennadius II，在位於 1454 ～ 1464）；蓋拿丟堅決反對與西方拉丁教會合併的立場，大大減低西歐各國君主聯合東征的威脅，讓梅米特安心。升任為主教長後，蓋拿丟隨即成為鄂圖曼帝國內各地東正教會的最高領袖，其牧養羣體不單包括原屬拜占庭帝國的希臘教會，還有保加利亞、塞爾維亞和阿爾巴尼亞等地的斯拉夫信徒羣體。梅米特及後推行誘使東正教徒歸信伊斯蘭信仰的政策，使蓋拿丟甚為不悅，最後於 1464 年辭職離去。此後，土耳其君王持續任命教會領袖出任君士坦丁堡主教長一職，惟因鄂圖曼帝國內的東正教會日漸萎縮，此主教長的職權與地位也不斷下降。

值得留意，在拜占庭帝國遭受鄂圖曼大軍圍攻之時，東方皇帝與君士坦丁堡主教長曾聯同部分希臘教會代表向西方求助。在 1439 年舉行的佛羅倫斯會議（Council of Florence）上，他們以放下神學分歧，願與羅馬教會合併，來換取西方軍事援助。惟消息帶到東方，隨即惹來各地主教和貴族的抗議，合併計劃告吹。俄羅斯正教（Russian Orthodox Church）原來一直遞屬君士坦丁堡主教長之下，他們不滿對方在佛羅倫斯會議上作出的讓步，認為這是賣教行為，遂於 1448 年宣告獨立。百多年後，君士坦丁堡主教長終在 1589 年確認俄羅斯正教的獨立地位，且宣告莫斯科主教擁有主教長的職銜，可與源流古遠的亞歷山太、安提阿和耶路撒冷等主教長並列。隨著希臘教會萎縮，俄羅斯的斯拉夫教會逐漸成為東正教內最大的信仰羣體，為東方教會保存文化與維持擴展的最主要力量。

俄羅斯正教起源於九世紀拜占庭宣教士對斯拉夫人的傳道行動；此後不斷擴展，曾為沙皇時期的俄羅斯國教。雖曾經歷多年共產統治，俄羅斯正教仍為今日東正教內最大的信仰羣體，教徒數目超過一億。

教會分裂的歷史提醒

雖然革命與分裂多要經歷痛苦的衝突與抗爭，期間有人被痛斥、受傷害、遭壓制，但卻是數千年人類歷史中一再重複的現象。據中國古史傳說，昔日夏桀沉迷妺喜，商紂寵信妲己，暴虐勞民，荒淫無度，結果皆遭臣民革命起義推翻。回顧近代歷史，革命分裂事件更是多不勝數：法國大革命和美國獨立戰爭，皆是革命改變歷史的世紀大事；許多羣體因著信念分歧而分裂，由此產生如印度和巴基斯坦、南韓和北韓等同族裔卻又敵對的國家。國父孫中山推翻滿清，抗日戰爭後的國共內戰，都充滿同胞相殘、流血傷亡的沉痛經歷。

回顧教會歷史，屬神子民在這問題上也不能獨善其身。1054年東西方教會互相驅逐，以及1378年羅馬和亞威農兩個敵對教宗同時並立，皆為舉世矚目的分裂事件。今日基督教宗派林立，在一定程度上也是分裂獨立的結果；當中有和平分散，也有發展到彼此為仇的地步。單是十九世紀的解放黑奴問題，就使當時美國最大的三個宗派相繼分裂，由此產生浸信宗的美北浸信會聯會和美南浸信會聯會，長老宗的美國長老會和美國聯邦長老會，以及循道宗的美以美會和監理會。華人教會的宗派或堂會分裂也相當常見，中華完備救恩會乃從五旬節聖潔會分裂而生，平安福音堂原初是從浸信會分離出來，時至今日神召會仍有神召事工、神召會香港區總議會和竹園區神召會等各自獨立發展。至於個別堂會因如靈恩運動等爭議而出現矛盾分裂，更是多不勝數。

究竟信徒羣體如何才能避免激起抗爭、造成分裂？論到基督教會爭取改革、分裂獨立，最典型的例子要數十六世紀的宗教改革。此前西方教會一直強調大公合一，有很強的內聚性，提倡分裂者多會被社會羣眾唾罵；這時羅馬教廷的種種失誤，值得後世引以為鑑。

一、以尊重代替專橫：因著地位高升，羅馬主教漸漸變得專橫，只顧一己權益，不理他人困境；在英法兩國爆發戰爭、財政緊拙時，教廷仍堅持政權不得向地方教會徵税，結果惹來反抗，引發「教宗被擄巴比倫」。無奈受控與分裂事件過後，羅馬教廷又再重申教宗擁有至高無上權威之説，要求人人效忠順服。回顧歷史，明君多會謙虛聆聽、尊重他人，暴君則愛恃權傲謾、惟我獨專；聖經教導為首的當作眾人的僕人，惟中世紀羅馬教廷所倡議的卻與此背道而馳。

二、以反省代替固執：羅馬教廷以歪曲史實、偏差教理和虛假偽著來鞏固本身地位；信仰教義也逐漸偏離真道，信徒不能直接研讀聖經或向神祈禱，善功和聖禮被教導為得救所必須，贖罪券被形容為求赦罪的良方，煉獄成了上天堂必經之地。為協調權威教義間的矛盾，經院哲學興起成為爭拗辯駁的工具；結果使教廷更堅持己見，執迷不悟。人非神，錯誤難免，面對一直抱持的信念，應當經常自我檢視，反省修正；不斷尋找方法維護本身立場，固執堅持，最終只會恨錯難返。

三、以溝通代替壓迫：面對瓦勒度派、羅拉德派和胡司派等異見羣體，羅馬教廷採取的手段，是透過宗教裁判所內不公平的審訊施加壓迫；結果這些羣體都在宗教改革期間分裂離去，改投新教。細心檢視這些異見羣體的思想立場，會發現他們比羅馬公教更合符聖經，信仰更正統；可惜教廷拒絕溝通，不聽異見，錯謬持續。許多實例證明，異見羣體的出現多始於溫和改善的素求，久遭漠視才漸漸變成強烈追求更新的改革力量；若合理的素求早得正視，不少分裂衝突可以避免。

四、以德行代替專權：中世紀羅馬教廷對信眾要求眾多、處罰嚴厲，時刻以神的憤怒與煉獄恐嚇；但聖職人員的行為表現卻令人側目，多任教宗皆淫亂腐敗、貪財弄權，地方神父與修士不時傳出醜聞、褻瀆聖職。如此寬己嚴人、標準不一的態度怎能服人？回顧歷史，受人敬重的偉大領袖如甘地、孫中山等，皆是身體力行之輩。以權壓人只會使人勉強就範，表面順服，難得民心；以德服人卻能引發心悅誠服的追隨，全人投入地學效。我們的主耶穌基督，豈不也是以犧牲大愛、順服至死的榜樣來吸引人！

溫習及思考問題

1. 「中世紀晚期」基督教會的標記和特色是甚麼？

   標記：____

   特色：____

2. 下列歐洲地區，哪些在中世紀晚期曾發生戰禍？

   □威爾斯　□愛爾蘭　□蘇格蘭　□英格蘭

   □西班牙　□法蘭西　□土耳其　□波希米亞

3. 下列事件對羅馬教權的影響是正面還是負面？（若正負參半可兩項皆剔）

   a. 持續不斷的戰禍　□正面　□負面

   b. 奪命瘟疫的流行　□正面　□負面

   c. 民族主義的抬頭　□正面　□負面

   d. 教宗被擄巴比倫　□正面　□負面

   e. 西方教會大分裂　□正面　□負面

   f. 反抗勢力的積聚　□正面　□負面

   g. 經院哲學的興起　□正面　□負面

   h. 宗教裁判的威脅　□正面　□負面

   i. 羅馬教權的重申　□正面　□負面

4. 配對：請將下列羣體與其特色連線配對。

   迦他利派 •　• 注重傳揚聖道以及教授真理

   瓦勒度派 •　• 強調慈惠關懷以及服務社羣

   羅拉德派 •　• 強調敬虔操練以及默觀禱告

   胡司派 •　• 重羣體生活及棄絕私有財產

   大公會議派 •　• 相信宇宙乃善惡兩位神創造

   道明會 •　• 指斥當時守夜和齋戒等儀節

   方濟會 •　• 擁有與基督新教類似的教義

   迦爾默羅修會 •　• 信仰正確惟沒有否認化質説

   奧古斯丁修會 •　• 以大公會議為最高權力機關

5. 配對：請將下列教宗與相關事件連線配對。

亞歷山大三世 •	• 將教廷遷到法國亞威農
英諾森三世 •	• 上任不久即被毒殺身亡
洪諾留三世 •	• 被捉拿囚禁、嚴加拷打
貴格利九世 •	• 宣告宗教裁判所的成立
波尼法修八世 •	• 正式批准道明會的成立
本篤十一世 •	• 口頭批准方濟會的成立
革利免五世 •	• 批准瓦勒度派守貧誓願
貴格利十一世 •	• 從亞威農返回羅馬就職
烏爾班六世 •	• 擁有私生子女不下 7 個
亞歷山大五世 •	• 公開偏袒自己的私生子
馬丁五世 •	• 涉嫌與僮僕性交時離世
庇護二世 •	• 譴斥大公會議派的思想
保羅二世 •	• 結束大分裂後首位教宗
英諾森八世 •	• 比薩主教會議所選教宗
亞歷山大六世 •	• 大分裂時首位羅馬教宗

6. 經院哲學可分為哪 3 個類別？

a. ______

b. ______

c. ______

7. 本課提及的 5 個反抗教廷的勢力，他們各有何結果？

迦他利派：______

瓦勒度派：______

羅拉德派：______

胡司派：______

大公會議派：______

8. 拜占庭帝國的失陷，對東正教會有何影響？

______

9. 讀畢本課，你認為宗教改革的爆發是否難以避免？何以見得？

____

____

10. 你認為「中世紀晚期」教會的發展，在哪些方面影響現代教會最深？為甚麼？

____

____

進深閱讀書目

吳國傑：〈改教家的性革命：放寬抑收緊？〉。《中國神學研究院期刊》第三十七期（2004 年 7 月），頁 163 ～ 188。

Abulafia, David, Michael Jones and Christopher Allmand, ed. *The New Cambridge Medieval History*. Vol. 5 ～ 7. Cambridge / New York: Cambridge University Press, 1998 ～ 2000.

Rubin, Miri and Walter Simons, ed. *Christianity in Western Europe, c.1100 ～c.1500*. The Cambridge History of Christianity 4. Cambridge / New York: Cambridge University Press, 2009.

Tanner, Norman P. *The Church in the Later Middle Ages*. London / New York: I. B. Tauris, 2008.

第三部分

第三部分　縱向主題研究

第三部分

正如本書第一章「1.3.1 研究模式」所提及，教會歷史研究可橫向宏觀某一時期的整體實況，綜覽各元素如何互相影響、彼此關聯；也可集中討論某一主題，追溯如何隨時間逐步演變發展。本書第三部分以這種縱向主題研究為骨幹，內容共分 6 章。

為保存叢書一致性，整全展示中世紀教會的歷史進程，本書參照前書《奠基立柱——初期教會縱橫談》的 6 個縱向研究主題來編寫；這些主題皆性質相異，廣泛涵蓋基督教不同範疇的發展。第五章「宣教擴展」概述中世紀教會在不同階段人數和地域上的收縮與增長，屬外顯數量性的研究。第六章「屬靈傳統」探討這時期廣大信徒與修道羣體的信仰追求，屬內心質素性的檢視。第七章「神學教義」將論題從情感轉到理智層面，闡述中世紀教會的主要神學討論，分析各爭議性的思想立場。第八章「正統權威」專論羅馬公教視為權威的議決、教諭、信條和典籍，衡量其維護所謂正統教義的努力與失誤。第九章「教會體制」將焦點從抽象的思想教義轉到實際的教會運作，回溯此時聖品職能和地位的演化。到最末第十章「信仰生活」，探討內容將從上層架構轉移到下層運作，介紹中世紀的日常宗教生活。這 6 個主題代表著中世紀教會的不同面貌，其相互關係如右：

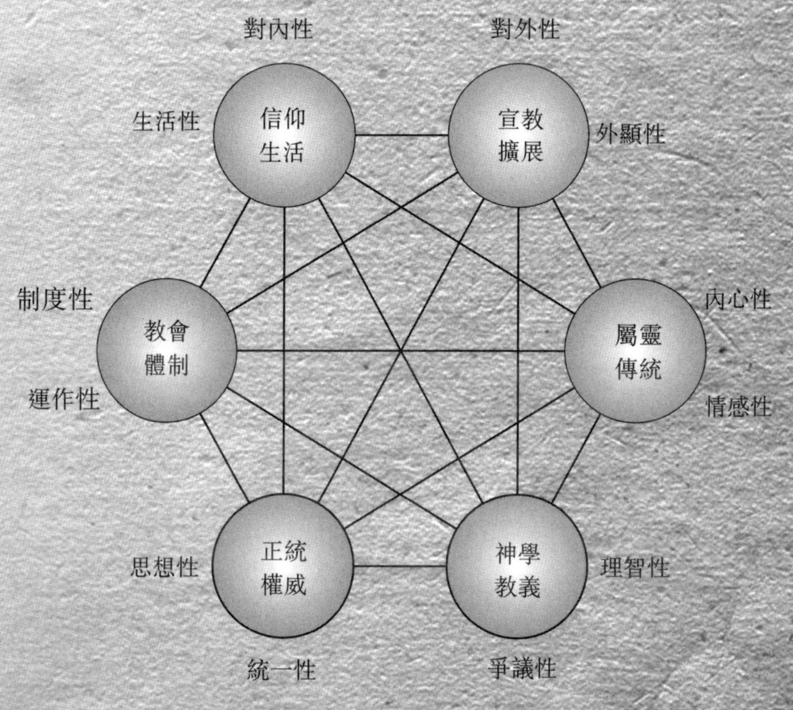

除彼此的差異外，上述 6 個主題亦互相關連。宣教擴展在不同民族與處境裏，會產生相應的屬靈傳統；這傳統在一定程度上會影響人對基督信仰的體會，從而產生種種相異的神學立場；為妥善處理神學爭議，教會往往會通過權威性的正統教義，以消弭分歧，壓止異見；正統權威很多時又連繫著教會體制的建構，以配合信仰理念，確保教條議案得具體落實；這教會體制的發展必然會影響廣大信徒的宗教生活，成為他們信仰表達的指引；而普羅信眾的生活見證與文化塑造，反過來又會左右宣教擴展的成效。可以說，這 6 個主題既各有不同，但又互有聯繫；讀者若能把各章內容消化整理，融匯貫通，嘗試按時間處境連結起來，建構整全圖畫，得益必會更大。

第五章
宣教擴展

中世紀是基督教會生死存亡的關鍵時期。幾經艱辛，歷盡逼迫，教會終在羅馬帝國獲得合法地位，受到政權的支持和保護。惟安定日子維持不久，日耳曼蠻族的入侵和羅馬帝國的覆亡，使教會再次面臨攻擊迫害和政權轄制的威脅；東方伊斯蘭勢力的急速擴張，使局勢更顯嚴峻。這時期東西方教會持續不斷的宣教努力，積極在民族地域上擴展，是基督宗教最終能保持屹立的重要因由。本章專注介紹教會在中世紀不同階段的宣教擴展，嘗試評估期間人數和地域上的增長情況。由於此時期基督教的發展主要仍在歐洲，所以內容會以此為焦點。然而，為幫助讀者認知中國教會的長久根源，本章末段特別加插資料，概述曾在元朝活躍於中土的也里可溫教，分析其興衰演變與成敗得失。

5.1 蠻族歸主的努力

西羅馬帝國淪陷，整個西歐迅即被不同蠻族割據治理。當中有相當部分如東哥特人、西哥特人、汪達爾人和勃艮第人於西羅馬帝國覆亡前已接受亞流主義異端，其餘部分包括法蘭克人、盎格魯人（Angles）、撒克遜人（Saxons）和塞爾特人（Celts）等則為異教徒，是未得之民。努力使他們認識基督福音、皈依正統信仰便成為此時期西方教會的重大使命。其中的傳道努力與成功因由，主要可歸納為下列 3 方面。

5.1.1 軍事政權的影響

對於古代的城邦國家來說，具有領導地位的君王或族長，對屬下羣眾的宗教信仰往往有決定性的影響；元首領袖歸信基督，結果許多時就是大批臣民成羣結隊地受洗加入教會。由於君王族長每多專注於國家發展、民族安定，外間強盛軍事政權的鼓勵或威脅，對國家元首及其臣僕子民的信仰取態，起著積極的誘發作用。在中世紀初期，以強大軍事政權推動福音擴展較突出的君王，有法蘭克國米羅雲王朝的克羅維斯、東羅馬拜占庭帝國的猶斯丁年和後期法蘭克國卡羅林王朝的查理曼。

a. 克羅維斯（Clovis，在位於 481 ～ 511）：原為異教徒，15 歲已接掌王權；493 年與勃艮第公主克羅娣德（Clotide，474 ～ 545）結婚，她為當時蠻族中少數虔誠的基督徒。在妻子的感化下，克羅維斯開始對基督信仰產生好感；496 年在一場統領全體法蘭克軍的重要戰事中，他藉著向耶穌祈禱而得奇妙地反敗為勝，從此克羅維斯便皈依基督教，且率領超過 3,000 軍隊臣民加入大公教會，法蘭克國從此成為入侵歐洲的日耳曼蠻族中，最早接受大公信仰的民族。此後，克羅維斯又直接間接使勃艮第族和西哥特族放棄亞流主義，轉投大公信仰。原來法蘭克人與佔據今瑞士一帶的勃艮第人早有冤仇，為免強盛的克羅維斯以異端為借口出兵攻擊，君王西基斯門（Sigismund of Burgundy，在位於 516 ～ 523）早於 516 年已在其師的引導下，放棄亞流主義思想；惟因家族仇恨，克羅維斯的眾子最後仍於 534 年擊潰勃艮第軍，並以姻親關係為理由接掌政權，國土最後被歸入法蘭克國之內。與此同時，在克羅維斯的領導下，法蘭克人又於 507 年擊敗居於西班牙的西哥特人；經過多年政局動盪，西哥特人最終也在君王利迦里（Reccared I of Visigoths，在位於 586 ～ 601）的推動下，在

589 年的第三次杜里多會議（Third Council of Toledo）上放棄亞流主義，正式接受尼西亞信仰。

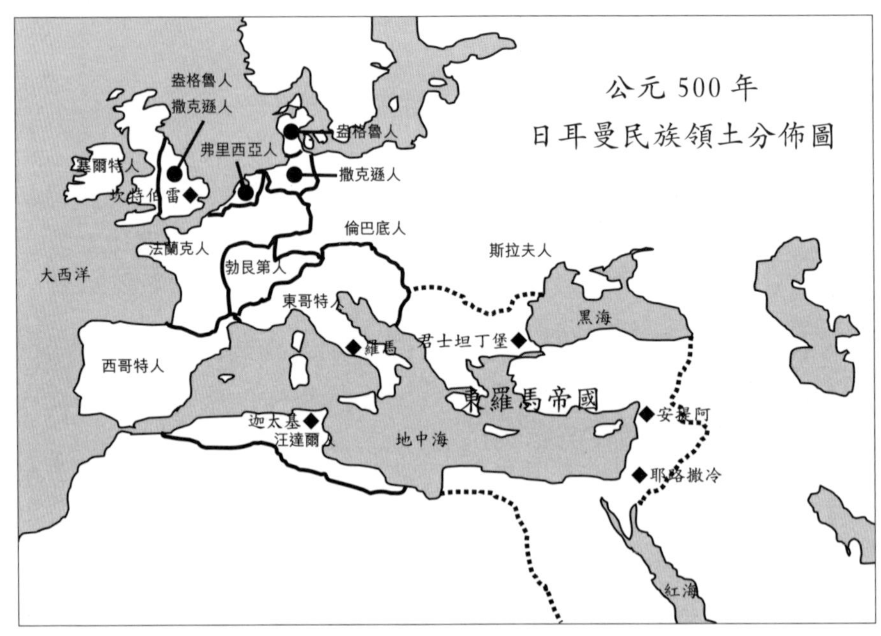

b. 猶斯丁年（Justinian，在位於 527 ～ 565）：為西羅馬被日耳曼蠻族瓜分後，最強盛的東羅馬帝國君王；在他強大的軍事勢力影響下，北非的汪達爾人和意大利的東哥特人先後被基督化。原來這兩族人一直維護亞流主義立場，對持守三一神大公信仰的基督徒施加逼迫，有信徒因此遭革職、被監禁，也有不少被殺害。為光復昔日西羅馬帝國，收回失地，猶斯丁年領兵西移，軍隊終在 534 年擊敗汪達爾人，人民被迫四散；翌年，他又開始攻擊東哥特人，且節節勝利，東哥特軍不斷向後北移，最終在 554 年被完全殲滅。亡國後，這兩族人有逃到西哥特王國，也有歸附拜占庭軍隊；隨著西哥特人放棄亞流主義，汪達爾人和東哥特人後來也逐漸被大公信仰所同化。

c. 查理曼（Charlemagne，在位於 768 ～ 814）：查理曼是法蘭克國歷來最強的君主，也是第一位神聖羅馬帝國皇帝。除了在國內積極調整建立教會文化外，他亦努力擴張西歐的基督教範圍，其中較著名的是針對倫巴底人和撒克遜人的軍事行動。倫巴底人可說是中世紀歐洲最後一個放棄亞流主義的民族，他們在猶斯丁年離世後奪取意大利，自建倫巴底國；到八世紀中，他們仍在亞流主義和公教信仰間左搖右擺；772 年，倫巴底王德斯得流（Desiderius of Lombardy，在位於 756 ～ 774）與教宗不和，遂領兵衝擊羅馬，教宗向查理曼求助，查理曼立即揮軍南下，終在 774 年擊敗德斯得流，自封為倫巴底王，意大利教會從此完全服在羅馬教宗之下。至於撒克遜人，他們雖佔領了英格蘭，但仍有相當部分居於歐洲大陸法蘭克國東北邊境，即今丹麥以南的德國北部境內，他們一直為異教徒，少有歸主的；自 772 年開始，查理曼開展了一連串針對撒克遜人的軍事行動，逐步侵吞其領土，他努力使佔領區的撒克遜人歸主；惟其專橫作風，強迫轄區所有撒克遜人受洗加入教會，違者處斬的殘酷手段，卻成為歐洲基督化的污點。

歸化地區	宣教情況	軍事領袖
高盧	帶領法蘭克眾臣民歸信基督，加入大公教會	克羅維斯
瑞士	擊敗勃艮第軍隊，將領土歸入法蘭克國之內	
西班牙	擊敗西哥特人，間接使他們接受尼西亞信仰	
北非	擊敗信亞流主義的汪達爾人，人民被迫四散	猶斯丁年
意大利	殲滅當地東哥特國，人民逐漸歸化大公信仰	
意大利	擊敗倫巴底軍，佔據意大利，自封倫巴底王	查理曼
德意志北部	逐步侵吞撒克遜人領土，強迫區內人民歸信	

5.1.2 愛爾蘭修院的傳道

因著初期信徒努力不懈的傳道見證，福音以按壓不住的姿勢迅速傳開；四世紀初羅馬君王的歸信及教會地位的提升，進一步加快了歐洲基督化的進程。英倫島嶼原為羅馬帝國內最偏遠的地區，惟海峽之隔並不能阻擋福音傳入；歷史資料記載，四世紀初期該處已有多達 5 至 6 位主教，顯示教會早已在此生根成長。面對歐洲大陸眾多日耳曼蠻族的入侵，西羅馬政權召回駐紮當地的守軍，以加強國內防圍；此舉令英倫島嶼出現軍事真空，讓從海路入侵的盎格魯人和撒克遜人有機可乘，佔領島嶼南部今日英格蘭和威爾斯一帶。西羅馬帝國淪陷時，整個西歐未被蠻族佔領的，就只有西北部愛爾蘭和蘇格蘭等偏遠地域。

原來英倫島嶼的城市和教會多在南部。由於人口發展未及，愛爾蘭到五世紀仍頗為荒蕪，沒有城市，也沒有教區。居於此地的皆為部族，當中雖有基督徒，但似屬少數。成功將愛爾蘭基督化的是帕提克（Patrick of Armagh，385～461）；他於 428 年開始，以族長為主要的福音對象，以羣族歸主的方式，一族一族地帶領當地居民歸信。隨著愛爾蘭人信主，當地文化漸漸獲得提升。帕提克在當地建立以基督教為中心的社羣，大力鼓吹修道式的生活；修道院長往往身兼主教，領導社羣的屬靈追求，他們積極見證基督、領人歸主，成為向外族異教徒傳道的宣教基地。短短數十年間，他們已成功將福音擴展至蘇格蘭和威爾斯的塞爾特人聚居地，建立起著名的修道社羣。由於這些信徒羣體乃由愛爾蘭修士獨力建立，自給自足；他們一直保存著早年承襲自東方教會的傳統，與西方羅馬教廷的關係相當疏離，少得支

> i 帕提克原為英格蘭人，早年被海盜綁架，被賣到愛爾蘭；幾經艱辛才逃返家鄉，期間悔過歸主。多年後獲授聖職，奉差到愛爾蘭傳教，成為引領該處民眾歸信基督的「使徒」。

援，也不效忠從屬。

563 年，一位出生貴族的傳教士科倫巴，在蘇格蘭西岸的艾奧維島建立龐大的修道羣體，成為塞爾特基督徒的宣教中心。此後約 635 年，有傳教士艾丹由此差出，在蘇格蘭東岸的林迪斯凡島建立另一個修道社羣，成為塞爾特人另一個宣教基地，與艾奧維島並駕齊驅。他們帶動敬虔操練，積極培訓人才，大量差遣傳教士四出傳揚福音。他們向英格蘭的盎格魯和撒克遜人傳道，成功帶領多人歸主；就在此處他們與剛從羅馬差來的宣教團隊相遇，彼此發生不少衝突與磨合。

他們又差遣傳教士到歐洲大陸，其中較著名的是科倫巴努。他約於 585 年帶同一眾修士，率先到高盧法蘭克人那裏，以美好的生活見證和具感染力的宣講，成功修正諸般惡習，使當地教會復興，吸引許多異教徒歸信；他們又在各處建立修院，組織不從屬於羅馬教廷、獨立自主的基督徒社羣。612 年，科倫巴努越過阿爾卑斯山脈，來到意大利倫巴底人的領域，挑戰當地仍流行的亞流主義思想，建立承襲愛爾蘭傳統的修道院；於此他直接與羅馬教廷聯繫，開始接受其信仰領導。

歸化地區	宣教情況	宣教領袖
愛爾蘭	以羣族歸主方式帶領當地愛爾蘭部族大批歸信	帕提克
蘇格蘭、威爾斯	福音傳給聚居此地的塞爾特人並建立修道社羣	帕提克
英格蘭	成功帶領當地許多盎格魯和撒克遜人歸信基督	科倫巴、艾丹
高盧	以美好見證更新當地法蘭克人教會並建立修院	科倫巴努
意大利	挑戰流行於當地倫巴底人教會的亞流主義異端	科倫巴努

5.1.3. 羅馬教廷的差遣

歐洲大陸被日耳曼蠻族瓜分，人民飽受戰禍與掠奪的痛苦；雖然羅馬教廷面對諸般挑戰，但在著名教宗貴格利一世英明的屬靈及行政領導之下，西方教會持續強盛，成功抗拒種種政治和軍事的威脅。597 年，貴格利差遣本篤會聖安德烈修院院長奧古斯丁，帶同數十修士前赴英格蘭傳道。當時英格蘭共分 7 個王國，各有君王治理；奧古斯丁從肯特（Kent）進入英格蘭，幾經艱辛，成功帶領該處國王艾特爾伯特（Ethelbert of Kent，在位於 590 ～ 616）歸信，受洗加入教會；從此他在肯特國內城市坎特伯雷（Canterbury）事奉，建立英格蘭首個基督教基地，獲授任為首位坎特伯雷大主教。

此後，教廷又於 601 年差派保利努到英格蘭協助傳道，他後來繼奧古斯丁領導當地教會。625 年，肯特皇室與北部的諾林伯利亞（Northumbria）結親，保利努隨出嫁公主北上，在此傳揚福音，成功帶領該國君王艾雲(Edwin of Northumbria，在位於 616 ～ 633）歸信，並在當地城市約克（York）建立英格蘭第二個基督教基地，獲授任為約克主教。惟 633 年艾雲戰敗離世後，國家內戰分裂；保利努的傳道工作在動盪時刻無法推展，惟有返回肯特。不久，愛爾蘭修士艾丹抵達，才逐步復興更新當地教會。

到 650 年，整個英格蘭大部分地區都已基督化；惟各處教會在架構體制和信仰傳統上出現分歧。有依從愛爾蘭修士習慣，由獨立自主的修道院長帶領，承襲源流自東方的傳統；有從屬羅馬教廷，由地方主教有組織地領導，堅守西方拉丁立場。664 年，熱心宗教的諾林伯利亞君王奧茲維（Oswiu of Northumbria，在位於 642 ～ 670）為解決分歧，主動召開會議，讓雙方直接對話辯論；結果羅馬方面以彼得權威為理據，成功取得君王支持，採用東方傳統的教會被迫服從於羅馬之下，英格蘭教會於此逐步統一。

690 年，曾長年在愛爾蘭修院操練修道的威利布羅德從約克出發，要到日耳曼裔的弗里西亞人那裏傳道。與過往愛爾蘭傳教士不同的是，威利布羅德先到羅馬尋求教宗的授權和支持，在獲任命為主教後才正式開展宣教事工。他於荷蘭和比利時一帶傳道，成功帶領許多弗里西亞人歸主；他又在那裏建立教堂，任命聖職人員，為當地教會奠下穩固根基。此後，又有波尼法修（Boniface，約 675 ～ 754）帶同一眾修士從英格蘭出發，他於 716 年獲得羅馬教宗授權後，隨即出發延續威利布羅德在荷蘭的宣教事奉，堅固強化弗里西亞人的教會，惟後來因政局動盪被迫歸回。722 年，他奉教廷差派到萊茵河以東，向那裏的日耳曼人傳揚福音、教導真理；結果藉著勇敢的行動，他成功帶領許多日耳曼異教徒悔改歸主，更新復興當地教會，並獲授職為德意志重城梅因斯（Mainz）的首任大主教。

i 波尼法修原名溫弗烈（Winfrid），出生於英格蘭，自少修道。為遏止異教歪風，他試過毀掉異教徒敬拜為雷神的橡樹，以證明這乃不可信的死物，成功使多人歸信基督。惟最後他卻被仇恨的異教徒殺害。

歸化地區	宣教情況	宣教領袖
英格蘭肯特	在坎特伯雷建立英格蘭首個基督教基地	奧古斯丁
英格蘭諾林伯利亞	在約克建立英格蘭第二個基督教基地	保利努
荷蘭、比利時	成功帶領當地許多弗里西亞人歸信基督	威利布羅德
德意志	成功帶領許多日耳曼異教徒歸信基督	波尼法修

5.2 回教世界的糾纏

日耳曼蠻族入侵，西羅馬帝國淪陷；幾經艱辛，藉著連串軍事政權的影響和傳道宣教的努力，基督教才在西歐重整旗鼓，收回失地。然而，源自中東阿拉伯地區的伊斯蘭教，就是中國人慣稱為回教的，卻使這辛苦擴張的地域大幅縮減。在短短百年間，伊斯蘭教驚人地發展為橫跨歐、亞、非三洲的龐大宗教羣體；不單持續威脅著東方的拜占庭帝國，最後將其殲滅，西方也有多個基督教國家慘被侵吞，國土從此成為伊斯蘭世界的盤據地，部分更持續至今。

Islam正確譯名為「伊斯蘭教」；信奉者Muslim中譯應為「穆斯林」。只因佔中國人口近千萬的回族絕大部分信奉此教，故中國人慣稱之為回教，信奉者則稱為回教徒。

5.2.1 廣大範圍的淪陷

伊斯蘭教起始於阿拉伯。按照該教傳統，當先知穆罕默德（Mohammed，約 570 ～ 632）40 歲時，他感受到神的呼召，於是就起來在故鄉麥加（Mecca）傳道，且引領了一些人歸信。惟麥加民眾抗拒攻擊，穆罕默德惟有帶同追隨者向北逃到麥地那（Medina）；是年為 622 年，後世定之為伊斯蘭教的正式開始。伊斯蘭教在麥地那壯大擴展，穆罕默德的教導為當地長年互相爭戰的部族帶來和平，多人因之歸信，麥地那逐漸成為伊斯蘭教的基地。630 年，穆罕默德率領信眾攻入麥加，將之定為伊斯蘭教的信仰中心、至聖之地；惟兩年後穆罕默德就因病離世。

哈里發原意是繼任人，即繼承穆罕默德的宗教兼政治領袖，有中譯為「回教王」。

穆罕默德死後，追隨者在由誰繼任為哈里發（Caliph）上出現嚴重分歧。結果在爭議聲中，穆罕默德的摯友兼岳父亞布伯克（Abu-Bakr，在位於 632 ～ 634）當選，惟他兩年後就病逝。隨後接任的，順序有奧瑪爾（Umar，在位於 634 ～ 644）、奧夫曼（Uthmann，在位於 644 ～ 656）和穆罕默德的女婿阿里（Ali，在位於 656 ～ 661）；值得留意，他們都是在位時被敵對黨派刺殺身亡的，可見此時伊斯蘭教內矛盾衝突的嚴重。最後，教內分裂成兩大派系——遜尼派（Sunni）和什葉派（Shiites）；前者承認前三任哈里發，後者只接受阿里。

內戰衝突使這些哈里發急需金錢物資，他們首先覬覦巴勒斯坦和埃及的肥沃土地；這些地方一直受拜占庭帝國管轄，駐兵不多，稅務繁重，人民對帝國不太忠誠。結果，伊斯蘭軍在未經重大考驗的情況下，順利於 635 年奪取大馬士革，637 年得耶路撒冷和安提阿，639 年揮兵埃及，641 年攻陷亞歷山太。如此同時，伊斯蘭軍亦攻打東方的波斯；繼 642 年一場重要戰役中失利後，波斯薩沙奈王朝終在 651 年被伊斯蘭聯軍完全殲滅。

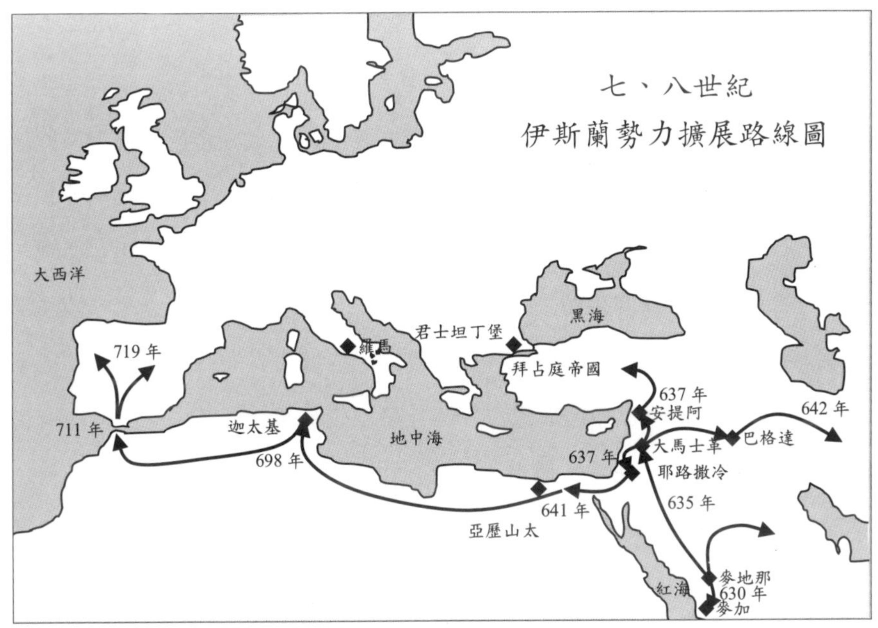

奪取埃及後，慣於居住沙漠的阿拉伯人發現西面地域雖略荒蕪，但無人看守，於是逐步西遷，直到北非重城迦太基。686 年，伊斯蘭軍初次擊敗駐扎當地的拜占庭守軍；後來幾經轉接，迦太基終在 698 年完全淪陷，大城被

消毀廢棄。此後，伊斯蘭軍繼續向西進發，直達今日非洲北端最接近歐陸的摩洛哥。711 年，他們橫越地中海與大西洋中間的直布羅陀海峽，與當地西班牙的西哥特人爆發連場爭戰，持續得勝；到 719 年，大半個伊比利亞半島已落入其手中。他們攀越庇里牛斯山脈（Pyrenees），意圖繼續向歐陸高盧一帶推進；幸有法蘭克國卡羅林家族的查理馬特爾（Charles Martel，約 688 ～ 741）率領大軍攔截，於 732 年一場重要戰役中將對方的精銳部隊擊倒，伊斯蘭教徒的地域擴張這才休止。惟基督教此時已元氣大傷，不單失去廣闊地土，經濟也因連連爭戰而變得窮乏。

5.2.2 回教政權的變遷

自穆罕默德離世，伊斯蘭羣體曾出現多個領袖、經歷多個王朝。穆罕默德的女婿阿里遇刺身亡後，敵對派系興起，於 661 年成立倭馬亞王朝；此王朝以大馬士革（Damascus）為首都，接受遜尼派信仰立場，抱持阿拉伯人至上主義，主張只向異教徒或異民族課稅及收取地租；伊斯蘭勢力迅速擴展，有相當部分在此王國掌權時期。此後倭馬亞王族因內部不和而衰落，阿拔斯王朝（Abbasid）於 750 年起來推翻原來政權，佔據東方廣闊地域，定都巴格達（Baghdad）；他們也傾向遜尼派，與什葉派信徒常起衝突；惟主張所有伊斯蘭教徒都是平等，課稅和地租皆當一視同仁。與此同時，倭馬亞王朝被迫西遷至北非和西班牙一帶，改都哥多華（Cordoba）；後世多稱之為「後倭馬亞王朝」。

阿拔斯王朝成功執政一個半世紀，惟中央積弱讓地方王族猶長相繼宣佈獨立自治，阿拔斯哈里發漸成傀儡，領導幾近名存實亡。此時期比較強盛的自治猶長王國有 3 個：909 年成立，由阿拉伯人組成的法蒂瑪王朝，支持什葉派，盤據埃及一帶，定都開羅（Cairo）；932 年興起，945 年控制巴格達後成立的布韋希王朝，主要由伊朗人組成，偏好什葉派，領土包括今伊朗、伊拉克一帶，以設拉子（Shiraz）為首都；962 年成為的伽色尼王朝，國民多為波斯化的土耳其人，屬遜尼派，控制今阿富汗、巴基斯坦一帶，首都伽色尼（Ghazni）。

此後，有始於 1037 年的塞爾柱王朝，同樣由波斯化的土耳其人組成，接受遜尼派；他們先後將前述 3 個王朝擊敗，成為中世紀中期最強盛的伊斯蘭王國，成功擊退多次西方國家的十字軍東征。惟強勢不長，十二世紀開始國家分裂成多個小國；到十三世紀，來自遠東中國的蒙古大軍不斷向西進發，逐步殲滅各大小猶長王國，吞噬中東大部分領土，巴格達也於 1258 年被攻陷；伊斯蘭勢力於此近乎消亡。幸而蒙古帝國此時因內部分裂而軍力大減，不單停止擴張，且國家逐漸步向衰亡。就在此時，一個原屬塞爾柱王朝的小國於 1299 年開始興起，在奧斯曼一世及其後代君主的英明領導下，國家逐漸富強，領土不斷擴張，由此產生盛極一時的鄂圖曼帝國；1453 年，鄂圖曼帝國攻入君士坦丁堡，改名伊斯坦堡（Istanbul），結束拜占庭帝國的千年統治，成為中東地區無人匹敵的獨一霸主；帝國持續掌權多個世紀，期間科技、經濟和文化均有高度發展，惟在時代演變的洪流下，鄂圖曼帝國終在 1923 年正式結束。

5.2.3 受轄信徒的遭遇

伊斯蘭勢力從阿拉伯半島非基督徒的地域開始，逐步向東、西、北三方擴張，先後吞併歐、亞、非多處原屬基督徒的領土，使許多教會受控其下。由於期間經歷多個王朝，而各王朝的宗教政策亦略有不同，因此受轄信徒的遭遇也存在相當差異，很難準確描述。

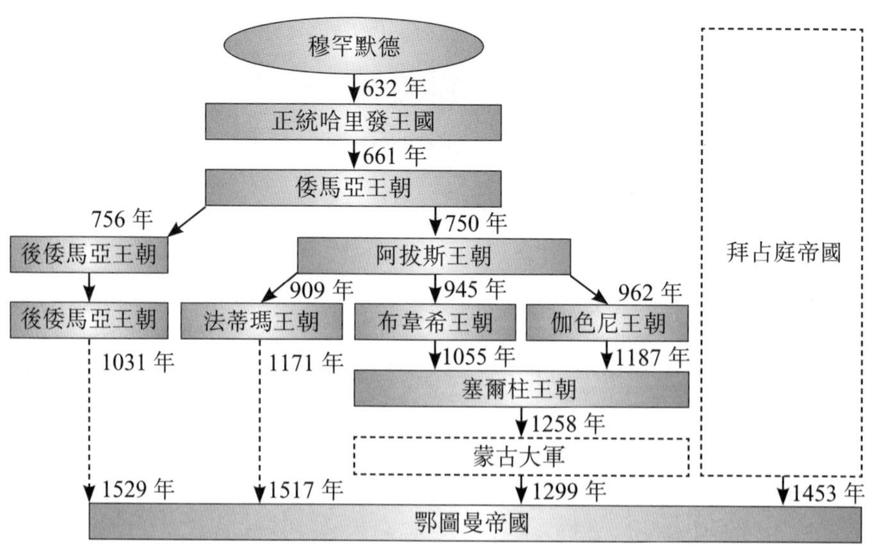

一般而言，阿拉伯和伊朗人的伊斯蘭政權皆沒有像查理曼大帝一般，使用殘酷手段，強迫統一宗教，將堅持不肯改變信仰的異教者處死；相反，他們普遍採用寬容的懷柔政策，不強制轄區人民改投伊斯蘭教。為此，最早期被吞併的埃及，由於人民多因接受基督一性論，而常被東方拜占庭教會以異端之名壓迫；他們不少甚至視伊斯蘭政權為解放者，讓他們從繁重稅項和宗教限制中得著釋放。為達成傳教目的，早期的伊斯蘭政權多透過種種宣傳和利誘手段，如福利、免稅、資助、高位、同化等，吸引異教者歸化成穆斯林。因此，伊斯蘭世界內的信仰轉化過程頗為漫長，數個世紀後轄區內仍有相當數目的基督徒，各大城市仍有基督教會活躍；大部分時間，亞歷山太、安提阿和耶路撒冷的主教長職位仍然代代延續，西方基督徒也可自由到巴勒斯坦朝聖。

當然，寬容政策下仍有不少壓迫事件；特別是伊斯蘭教法中對非穆斯林的不平等待遇，使佔領區內基督徒的生活相當艱苦。七世紀中期埃及尼基烏主教約翰（John of Nikiu）的《年代誌》（*Chronicle*），就記載穆斯林攻城時大施屠殺，男女老幼無一倖免；伊斯蘭政權向城內居民大幅提升非穆斯林丁稅（Jizyah），不少人因無法應付，被迫賣兒女為奴以清繳稅項。十二世紀敍利亞主教米迦勒（Michael the Syrian）所編寫記述中世紀大事的《年代誌》（*Chronicle*），也收錄了伊斯蘭勢力大舉擴張期間迫害基督徒的種種惡行：他們突襲基利家（Cilicia），以酷刑強迫當地領袖供出財寶收藏地點，將男女捉拿為奴，更在教堂內強暴姦淫；在伊斯蘭軍兵的侵略攻擊下，各地包括該撒利亞、塞浦路斯等均大遭擄掠，有居民被大量屠殺，有男女被捉為奴為妾，有婦女被任意強暴，也有城邦被縱火焚燒。隨著各地伊斯蘭政權逐步穩定，許多對基督徒不平等的宗教法規相繼湧現；除了非穆斯林丁稅和地稅外，還有種種歧視條例，限制基督徒做次等公民，身分地位皆不得越過穆斯林。

> 非穆斯林丁稅為古蘭經內所定規，對非穆斯林施加的額外徵稅，以表明交稅者對伊斯蘭信仰與政權的順服。不交此丁稅者，結果可以全家被賣為奴，面對任人暴虐、強姦或殺害的威脅。

對基督徒採取最嚴厲迫害手段的是源自波斯的土耳其人，也就是十一、十二世紀塞耳柱王朝時期。他們到處虐待殺害基督徒，焚燒鄉村房屋；許多人為逃避毒害，被迫離家穴居，最終抵受不住飢餓嚴寒而死於荒野。土耳其人佔據聖地巴勒斯坦後，他們更肆意踐踏、破壞當地的基督教堂，在城門及教堂門外設立關卡收取重稅，又毆打殺害朝聖客旅，強搶貨財。這連串暴行使西方教會無法容忍，由此促成持續近200年的十字軍東征。雖說隨後興起的鄂圖曼帝國對基督徒的手段略為懷柔寬鬆，攻陷君士坦丁堡後，他們甚至委任一名拜占庭神學家為東方教會最高領袖，實行東羅馬人治東羅馬、東正教徒治東正教，惟政策似屬緩和措施，用以消減拜占庭帝國內為數眾多基督信徒的恐懼。隨著政權穩定，誘使基督徒歸信伊斯蘭信仰的政令接踵而來；

後來在伊斯蘭教法中，層出不窮針對非穆斯林的不平等歧視規條，更叫轄區內基督徒的生活苦不堪言。

伊斯蘭教法中對基督徒的典型不平等規條
1. 他們必須每年繳交非穆斯林丁稅，並要在頸項上配帶標籤，以玆識別。
2. 他們不准在穆斯林右邊經過，只准在左邊。
3. 他們不准騎馬或騎駱駝，只准騎驢或騎騾。
4. 他們的樓房商鋪不得高過穆斯林的樓房商鋪。
5. 除非無法在穆斯林中間找到合適人選，否則他們的工作職位不得高過穆斯林。
6. 他們不准為自衛而擁有武器。
7. 倘若被穆斯林所打，他們不准自衛還擊，但可設法平息怒氣。
8. 穆斯林殺死非穆斯林，不應為此而受罰。
9. 他們不准在法庭上控訴穆斯林。
10. 他們嚴禁觸撞或閱讀古蘭經。
11. 他們不得興建新教堂或重修舊教堂。
12. 他們不准公開慶祝節期，不准在公眾地方豎立十字架。
13. 他們不准在街上穿著能識別身分的特殊服飾。
14. 任何違犯上述伊斯蘭教法者，都當被賣為奴、監禁或處決，其妻得被賣為妾，子女也得被賣為奴。

5.3 四方八面的擴展

雖然伊斯蘭勢力急促擴張，奪去了不少原屬基督徒的領土，但教會並沒有因此而萎縮衰微；南方的基地被奪去，北方原屬異教徒的民族與城邦卻相繼悔改歸主。教會雖飽經風霜，卻始終屹立不倒！就如司提反殉道以後，耶路撒冷大遭逼迫，門徒四散，結果卻使福音傳開。急難危機臨到，往往同時又是發奮自強的動力，驅使信徒離開安於現狀的境況，最終帶來新的轉機。回望近千年的中世紀教會歷史，神恩處處；祂雖磨煉、鞭策、責打，但同時又醫治、供應、扶助，並且一直保守賜福！

5.3.1 西方教會的擴展

透過強大政權的軍事影響，以及主教修士的宣教傳道，西方教會到八世紀中期已接近收回所有因西羅馬帝國覆亡而損去的失地，入侵的日耳曼蠻族相繼成為公教徒，接受羅馬教會的領導。在這約 300 年間，愛爾蘭、蘇格蘭、威爾斯、英格蘭、高盧、意大利、瑞士、西班牙、北非、荷蘭、比利時、德意志等地相繼被歸化，成為西方教會的基地。雖然北非和西班牙不久即先後落入伊斯蘭教徒手中，但羅馬教權在西歐的地位卻日益穩固，教會持續強盛。

自 787 年開始，原居於北歐斯堪地那維亞（Scandinavia）的維京人不斷向外擴張，侵吞英倫島嶼，攻擊法蘭克北部，搶佔俄羅斯邊境，又四處突襲掠奪。823 年，在法蘭克君王敬虔者路易的推動下，多位宣教士起來到北歐宣教；其中較著名的，是西法蘭克本篤會修士安斯加爾（Ansgar，801 ～ 865），他於 831 年獲授任為漢堡教省首任大主教，領導和差派修士到北歐各處宣教傳道，後世稱譽他為「北方使徒」。

在斯堪地那維亞的諸王國中，丹麥最先被基督化。原來丹麥是由多個地區領袖分治；早於 826 年，一位地區領袖克格（Harald Klak，在位於 812 ～ 827）被敵對政權壓迫，為得法蘭克國敬虔者路易的軍事援助，他帶同 400 多男女臣僕一同受洗加入教會，惟其對丹麥人歸化的影響似乎不大。936 年，丹麥統一由異教徒君王戈摩（Grom the Old，在位於 936 ～ 958）統治，期間教會雖偶受迫害，但傳道尚算自由。相信是受到東法蘭克國日耳曼君王鄂圖一世的強大軍事實力所影響，繼戈摩為丹麥王的兒子布倫杜夫（Harald Bluetooth，在位於 958 ～ 985），約於 960 年帶同兒女一同領洗，成為丹麥人歸化基督的重要里程碑。雖然此後當地教會曾經起伏，但到十一世紀末丹麥已全面福音化。

同樣位於北歐的挪威，在十世紀中亦有基督徒君王哈康（Haakon the Good，在位於 934 ～ 961）和革希底（Harald Greyhide，在位於 961 ～ 976）興起，惟其推動國民歸化的努力未見成效。995 年，土革瓦孫（Olaf Tryggvason，在位於 995 ～ 1000）成功奪取政權；傳說他在一次神奇的經歷中受洗歸主，因此登位為王後便積極傳揚基督信仰，拆毀異教廟宇，又處決拒絕歸化的異教徒；藉此強硬手段，他不單成功使挪威基督化，就連挪威人散居的冰島和格陵蘭等地，也逐漸成為福音陣地。此後，瑞典和芬蘭也相繼於十二和十三世紀成為基督教國家。原來令人驚懼的維京人，到此可說是完全被福音所同化，斯堪地那維亞全然變成基督化地域。

由七個族長帶領進入歐洲的馬扎爾人，約於 896 年立國。955 年被鄂圖一世擊敗後馬扎爾人便停止地域擴張，定居今匈牙利一帶。此時統領馬扎爾眾部族的王公基撒（Geza of Hungary，在位於 970 ～ 997）有意與西歐的基督教國家聯合，容許羅馬公教在國內傳道，成立教區。按照當時馬扎爾傳統，羣族領袖當由王族中最年長成員擔任；為防基督信仰隨個人離世而被拼棄，基撒一反傳統，欽點其長子司提反（Stephen I of Hungary，在位於 1000 ～ 1038）繼位。惟基撒一死，眾支持異教的王族隨即聯合反抗，要奪回王位；幸司提反在一場關鍵性戰役中獲勝，異教勢力於此大受打擊。此後，在司提反的統治下，匈牙利順利演變成羅馬公教國家。

在中世紀被基督化的，還有東西方教會都努力爭持，日耳曼人和斯拉夫人都在此積極傳道的波蘭。按照歷史文獻，波蘭首位聯合王國君主為米薛高（Mieszko I of Poland，在位於 962 ～ 992），他於 966 年受洗，宣佈以羅馬公教為國教；此後，大量民眾歸化，教會快速增長。雖然後來教會曾在政權更替中遭受逼迫，但基督教已在此深入扎根；到十二世紀，全國人民已接近全然歸化。最後不容忽略的，是自 722 年開始光復伊比利亞半島的反擊行動，此行動持續多個世紀，直到 1492 年才將佔據此地的伊斯蘭教摩爾人完全驅逐離開，西班牙完整立國。此外，還有在 1097 至 1291 年期間，因十字軍東征而在巴勒斯坦取得和失去的領土。這都影響著西方教會的擴展範圍。

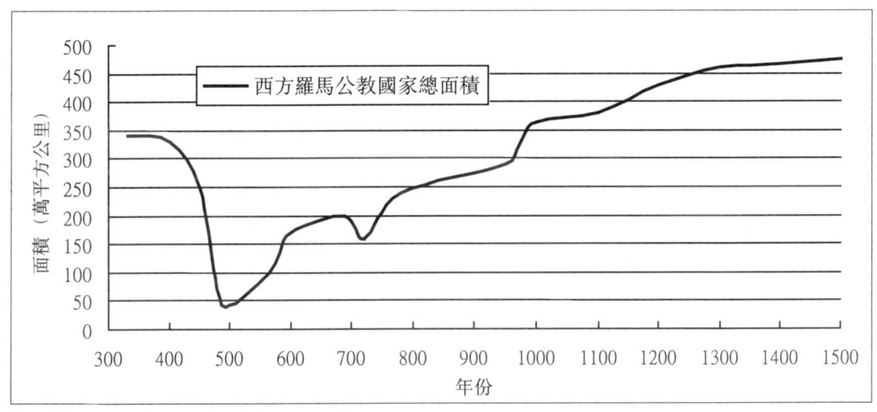

5.3.2 東方教會的遷移

在西歐被日耳曼蠻族瓜分、羅馬公教危在旦夕之時，東方教會在拜占庭帝國的保護下，享受著相對穩定的發展。特別六世紀中期在英明君主猶斯丁年的領導下，東方希臘教會隨拜占庭國土的擴大而大幅擴張，信徒人數增長。惟猶斯丁年離世後帝國領土的萎縮，以及後來伊斯蘭勢力的入侵，都在威脅東方教會的地區發展，蠶蝕其宣教傳道的成果。

東方教會在中世紀的最重要突破性發展，是成功歸化了東歐的斯拉夫民族。斯拉夫人屬印歐語系，隨著日耳曼民族西遷，他們原來居住的東歐地域變成真空，斯拉夫人遂趁機會在六至九世紀逐步移居於此。定居東歐後，斯拉夫民族又逐漸按地域分成 3 大分支：東斯拉夫包括俄羅斯、烏克蘭等地，南斯拉夫涵蓋塞爾維亞、保加利亞和斯洛文尼亞各處，西斯拉夫則有波蘭、莫拉維亞、波希米亞和斯洛伐克等地。在東方希臘正教積極全面在這 3 處斯拉夫人的廣闊地域中宣教傳道之時，西方羅馬公教則努力嘗試在西斯拉夫地區爭取領土。

在眾多斯拉夫羣族中，最早接觸福音的是斯洛文尼亞和莫拉維亞；早於八世紀，已有流亡而至的宣教士在此區傳道。據歷史文獻記載，828 年已有一所教會在位於今斯洛文尼亞的尼特拉公國（Principality of Nitra）成立，是首間已知的斯拉夫人教會。831 年，莫拉維亞公國君主摩米里（Mojmir I of Moravia，在位於 830 ～ 846）受洗歸入教會，兩年後他吞併了尼特拉公國，成立大莫拉維亞帝國（Great Moravia）。862 年，應繼任為王的拉斯提茲（Rastiz of Moravia，在位於 846 ～ 870）之邀請，東方希臘教會差派宣教士區利羅和麥托丟兩兄弟，到大莫拉維亞傳道。他們以希臘文為基礎，發明了斯拉夫文；然後設立學校，教導和訓練當地信徒承擔聖職，又將聖經、教會文獻和宗教禮儀譯成斯拉夫文，由此產生採用古斯拉夫語的教會羣體。這翻譯努力不單加速了大莫拉維亞帝國的基督化，還促進其他地域的斯拉夫教會之發展，帶動信徒人數迅速增長。斯拉夫教會在 870 年獲升格為主教區，880 年再升格為大主教省；這充分反映當地教會的成功擴展。值得留意，西方拉丁教會一直要求轄下地區全部採用拉丁文禮拜儀式，而東方希臘教會則容許各地民族使用本土語言崇拜，這使得地理位置上介乎兩者之間的信徒羣體，多傾向歸屬東方教會。

略晚於大莫拉維亞帝國，保加利亞亦於九世紀中被基督化。基於種種原因，保加利亞王波利斯（Boris I of Bulgaria，在位於 852 ～ 889）於 863 年接受福音，在 864 年以東方教會儀式受洗，一同領洗的還有他的皇室家眷和許多貴族。他有意將基督教立為國教，在全國各地建立修道院，又差遣宣教士到鄰國傳道；惟其宗教政策遭一眾忠於舊宗教的貴族領袖強烈反對。幾經波折，到波利斯的三子西緬（Simeon I of Bulgaria，在位於 893 ～ 927）登基為王，保加利亞才全面基督化；自此，保加利亞便成為斯拉夫語世界裏的基督教中心，教會獨立自治，有本身的主教長。不久，塞爾維亞也於九世紀末接納東正教為法定宗教。

對東正教會的長遠發展影響最大的，莫過於基輔羅斯公國（Kievan Rus）的歸化，這國後來發展成今日的俄羅斯和烏克蘭。據拜占庭史料記載，早於860年君士坦丁堡主教長阜丟斯，已差派一名主教勸説散居東斯拉夫的基輔羅斯人悔改歸主，惜成績未如理想。後來繼任的伊格那丟，再於約870年派遣一位職分更高的大主教前往當地，藉著尊重肯定和送贈財寶，基輔羅斯人終願意聽信福音。自此，基輔羅斯人便逐漸歸信基督，信徒開始放下昔日強盜式的掠奪行為，按福音信仰生活；惟此時異教崇拜仍相當活躍，追隨者眾。基輔羅斯公國首位歸信基督的王族領袖，是奧爾加皇后（Olga of Kiev，攝政於945～964），她約於945年歸主，957年受洗。980年，奧爾加的孫兒弗拉基米爾大帝（Vladimir I of Kiev，在位於980～1015）成功從兄長手中奪取王位，為了與拜占庭帝國王族結親，他於988年帶領大批臣民領洗，宣告將東正教立為國教，並在國內大量興建拜占庭式的教堂和修道院，俄羅斯正教於此正式誕生。此後，俄羅斯正教一直穩步增長，影響隨國家領土的擴張和俄羅斯人的遷移而不斷擴大。1453年拜占庭帝國滅亡後，俄羅斯正教更取代希臘正教而成為最大的東正教信仰羣體，領導東方教會的發展。

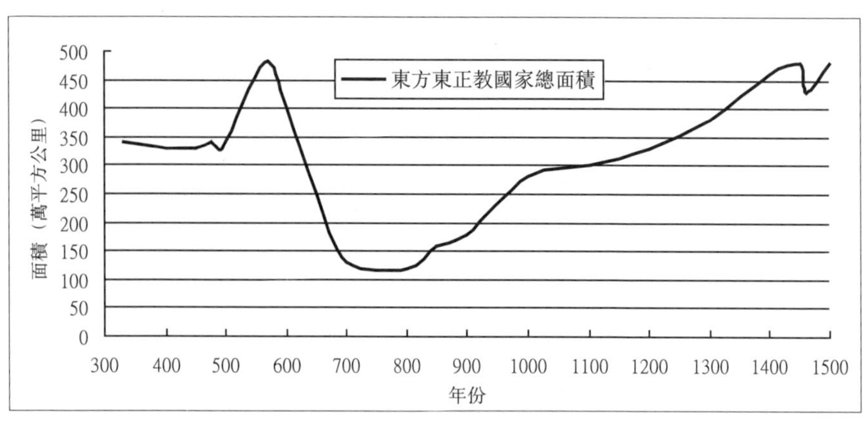

5.3.3 基督教會的起落

回顧近千年的中世紀教會歷史，不論東西方教會均有起有落。對西方拉丁教會來説，五世紀的日耳曼民族大遷移影響最深；對東方希臘教會來説，則是七世紀伊斯蘭勢力的擴張衝擊最大。然而整體來説，基督教會在地域面積上還是擴張了！至於信徒總人數，增減顯然與前述地域上的擴張收縮緊密關連；惟人口密度與戰亂疫症等，使基督徒數目的起伏出現變數。例如十四世紀爆發的黑死病，使全歐洲人口劇減近三分之一；基督化地域面積此時雖然未見改變，但信徒人數卻驟然下降。

根據宣教學大師巴列特（David B. Barrett）在《世界基督教趨勢》（*World Christian Trends*）的統計，自 500 至 1500 年期間，全球人口總數由 190.32 百萬上升至 422.95 百萬，增長率 122.2%。期間東方教會信徒人數由 24.48 百萬略升至 25.87 百萬，增長率 5.7%，遠低於人口膨脹速度；西方教會則情況相反，由 13.32 百萬急升到 50.01 百萬，增長率達 275.5%，是人口增長率兩倍以上。這顯示東西方教會在這時期有相異的發展，在羅馬公教持續增長的同時，東正教則顯得停滯不前，甚或略微萎縮；地域面積上雖同見擴張，但西方公教國家的人口比較密集，基督徒比率也相對較高，因此出現這差異。

經過中世紀的動盪變遷，原來在羅馬帝國時期東方信徒人數多於西方的情況已被扭轉；在中世紀初期，東方信徒人數近乎西方兩倍；到中世紀末，西方公教的信徒人數反而變成雙倍於東方正教。這是羅馬教宗地位高升的又一原因。

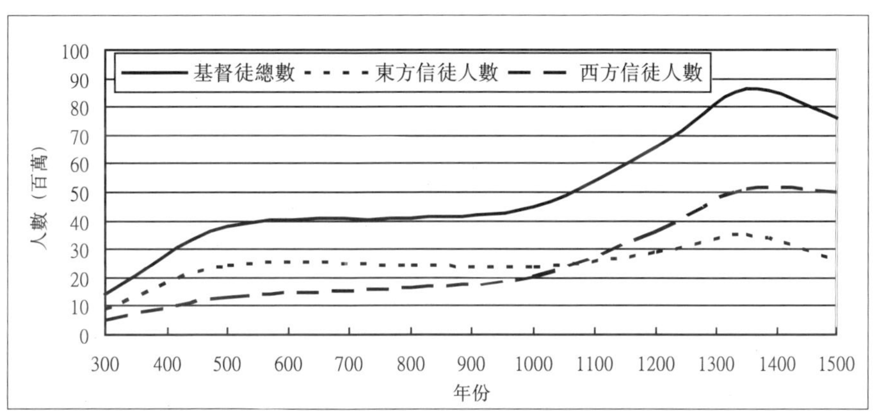

5.4 福音東來的曇花

除地域上的擴張，中世紀期間東西方教會亦曾差派宣教士到非基督教國家傳道；其中最典型的例子，是由法蘭西斯所領導的方濟會宣教行動。自十三世紀初，方濟會修士在羅馬教宗的允許下在各地宏揚福音；初時他們向意大利、德意志、法蘭西和西班牙等公教國家內的異教徒傳道，後來宣教範圍逐步擴闊，曾在匈牙利等東歐地區事奉，又在摩洛哥、埃及和巴勒斯坦的伊斯蘭群體中間為主作見證。他們白天到處傳揚福音，晚上專注屬靈操練；其中有為信仰而殉道的。值得留意，他們此時也曾差派宣教士來到

> 「也里可溫」有指是蒙古語，意為「奉福音者」；也有指是希伯來語，意思「拜神者」。這是元朝蒙古人對基督徒的統稱，當中包括隨北方外族入華的景教徒，以及西方宣教士在華帶領歸主的羅馬公教徒。

中國，在元朝蒙古人中間建立教會，稱為「也里可溫教」；史稱這是福音第二度來華。

5.4.1 東來傳道的起始

福音首度明確來華是唐朝的景教，惟自 845 年唐武宗聽信道士趙歸真等人的勸說，以殘酷手段禁絕一切佛教、景教、祆教等外來宗教以後，景教即逐漸在中土消失；惟他們在北方邊疆的少數民族中卻異常活躍，增長迅速。有歷史資料顯示，邊疆的克烈族、乃蠻族、汪古族等，皆在宋、元兩朝期間悉數全族歸主；此外，蔑里乞族、亞速族和維吾爾族中，也有許多人信奉景教。十三世紀，成吉思汗統一北方部族，創立軍事強大的蒙古汗國；他隨即開疆闢土，橫掃亞洲多國，直搗烏茲別克、土庫曼等地。其後代汗王更進一步吞併多處伊斯蘭教國家，攻陷烏克蘭、俄羅斯多處地域，且向西遠征至東歐的波蘭、匈牙利和捷克範圍。在忽必烈的領導下，蒙古大軍又破金滅宋；1271 年，蒙古汗國遷都汗八里（又名大都、即今北京城），取國號「大元」，蒙古人至此正式成為中土的執政者。

學者對蒙古政權如何對待景教有不同見解。有認為抱友善態度，原因是元室中不乏景教徒，當中包括貴由汗的母親禿剌乞納和蒙哥汗的母親峻魯忽帖，協助輔政的大臣中也有不少是景教徒；然而也有學者反駁，指多個景教部族皆為蒙古所滅，元室中的景教徒妻后只為擄來的部族公主。實際上，綜觀歷代汗王對基督宗教的態度，我們會發現他們早期偏向傲慢，後期則愈顯親和；可見教徒妻后原為擄得之說並非無理，惟隨著兒子成為汗王，受母后影響而改善對景教的態度也自然合理，兩說並非互相排斥。無論如何，蒙古人入主中原，信奉景教的外族也隨之入華，這是不爭的事實；汗八里逐漸成為景教徒的聚居地。

景教在蒙古盛行的消息，很快傳到西方；此時更有一「長老約翰王」的傳言，說蒙古有一位基督徒君主，大有權勢，且在教會擔任長老。為得這約翰王的軍事援助，聯手夾攻位處中央的伊斯蘭教徒，教宗英諾森四世（Innocent VI，在位於 1243 ～ 1254）首於 1245 年差派方濟會修士柏郎嘉賓（Giovanni da Pianô Carpine，1182 ～ 1252）出使蒙古，得定宗貴由汗接見。雖然發現蒙古大汗並非傳言中的基督信徒，長老約翰王的夢想幻滅；但景教徒在元室中的活躍，顯示蒙古人對基督信仰抱持開放態度，東來傳道的意圖由此而生。此後，羅馬教廷與蒙古帝國出現多次使節往還。據說這時曾有意大利商人勃羅兄弟帶同小兒馬可．勃羅（Marco Polo，1254 ～ 1324）到訪中國，馬可且獲封授官職，在 1275 至 1292 年間遊歷中國各地，回國後寫成《馬可．勃羅遊記》（*The Travels of Marco Polo*）；惟內容是否全然真實？確存有疑點。

1245 年羅馬教宗英諾森四世致元定宗貴由汗書

天主僕役之僕役，主教英諾森謹致書於韃靼國王及臣民曰：天主好生，創造人類動物，以及地上所有有機物質。以明神為例，故有生之物，莫不相親相愛，安居樂業，永不相擾。余聞王等侵入基督教諸國以及他境，所過殺戮，千里為墟，血流盈壑。直至於今，王及部下凶狠之氣，破壞毒手，宋稍休止。……余今遣所愛兄弟約翰〔柏奴卡賓之名〕及同伴數人，攜國書聘禮，往王之廷。諸人皆謹厚守禮，篤信宗教，通曉聖經。余希望王溫顏接受，善待諸人，則不啻身受王之惠矣。諸人代余所說者，願王傾心信之。所言和平方法，尤宜深加採納。更願通告諸人，王究因何而掃滅他國，王以後意志如何，亦請示知。諸人往來，長途跋涉，願王派使護送為便。歸回時，亦請供給沿途所需，俾得來達余處也。約翰等僧，皆品行端正，深通聖經，能告王等以吾救世主之為人謙遜，故余遣之。若僅能為王奔走，代王布德，有利于王者，則余將不遣彼等，而另遣其他高僧或有權勢之人矣。

羅馬公教真正遣使來華傳教是在 1289 年，此時教宗尼古拉四世

（Nicholas IV，在位於 1288 ～ 1292）差派方濟會修士孟高維諾（John de Monte Corvino，1247 ～ 1328）以特使身分出訪。結果，孟氏在 1294 年抵達汗八里，獲成宗鐵穆爾允准在華居留及傳道。孟高維諾的教宣事奉尚算順利，教堂與信徒人數均逐步增長；1307 年，教宗革利免五世封立他為汗八里總主教，掌管中國公教大小教務。

5.4.2 元朝教會的成就

元朝的蒙古人很重視宗教，他們將職業分為 10 等，順序為官、吏、僧、道、醫、工、獵、娼、儒、丐。被定義為僧侶的也里可溫教聖職人員，地位僅次於官吏，因此傳道頗為方便；元室也給教會優厚待遇，建成的教堂多堂皇華麗。孟高維諾在華事奉 34 年，期間教廷曾差派 3 名宣教士協助傳道，在泉州建立福音據點。按元朝中期統計，中國也里可溫教徒約佔總人口 1% 至 3%，當中絕大部分為邊疆民族及外國商人，景教寺和天主教堂分佈全國各大城市；羅馬公教在汗八里和泉州均設有教區，信徒約有 3 萬。

孟高維諾於 1328 年離世。其後西方教廷曾多次任命宣教士繼任為汗八里總主教，惟基於種種原因，全都未有真正到中國赴任。在元朝末代君主順帝的誠意邀請下，教宗本篤十二世（Benedict XII，在位於 1334 ～ 1342）於 1338 年再次遣使來華，人選為方濟會修士馬黎諾里（Giovanni de' Marignolli，活躍於 1338 ～ 1353）；結果，馬黎諾里於 1342 年帶同西方良馬與珍寶，抵達中國汗八里，得順帝熱情恩待。也許基於局勢不穩，眼見元朝蒙古政權將被推翻，馬黎諾里逗留不足 4 年便離開汗八里，經泉州返回當時教廷所在的亞威農。

1336 年元順帝致羅馬教宗本篤十二世書

長生天氣力里，皇帝之皇帝聖旨。咨爾西方日沒處，七海之處，法蘭克國基督教徒主人，羅馬教宗，朕遣法蘭克人安德魯及從者 15 人于爾教宗之廷，設法修好，俾以后時得通聘。仰爾教宗賜福于朕，每日祈禱時，不忘朕之名也。朕之侍人阿蘭人，皆基督之孝子順孫。朕今介紹之于爾教宗。朕使人歸時，仰爾教宗，為朕購求西方良馬，及日沒處之珍寶，不可空回也。准此，鼠兒年〔即順帝至元二年〕6 月 3 日，書自汗八里城。

5.4.3 也里可溫的告終

馬黎諾里離去後，教廷續有派遣宣教士來華，但全都未有到任；他們有因路途艱辛而中途放棄，有途中遇險失蹤，有被伊斯蘭教徒捉拿殺害。1368 年元朝滅亡，蒙古人被逐出中原，也里可溫教也迅速從中土消失。回顧福音這第二次來華，主要有以下幾個失敗原因：

a. 支援太過遙遠：羅馬公教的領導中心遠在西歐的羅馬和亞威農，距離中國非常遙遠，中間有伊斯蘭勢力阻隔，以致許多被差往中國的宣教士均無法赴任，物資難於補給，領袖也後繼無人。

b. 內部缺乏動力：有史料顯示元室中的景教徒不少均生活腐敗，他們時常醉酒鬧事，內部分裂不和，男人多立妻妾，又藉放債收取重利、欺壓貧民；如此有失見證，使他們被人厭棄，教會傳道乏力。

c. 未能扎根本土：當時信奉也里可溫教者，多為邊疆民族和外國商人；3 萬羅馬公教徒中漢人難尋，也里可溫教文獻也少有譯成漢語。蒙古等外族既被逐離中華，缺乏漢人基礎的教會自然也無法維持。

d. 明朝漢人敵視：在元朝蒙古人治下，漢人多受歧視壓迫，他們誓與元室政權為仇。在這種敵對關係下，被視為外族信仰、被政權厚待的也里可溫教，難免同遭漢人敵視，教會也因此難在漢人執政的明朝立足。

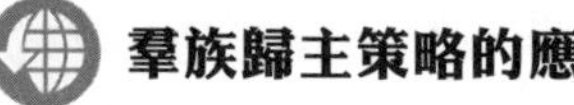

羣族歸主策略的應用

細心留意中世紀各地基督化的過程，會發現許多國家、許多民族均出現羣族集體歸主的現象；當國王領袖信主，轄下全國、全族都隨之加入教會。法蘭克國君王克羅維斯於496年皈依基督教，同時率領超過3,000部屬一同受洗；波蘭國王米薛高於966年選擇以羅馬公教為國教後，隨即令大量民眾加入教會；基輔羅斯國王弗拉基米爾於988年帶領大批臣民領洗，並宣告將東正教立為國教；挪威國王土革瓦孫於995年登基為王後，更藉強硬手段迫令挪威人歸信基督。

在近代宣教理論中，有一種名為「羣族歸主」的策略。這裏所指的羣族，是指家族部落、小羣族裔或社會階級，他們或有親屬關係，或在語言、文化或處境上相近相連；例如中國雲南的納咱族人、錦田吉慶圍鄧氏家族、移居法國巴黎的潮州人、香港工作的菲傭印傭等。羣族宣教的目的，是要在相同羣族中引領多人集體歸信，人數可以由數個至數百個不等。對近代宣教素有研究的馬蓋文（Donald McGavran）指出，在亞洲、非洲和南太平洋羣島信主的基督徒中，有高達三分之二是羣族宣教的成果。

根據新約使徒行傳，初期教會也有不少羣族歸主的事例。例如哥尼流與他的親屬密友在彼得宣講後一同受洗（徒十44～48）；馬其頓賣布商人呂底亞聽保羅宣講後，她和她一家都領了洗（徒十六14～15）；禁卒聽保羅和西拉講解主道後，「他和屬乎他的人立時都受了洗」（徒十六33）。事實上直到近代，中國、緬甸和印尼等國家，仍有不少少數民族和部落是以羣族歸主方式，成功帶領集體轉信基督，部分甚至因此全族歸主。對深受西方個人主義影響的現代基督徒來說，也許對這宣教策略會感到疑惑；一直以來，華人教會都強調個人決志，認為信仰是個人抉擇，不應受他人驅使或阻止。這對生活在發達國家、宗教自由的現代人來說，也許是合理的要求；然而，愈來愈多在落後國家、小數民族或伊斯蘭世界工作的宣教士，體會到羣族歸主的價值和需要。

在宗教不甚自由的羣族裏，個人歸主往往會帶來與家人、與鄉親、與族人的隔絕，歸信者要承受巨大壓力，也不容易適應；不少在伊斯蘭世界中改投基督信仰的人，甚至要在宣教組織的協助下逃亡外地。現實經驗顯示，全家、全村或全族的歸信，可以帶來更理想的果效；羣族歸主可讓歸信者彼此扶持，互相支援，如此能大大減少歸信者在羣族中所要面對的壓力，避免在孤獨無助的情況下被迫返回原有宗教。此外，歸信者也可留守在原有羣族之中，繼續為主作見證，為日後帶領更多羣族成員歸主鋪路。

要策動羣族歸主，最重要是準確掌握有關羣族的社體架構和特性，以具影響力的領袖為主要福音對象；例如部落中的族長、鄉村中的村長、家族中的長輩。昔日明清來華的天主教傳教士，就是以地方官紳和士大夫為主要福音對象，藉傳授西方學識廣交文人，成功帶領多人歸信；單是此時信主、官至禮部尚書的徐光啟，就曾直接或間接帶領同鄉羣族數以百計地加入教會。雖然羣族歸主強調集體決志，但也要求個人明白福音、掌握得救確據。無疑，決志者當中有人對信仰不清楚在所難免，但只要日後有足夠栽培、教導和關顧，絕大多數能逐漸成為堅信真道的基督徒。

最後需要留意，羣族歸主很多時會產生富羣族特式的本色化教會，宣教士或差傳羣體必須以包容態度，接納與真理沒有衝突的羣族傳統和文化。誠如揚天民在《中國的少數民族》中所說：「傳教的歷史充滿了類似的錯誤，傳教士們曾以這種或那種方式，有意識或無意識地將自己的文化和標準強加給那些他們試圖帶到基督面前的人們。⋯⋯不幸的是，如果我們不小心，當我們去接觸這些不同的文化時，還會發生同樣的錯誤。」宣教傳道素來都要靈活多變，信仰真理需要堅定持守，但傳道策略和方法則要按福音對象而隨時調節，切勿硬將一套西方模式不必要地強加在傳統和文化截然不同的羣族上；就如使徒保羅所說：「我們傳揚他，是用諸般的智慧，勸戒各人，教導各人，要把各人在基督裏完完全全地引到神面前。」（西一28）

溫習及思考問題

1. 試參照課文內容，在下表填寫東西方教會於各時代增加或減少的地域範圍。

時代	西方教會		東方教會	
	增加地域	減少地域	增加地域	減少地域
五世紀				
六世紀				
七世紀				
八世紀				
九世紀				
十世紀				
十一世紀				
十二世紀				
十三世紀				
十四世紀				
十五世紀				

2. 試在下列圖表上標示西方羅馬公教地域面積上升和下降的原因。

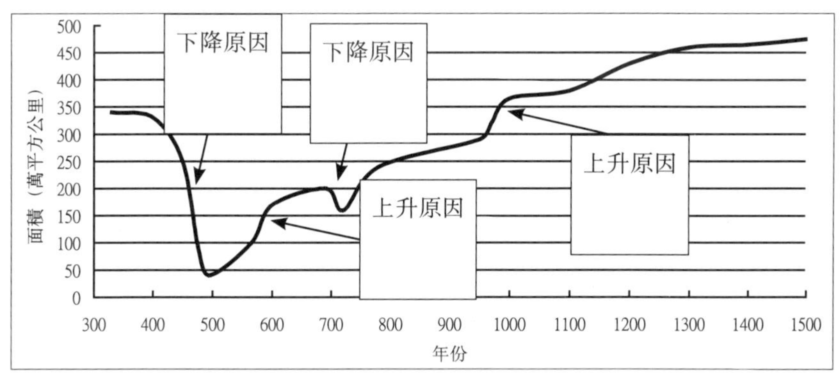

3. 試在下列圖表上標示東方東正教地域面積上升和下降的原因。

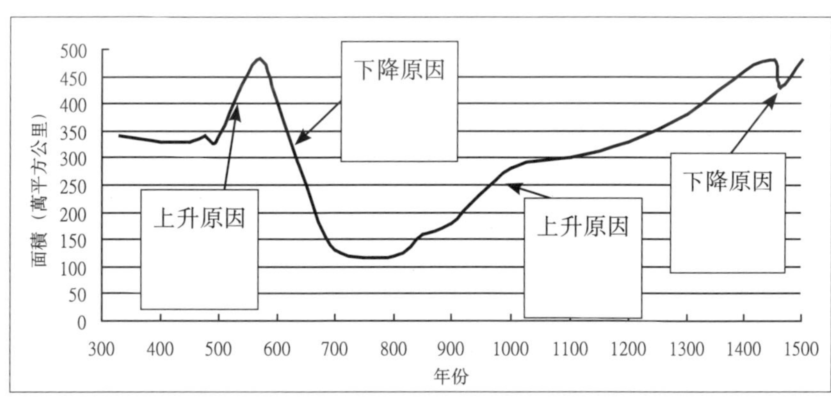

4. 試在下列圖表上標示西方信徒人數轉變的原因。

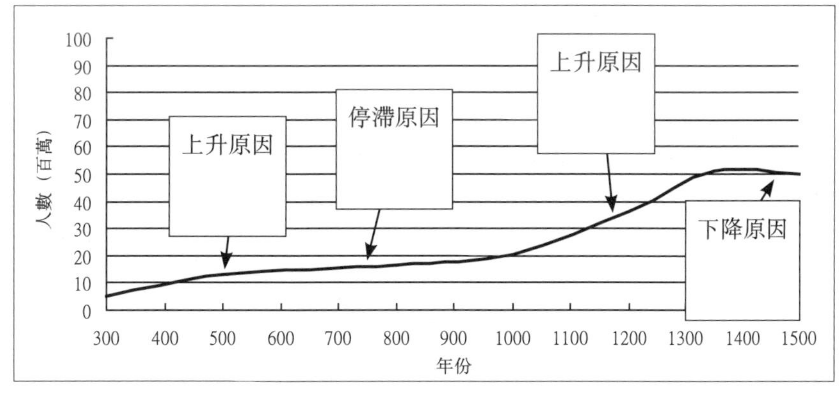

5. 試在下列圖表上標示東方信徒人數轉變的原因。

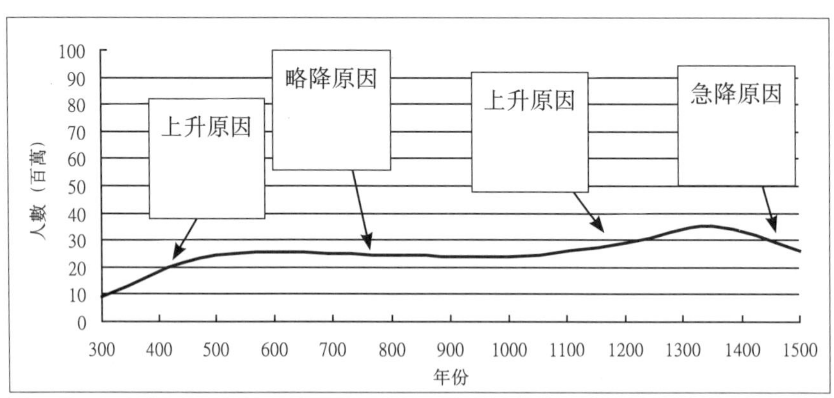

6. 讀畢伊斯蘭教法對基督徒的不平等歧視規條，你有何感受？

---

7. 從也里可溫教在華的興衰，你學到甚麼有關宣教傳道的教訓？

---

8. 中世紀東西方教會在地域上和人數上的轉變，對你有何啟發與提醒？

進深閱讀書目

江文漢：《中國古代基督教及開封猶太人：景教、元朝的也里可溫、中國的猶太人》。上海：知識，1982。

莊祖鯤：《宣教歷史》。Paradise, PA：基督使者協會，2004。

Hamilton, Bernard. *The Christian World of the Middle Ages*. Stroud: Sutton, 2003.

Yates, Timothy Edward. *The Expansion of Christianity*. Downers Grove: IVP, c.2004.

屬靈傳統

基督宗教有非常豐富的屬靈傳統，這些傳統影響著各宗派、各羣體的信仰表達。這些屬靈傳統有主張安靜默觀，放下煩擾與神親近；有強調為信仰而犧牲，背起十字架跟隨主；有提倡品德高尚的聖潔生活，努力追求成聖；有正視人民的公義需要，積極投入社會行動；有肯定聖禮功效，將之放在聚會核心；有高舉宣講聖道，以教導真理為事奉焦點；有追求聖靈臨在，以屬靈恩賜復興教會。這些屬靈傳統各有特色，各具聖經依據，過往也各得一定信徒羣體支持。基於對先賢先輩的尊重，今日的天主教和東正教皆在很大程度上，延續著初期和中世紀教會建立的屬靈傳統；這些傳統很多時正是他們與基督徒在信仰表達上彼此不同的根源所在。

6.1 西方的善功傳統

相對於千多年來一直在同一個政權下生活發展的東方希臘教會，經歷過多次外族入侵洗禮的西方拉丁教會，不論在神學思維與屬靈追求上，均呈現較大開放性和多元性。在羅馬教廷確認的救贖神學框架下，許多使命不同、信念相異的修道團體相繼成立；他們各有本身的屬靈傳統，反映著個別時代、個別地區教會羣體的信仰體認。本節內容會先論述羅馬教廷所建立的基本框架，然後在下兩節再介紹中世紀幾個主要修道團體的屬靈傳統。

6.1.1 屬靈追求的背景

西方教會屬靈傳統的主體，仍由許多不同因素所模造。除基督宗教在其中誕生的猶太律法傳統、希臘哲學思想和耶穌在世言行外，還有後期教會羣體的重要共同經歷，和個別地方民族的文化特質；當中包括大逼迫期間的殉道情結，初期信徒奇妙的神蹟體驗，聲威傳遍各處的修道運動，君士坦丁以後的國教地位，西羅馬淪陷帶來的恐慌困境，以及外來日耳曼蠻族的原有文化等等。然而學者普遍認同，在教會歷史裏影響羅馬公教最深遠的，是大神學家希坡主教奧古斯丁（Augustine of Hippo，354 ～ 430）；他身處初期與中世紀教會之間，親聞羅馬城被蠻族洗掠的惡號；他不單在教義理念上為西方神學奠定基礎，也深深影響後世對信仰追求的領受。無疑，本章稍後在東方教會部分所介紹亞略巴古的偽丟尼修（Pseudo-Dionysius the Areopagite, 五～六世紀間），其著作對中世紀教會也有相當影響；惟單就羅馬公教來說，最關鍵的人物始終仍是奧古斯丁。在他的靈修神學中，以下幾方面對後世的影響比較突顯，值得在此一談。

> i 希坡主教奧古斯丁是西方教會最重要的教父。一生對抗摩尼教、多納徒派和伯拉糾主義三大敵人；他著作甚豐，其中以《懺悔錄》、《論三一》和《上帝之城》最著名。

a. 神祕主義：奧古斯丁的神祕主義意向，在他早年回溯個人信仰歷程的名著《懺悔錄》（*Confessions*）中表露無遺。在書中，他清楚講述自己如何與神相交，與主對談，誠心懺悔罪過，感激神恩導引；他深刻描述自己的神祕經歷，如何超越肉身、進到內心，在那裏經歷從上而來的豐盛與智慧。這些屬靈經歷深深影響奧古斯丁的神學建構，有學者甚至尊稱他為「基督教神祕主義之父」。他這種與神相遇的甜蜜經歷，成為後世嚮往的神人關係；要以直接與神接觸、與主聯合，為信仰追求的喜樂與動力。

b. 效法三一：在事奉中段寫成的《論三一》(*On the Trinity*)中，奧古斯丁思索聖經對父、子、靈彼此相愛相知的描述。依據創世故事，他認定人本質上有三一形象；其中較關鍵的是人記憶、理解和愛神的能力，這些形象在人類墮落中被扭曲破損。為此聖子降世，成為神人間的中保，使信徒可以透過基督默想神，藉此重獲原初的形象；就如他說：「讓我記憶祢、理解祢、愛祢，加增這些恩賜，直到被祢完全轉化。」對奧古斯丁來說，藉著愛神愛人變得更像上主，是屬靈追求的最終目標。

c. 聖禮意義：在與多納徒派(Donatists)的爭議中，奧古斯丁就聖禮的屬靈功用作出肯定。他指出聖禮是屬靈事物的有形標記，基督徒可以確實藉著洗禮使罪得赦免，藉按手禮領受聖靈，藉聖餐禮靈命獲得滋養；這一切所以能夠發生，是因著聖禮所標記的聖道，以及教會對聖道持守的信心，使基督藉聖靈臨在於教會之中。因此聖禮必須在大公教會內才能發揮效能，異端羣體施行的聖禮，不僅無效，也於人無益；這觀念進一步為羅馬公教日益強化的聖禮屬靈傳統，以及教會以外無救恩的教義鋪路。

d. 神國度：羅馬傳統以神祇為軍隊戰爭成敗的背後力量。410年西哥特人突襲羅馬城，搶掠3天才撤退；當時國內為數尚多的異教徒藉此反撲，將悲劇歸咎於羅馬轉投基督教，放棄原有神祇。為此奧古斯丁寫成《上帝之城》(*City of God*)，解釋羅馬政權下滑，原因不是信奉基督教，而是未能活出屬天理想。他指出地上之城充滿私意，各人隨己意而行；只有在神之城裏，人人放下自我、專愛神，才會有真正的公義，國度也不會被擊倒。由此，教會生發出一套追求天國在個人和教會中活現的屬靈傳統。

奧古斯丁在母親摩尼加去世前的神祕屬靈經歷

我們的分享得到這樣一個境界：我們肉體官感的享受不論如何甜美，所散發的光芒不論如何燦爛，若與那種生活相比，便微不足道；我們魂遊物外，凌駕日月星辰、照耀天地的穹蒼；藉著內省與對話，並對祢作為的驚訝，我們翱翔高升，進到心思之中。我們一再升騰，超越這一切，達到無盡豐盛的境地；在那裏，你用真理之糧永遠餵養以色列民。在那裏生命融合於智慧，祂是古往今來萬有之源，本身卻非受造。智慧既是永恆，則其本體自無所始，自無所終，而是自有永有；若有過去未來，便不成永恆。我們這樣談論著、渴想著，全心投入，瞬間悟入智慧。我們歎息，離開這「聖靈初熟的果子」，回到人世間語言始終有限的聲浪之中。

奧古斯丁：《懺悔錄》9.10.24

6.1.2 需求善功的救贖

雖然奧古斯丁在羅馬公教備受尊崇，但他的神學立場也非全被接納，毫無異議。在他事奉晚期面對的伯拉糾主義爭議中，當敵對者提倡始祖墮落後人類仍有行善能力時，奧古斯丁深深體會人性軟弱，堅持全世界在墮落後已全然敗壞，無力行善；敵對者鼓吹得救要求人自己付上努力，奧古斯丁則提出近於預定論的思想，強調救恩全在乎神。惟在初期教會裏，兩派皆有相當支持，神的恩典與人的努力同具聖經根據。結果，529 年召開的奧朗日會議（Council of Orange）接納了中間立場；既確定人類無法自救，必須仰賴神的恩典，同時又保留人有與神合作的責任，需要盡己所能以善功回應恩典。由此產生羅馬公教後來代代持續，關於恩典與善功互相配搭的救贖觀。

中世紀西方教會的神學巨擘阿奎那，更在奧朗日會議的教義基礎上，進一步提倡漸進式的成聖稱義觀，藉著恩典與善功的相互作用，仔細解釋人如何與神合作。首先，神賜下恩典，藉著聖靈的重生使人罪得赦免，回復始祖墮落前的光景，有能力藉著神過得勝不朽的人生。此刻人若正面以善功回應，與神合作，神就會賜下更多恩典；若人配合恩典，再以善功回應，結果又是更豐盛的恩典；如此延續不斷，直到人漸漸成聖，最終得完全稱義，有永生救恩為獎賞。對阿奎那來說，「因信稱義」的意思並不是人藉著歸信立即得稱為義，而是人在稱義成聖的過程中逐步確立信心。

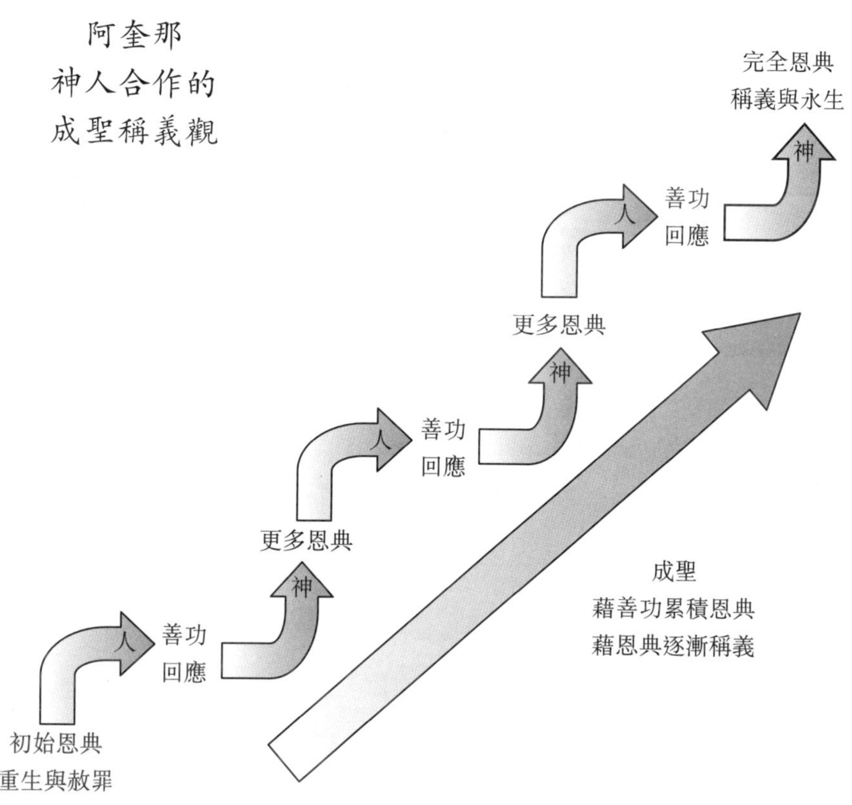

十六世紀宗教改革爆發以後，羅馬公教為回應新教挑戰而召開的天特會議，重新整理西方教會傳統的信仰教義，當中清楚確認善功在救贖上的功能和需要。與阿奎那的成聖稱義觀一致，會議議決聲明因信稱義的意思，是「信心是人類得救的開始」，是「稱義的基礎和本源」；即信心是引發稱義的媒介，而非單靠信心就已足夠，信心是稱義的「必要條件」（necessary condition)，而非「充分條件」(sufficient condition)。相反，人決志歸信基督以後，還需持續不斷地藉著「信心與善功的合作」，來加增藉基督恩典所得的義；善功是人獲得終極救贖不可缺少的元素。

天特會議第六次會議議決

第 8 章：當使徒說人因信稱義，且是白白稱義，這些話當按大公教會素來持守與表述的來理解：我們說是因信稱義，是因為信心是人類得救的開始，是稱義的基礎和本源；「人非有信，就不能得神的喜悅」，且不能與祂的兒子相交。我們說是白白稱義，是因為稱義之前，任何信心或行為都不能使人賺得稱義的恩典；因為這使徒說：「既是出於恩典，就不在乎行為，不然恩典就不是恩典了」。

第 10 章：因此，那些這樣得稱為義，成為神的朋友、神家的成員的人，要力上加力；就如使徒所說，要藉治死在地上的肢體，並透過遵守神和教會的誡命，為成聖的緣故將肢體作義的器具，好使內心一天新似一天。要藉著信心與善功的合作，增添他們藉基督的恩典所領受的義；就如經上所說：聖潔的叫他更加聖潔；又說：不要定到死人也得稱義；又說：可見人稱義是因著行為，不是單因著信。事實上，聖教會呼求加增義，是在向主祈求賜下更多信、望、愛之時。

6.1.3 善功傳統的表達

既說得救須有善功，那麼甚麼是善功？羅馬教廷並沒有就此詳列清單，但卻提出 4 項指導性的原則：(1) 善功必須為道德上良善，是在神恩典的幫助和啟發下自發作成的；(2) 應為道德上自由，出自甘心樂意，而非由於任何外在或內裏的脅迫；(3) 當源自神的恩典，是屬靈屬天的，超越人本性的德行；(4) 動機、目標和結果都是屬靈的，需求信、望和愛。至於作成善功的人，他們必須已蒙恩信主，且為天路客旅，仍在世上存活，因為人死後就不能再添善功。最後，善功需求蒙神悅納，否則一切努力都屬徒然。

在這指涉範圍廣闊的原則下，許多與信仰有關的行動都可定義為善功，成為信徒努力追求的目標方向。自早期遭受逼迫期間，殉道一直都在教會廣受尊崇，被視為為主犧牲的最高情操；為激勵信徒參與十字軍，中世紀教廷也聲明因東征而陣亡者，可立即以殉道者身分得享永生。隨著逼迫減少而興起的修道運動，其為信仰而克苦己身、提升敬虔的嚴格操練，也符合善功的要求；修士們的守貧、獨身、服侍、抄寫、傳道、教導、默觀、代求等等，全都有機會加增善功。對於廣大信眾來說，最基本的積善功方法，是緊守教會法規，殷勤參與彌撒，盡量領受聖禮；當然，財主以金錢廣施慈惠救濟，或大量捐獻資助教堂，也可記為一功。其餘積取善功和恩典的常見途徑，還有為教會義務事奉，關懷孤兒寡婦，照顧貧病老弱，前往聖地朝拜，走訪各處聖堂，誠心常拜苦路，參加敬禮遊行，敬奉聖髑聖物，以及念誦玫瑰經等；這些善功模式因羣體、地域和時代的演變而有不同重點，部分甚至頗具民間信仰色彩，由此產生羅馬公教多元而獨特的屬靈追求表現。

> 「玫瑰經」是由天主經、聖母經、光榮頌和默想耶穌與聖母生平事迹組成，傳說是十三世紀初由聖母馬利亞向道明會創立人多明尼古顯現時賜下。當時迦他利派異端流行，多明尼古努力傳道未見成效，遂禱求聖母援助；聖母命他推動教友念誦玫瑰經，結果許多異端教徒歸正。此後，念誦玫瑰經逐漸在各地公教教會普及，廣泛流傳至今。

6.2 退隱修會的更新

自四世紀修道運動從埃及向外擴展開始，修道院紛紛在各地建立。修士們不單在此操練靈性，且學習在羣體中彼此服侍，成為獻身愛主、追求敬虔的屬靈典範；修道操練也從此廣被視為教會羣體的重要屬靈標記，觀念代代相傳。六世紀初，本篤在意大利卡西諾山（Monte Cassino）創立著名的修道院，他綜合前人經驗、按照現實需要，編訂適合西方信徒的修道會規，廣獲各地修道羣體認同與跟隨。《本篤會規》強調規律的羣體生活，以引導修士在信守同一規章的原則下，共同建立敬虔愛主、捨棄自我、全然順服、追求善功、彼此服侍、自給自足的修道羣體為目標；會規內容詳盡，修院組織架構、各級修士權責、日常生活指引、經課聚會程序、懲處違規罰則、收錄新人方法、照顧病患弟兄等等，全部都有涉獵；當中最重要特色是以靈閱（*Lectio Divina*）方式默念聖道，就是以尊敬和開放的心，透過閱讀（*Lectio*）、默想（*Meditatio*）、祈禱（*Oratio*）和默觀（*Contemplatio*）幾重步驟，深化對聖經和教父著作的領受，藉此達至與神靈交談對話的境界。

在會規嚴格而清晰的規管下，進入修院者的質素得到保證；修士在兼備勞苦工作與定時操練的緊密日程裏，靈命追求也得時刻提醒和建立。因此，愈來愈多修院樂意採用《本篤會規》，許多修院更因此經歷復興；漸漸地修院成了陶造靈命的理想場地，地位不斷提升；遇有政權惡行、教會腐敗，修院更成為抗衡罪惡的力量，為百姓尋求公義，為神發出先知性的呼聲。在法蘭克國君王敬虔者路易的推動下，本篤的會規逐漸成為西方教會的修道標準，權威地位一直延續數百年到中世紀中期。

6.2.1 克呂尼修道更新

時間過去，修院逐漸從巔峯下滑，變得紀律鬆馳、安逸腐敗。究其衰落原因，可歸納為以下 4 個主要範疇：（1）會規執行因素：本篤的會規原來要藉清晰細緻的執行步驟，以幫助發揮敬虔操練的精神；惟類似法利賽人詮釋摩西律法那般，經過逾百年的實施，許多繁瑣細節被加進去，以應不同情境的需要；結果使修道生活逐漸變得僵化，原有精神盡失。（2）經濟收入因素：修院在社羣中有許多互動角色，包括子女教育和善終安老等；人羣為得優待服務，不少會主動捐獻金錢物資，使修院收入大增；財富使人腐敗，豐足的財產結果使原來樸素的修院生活漸漸變得舒適奢華，不再刻苦。(3)教會腐敗因素：按照早期西方教會管治架構，各地修院要受當地教區主教規管；惟中世紀教會曾經相當腐敗，買賣聖職、收納情婦等問題嚴重；上梁不正下梁歪，受教區主教領導的修院也逐漸受到污染，偏離正道。(4)地方權勢因素：因著種種利害關係，教區主教往往要在一定程度上順應世俗政權要求，修院因此間接受權貴影響；此外在缺乏有力保護下，修院也常被地方政權以土地調配或社會規管理由遭利誘或壓迫，逐漸受到操控，隨權貴干預而世俗化，不再獨立自主。

為糾正歪風，管轄阿奎泰的威廉(William of Aquitaine，875 ~ 918)公爵於910年在法蘭西的克呂尼，建立一所行政模式與別不同的修道院。他破例放棄地方領主對修院的一切控制權，讓修院直接向羅馬教宗匯報，受其管治、督導與保護；其衍生而出或加盟其下的分部修院，皆直接隸屬克呂尼修院，由此得免受教區主教或地方政權操控，可嚴格信守《本篤會規》的修道指引，復歸敬虔。克呂尼的修道羣體強調禁慾操練、虔誠敬拜、心靈投入。因著各方支持和捐獻，克呂尼修會財政資源豐足；他們撥用大筆金錢建造龐大宏偉的教堂，窗戶安設迷人的彩花玻璃，採用精金製成的聖壇器具，又添置各類名貴的聖詩樂器，為信眾帶來輝煌莊嚴的崇拜氣氛，以外在環境吸引人追求敬虔。此外，他們又推動聖地朝拜，鼓勵古教父著作的研習；為此他們大量收集文獻抄本，建立藏書豐富的圖書館。

> 阿奎泰的威廉為貴族出生，曾建立多間修院，其中最著名的是克呂尼修院。他主動放棄地方領主通常對轄區修院擁有的特權，不隨己意任命院長；他被後世稱譽為「敬虔者」。

克呂尼修會發展迅速，其獨立自主、不受操控的體制，以及專心修道、敬虔操練的榜樣，吸引許多修院加盟。到十一世紀中期，克呂尼修會已有分部修院逾千間，分佈西歐法蘭西、德意志、英格蘭、意大利、荷蘭和西班牙各處，一時成為西方教會最龐大、最具影響力的宗教組織。在克呂尼修道羣體的帶動下，原已變質腐敗的教會也出現改革的浪潮，由此產生貴格利七世等教宗領導的「克呂尼運動」，修正教會種種體制上的問題，改善聖職人員道德上的陋習，大大提升信眾的敬虔追求，引導教會復興。

6.2.2 熙篤修會的成立

克呂尼修會雖在一定程度上為教會帶來更新與復興，惟經過逾百年的發展，修道生活又轉趨腐化。豐足資源帶來奢華的生活，莊嚴崇拜卻充斥著繁文縟節，原來追求敬虔操練的精神逐漸褪色，生命拙劣的修士當道橫行，僵化的修道生活再次重現。

1075 年，貴族出生的羅伯特（Robert of Molesme，約 1028 ～ 1111）在勃艮第的摩勒斯米（Molesme）建立一所克呂尼修院；憑著個人屬靈洞見與修道熱誠，羅伯特很快組織起一個以敬虔著稱的修道羣體，摩勒斯米修院逐漸變得聞名遐邇，修院的財富收入也不斷加增。就在此時，一些有問題的修士加入修院；他們挑戰羅伯特的領導，在弟兄中間製造分裂；羅伯特對此甚為傷痛，對克呂尼修會過多參與世俗事務的體制也深感失望。1098 年，他帶同 20 位屬下修士到法蘭西叢林一處荒廢村莊裏另立修院，首間熙篤修道院由此產生。惟羅伯特在此只逗留 1 年，在摩勒斯米修院上下誠意呼籲及承諾絕對服從下，他終接受邀請返回，結果他成功按個人對本篤之修道會規的理解領導，使摩勒斯米修院日益壯大。留下來真正建立熙篤修院的，是羅伯特的兩個門生阿爾伯力（Alberic of Citeaux，卒於 1109）和哈定（Stephen Harding，卒於 1134）；在他們兩人青出於藍的領導下，熙篤修院日漸興旺，聲譽日噪，名震遐邇。

熙篤修院強調忠實嚴守《本篤會規》，紀律嚴明。一反過往克呂尼修會追求宏偉華麗的作風，其院舍和用具均非常樸素，絕不奢華；他們放棄傳統本篤修士穿著的黑衣，改以白袍代替。熙篤修院選擇在偏遠落後地區，追求更隱蔽、更專注的修道生活；他們自己開墾土地，合力建築莊園，自耕自足。修士都要勤奮努力，除經課敬拜、靈閱默想和愛心服侍的操練，還要用雙手克苦作工，日常飲食和衣著都要盡量節約，過簡樸刻己的生活。

熙篤修院人數漸多，自 1111 年開始便不定期差派修士羣體到外地建立分院，將熙篤的精神向外傳揚。其中一間就是由中世紀著名修士伯爾納，於 1115 年在克勒窩（Clairvaux）建立的修院；伯爾納出身名門望族，對宗教熱誠，敬虔克苦、為人謙卑、品格高尚，在當時代教會裏聲望極高。在多位著名院長的領導下，熙篤會（Cistercian Order）逐漸被建立，且在中世紀盛極一時。僅僅數十年後，熙篤會在十二世紀中期已有修院超過 300 間；到十三世紀末，數目升到接近 700 間；遍佈全歐洲各處，包括法蘭西、德意志、意大利、英格蘭、西班牙、挪威、瑞典、波蘭、波希米亞和匈牙利等地。

哈定約於 1117 年寫成之《論慈憐之教導》

第 3 條：因此，我們命令他們在新修道院裏要凡事遵從《本篤會規》；除我們的先輩教父過往所作出和持守的詮釋，也就是我們現今所堅持的，修士不得在此神聖會規上加添任何另類解釋。

第 5 條：本修會內任何個人或羣體，均不得作出與修會所頒佈的共同傳統相違的教導，任何方式的違反皆不可以。

第 10 條：母院的修道院長要每年親自或派同工巡視探訪屬下分院一次，若他意願更多探訪，願分院以喜樂接受。

6.2.3 修道武士團的產生

時勢轉變往往會帶來新的需求，負有獨特使命的教會組織或修道羣體，許多時也是在嚴重或迫切的需要下應運而生。克呂尼修會和熙篤修會，都是針對時代需要而興起的羣體，為要扭轉當前變質腐化、日趨鬆馳的教會文化，改善原有修院的質素。隨著十字軍東征延續，朝聖客旅屢遭敵對伊斯蘭教徒劫掠殺害，保衛巴勒斯坦公用設施及基督徒性命財產的需求日增，由此催生了中世紀獨有的修道武士團。這些武士團以保衛弱少無助者為成立宗旨，他們有共同遵守的修道規章，要求立誓持守神貧、獨身與順服，有日常的敬拜禱告操練，跟其他修會類同；惟以健身習武、駐守當值和對抗敵人，取代典籍抄寫、農耕製造和建築修理等工作。當中比較著名的，有醫院武士團、聖殿武士團和條頓武士團。

a. 醫院武士團（Knights Hospitaller）：1099 年成立於耶路撒冷施洗約翰醫院，初時以幫助貧窮老弱、照料傷病患者為宗旨，後期加入與伊斯蘭軍爭戰對抗的行列。醫院武士團以施洗約翰醫院為基地，直到 1291 年地區淪陷；此後他們逃到塞浦路斯，1309 年成功奪取小亞細亞西南端的羅底島（Rhodes），並在此安頓駐守，直到 1522 年被入侵的土耳其人攻陷；他們在 1530 年轉到神聖羅馬帝國皇帝查理五世（Charles V，在位於 1519 ～ 1558）所封贈的馬爾他島（Malta）居住。
b. 聖殿武士團（Knights Templar）：成立於 1119 年，此時一羣熱心的尊貴騎士立誓保護朝聖客旅、防衛聖地設施，他們以耶路撒冷所羅門聖殿遺址為駐營基地，修道會規傳說乃由伯爾納草擬，1129 年正式獲教廷通過。因著聲譽出眾，聖殿武士團日益壯大，漸漸成為中世紀財富最多、勢力最大的武士團；他們誠實可靠的質素，甚至使武士團獲民眾信任，扮演銀行的角色。惟十三世紀末，法王腓力四世貪圖其豐厚財富，以種種罪名加在他們身上；當時被法王操控的亞威農教宗革利免五世，無奈地在

1312 年舉行的維埃納會議(Council of Vienne)上頒佈諭令,將之取締。

c. 條頓武士團(Teutonic Knights):1190 年由日耳曼醫護團隊於巴勒斯坦聖地組成,1198 年轉為修道武士團;他們初時採用醫院武士團的修道規章,後於 1245 年另立會規。成立初期活躍於巴勒斯坦和敍利亞一帶,後積極向外擴展;1231 年他們越過波蘭維斯杜拉河(Vistula),佔領立陶苑(Lithuania)一帶地域,積極帶領當地普魯士人皈依羅馬公教。他們持續努力,直到 1386 年立陶苑成為基督教國家。

1312 年 3 月 22 日革利免五世關於取締聖殿武士團之諭令

……隨後,我們親愛的兒子法蘭西優秀君王腓力介入,他也得聞類似控罪。他沒有被貪婪所動,沒有意圖奪取聖殿武士團的財產,相反完全放棄國內自己擁有的相關權利。他跟隨前人的美好腳蹤,為正統信仰而熱心;他儘可能搜集證據,藉特使和信函將寶貴的資料送給我們,好讓我們對事件有更大體會。……因此,我們懷著傷痛的心情,按照使徒條款和規則,在聖潔會議的認同下,宣告要以神聖永久的諭令除掉聖殿武士團,包括他們的會規、服飾和名字;我們同時宣告,從今以後任何人都不得加入此武士團,不得穿著其服飾,或擅自扮成聖殿武士團,違例者將自動被逐出教會。此外,我們扣留這些人及其財產,讓我們和使徒宗座處置;我們希望靠著神的恩典,在這聖潔會議結束以前,能為神的榮耀、基督信仰的提升和聖地的福旨,能妥善作出安排。我們嚴禁任何人,不論有何身分或地位,以任何形式干涉這聖殿武士團成員及財產的處置事宜。……

6.3 托鉢修會的出現

十字軍東征帶來歐洲社會的巨大變遷,貴族領主因龐大軍費開支而耗盡資源,東征路上做生意的商人卻趁機富有掘起;社會逐漸由貴族主導的封建制度,過渡到重視商貿的經濟體系,有利生意往來的大城市相繼湧現。農業發展、商貿發達,遇上因窮乏的貴族主人無力維持,而被迫出來自力謀生的大量勞動人口,為歐洲社會帶來許多新機會與新問題。有能者瞬間暴發,貧乏者飽受剝削，加上遠未完善的法律制度，造成貧富懸殊的巨大張力；此時，人民雖生活無拘無束、信仰思想自由，但卻要時刻為就業、居住和衣食而煩擾，街上病患老弱的乞丐處處。面對如此重大轉變，傳統教會組織和修院體系已無法滿足人羣需要；為有效服務鄰舍、傳揚福音、牧養教導，與社會民眾共同生活的托缽修士便應運出現，成為新興的修道模式。雖然托缽修會亦堅持神貧、獨身和順服這等傳統操練，但與昔日如熙篤會等不同，他們不再隱居修院、自耕自足、遠離人羣，相反卻積極與民眾共處，到處藉傳道與服務見證基督，靠敬虔信徒的愛心捐獻過活。中世紀興起的托缽修會頗多，獲羅馬教廷確認為「四大托缽修會」的，有道明會、方濟會、迦爾默羅修會和奧古斯丁修會；當中又以前兩者最具規模、影響最大，故在此詳細介紹。

6.3.1 道明會的傳道

1215 年由多明尼古（Dominic，1170 ～ 1221）所創立的，原為一個專門透過傳道引領異端回轉的宣教組織，自 1217 年開始他們不斷差遣修士到世界各地傳道。1216 至 1218 年期間逐漸得教宗洪諾留三世確認為合法修會；他們初時採用《奧古斯丁會規》，到 1220 年在意大利北部波隆那（Bologna）召開的首屆總議會上，才正式制訂屬於自己的修道會規。

道明會有清晰的行政規條和架構組織，分總議會、省議會、修道院等分層架構，管理制度有很強適應能力，也甚具彈性，為後世許多

> 多明尼古出生於西班牙，原為奧士馬（Osma）主教座堂的奧古斯丁修院副院長，品格高尚。十三世紀初參與引領迦他利派異端回轉的宣教工作。1215 年，他授任主持法蘭西南部土魯斯的新基地，該處原為迦他利派人士活躍的根據地；為有效傳道，多明尼古在當地主教的支持下，組織宣教隊伍，是為道明會的雛型。

修會所仿效。他們慣穿黑色外套，故又名黑衣托缽修士。道明會注重傳道宣講、探求真理，他們謙卑、守貧、捨己和服事，皆為見證基督、引導人認識真道。他們以學術研究和知識教育為領人歸主的有效工具；在這方面他們貢獻超卓，曾努力嘗試將亞里士多德哲學與基督教信仰結合，為經院哲學奠下鞏固基礎；此時新興的歐洲大學，也多由他們的修士任教，當中包括著名的中世紀神學家阿爾伯特和阿奎那。因著他們的豐富學養，羅馬教廷和各地教區多愛選派他們擔任宣教傳道和異端裁判的工作。

道明會擴展迅速，修院很快遍佈全歐洲，觸及社會各階層；他們跨越基督教地域界限，隨西班牙和葡萄牙航海船隊到世界各地，包括亞洲、非洲和美洲各處，在異教徒聚居的地方傳道事奉；今日位處澳門市中心的玫瑰堂，就是由其宣教士遠洋建立。道明會對羅馬公教貢獻良多，除藉宣講和寫作努力抗衡異端和異教的衝擊外，他們還協助羅馬公教的神學建構；其中阿奎那的《神學總論》（*Summa Theologica*），至今仍為後世西方教會的教義權威。道明會修士著作甚豐，涉及各範疇的學問知識，為西方學術發展帶來激發作用。在教會歷史裏，他們屢出才子名人，在羅馬公教擔任要職，包括教宗、樞機主教、主教、宗教長、異端裁判官、大學教授等等。

i 法蘭西斯原為富家子弟。一次到羅馬朝聖的旅程，他學習行乞，體會守貧的喜樂；回到亞西西後，他逐漸脱離過往富足放任的生活，憑雙手專心重建聖堂。1208 年他蒙召按馬太福音十章 7 至 19 節的教導，孑然一身地四出傳道；其信心榜樣逐漸吸引門徒跟隨。當門徒增至 12 位，他為跟隨者制訂簡單規章，並於 1209 年獻呈給英諾森三世審閱，由此產生方濟會。

6.3.2 方濟會的服事

1209 年方濟會由亞西西的法蘭西斯（Francis of Assisi，1182 ～ 1226）創立，當時得教宗英諾森三世口頭核准其會規初稿；此會規於 1223 年經修訂後整全成稿，且獲教宗洪諾留三世正式發出教諭確認。他們謙稱自己為「小托缽修士」（friars minor），以窮苦大眾為主要服務對象。從歷史發展可見，方濟會的後期發展常與法蘭西斯的創會原意背道而馳。

方濟會強調進入社羣、愛顧鄰舍、服侍貧苦老弱；他們謙卑、守貧、捨己和服事，並非像道明會般要領人歸主，而是為效法基督、學主榜樣。法蘭西斯不善行政，凡事按感動即興回應，他認為受造萬物皆為神所愛顧，弟兄姊妹在主裏應彼此平等；因此他沒有為方濟會設立管理架構。惟當方濟會日漸龐大，後繼的修會總長便參照道明會的體制建立層層組織，以便管理。

方濟修會原初的一大特色，是強調一無所有、一無掛慮；他們堅持完全貧窮，不單個別修士需要守貧，就是整個修會也不得擁有財產。惟修會不久就此分成兩派：一派忠於法蘭西斯的精神，堅持按字面實踐會規，嚴格守貧；惟大多數修士傾向寬鬆處理，將守貧的要求理解為靈裏貧窮，而非地上實質錢財。結果教宗約翰二十二世（John XXII，在位於 1316 ～ 1334）於 1317 年頒佈教諭，容許方濟會擁有本身財產；傾向寬鬆的一黨獲勝，卻同時偏離原初創會時的精神。

對於法蘭西斯來說，屬靈操練就是要跟隨主的腳蹤，藉著順服基督、實踐真道，來經歷神的同在與引領。他反對以理性討論神學，認為書本知識只會令人自高自大，有害無益；因此他禁止修士閱讀書籍，認為學歷有違神貧精神，故被評有反智傾向。惟當時歐洲學術風氣日濃，不少大城市均興辦大學，以回應民眾對知識追求的渴望；在羅馬教廷和繼任的修會總長們的支持下，方濟會後來也自設大學，以應時代需要，並為修會培育人才。方濟會後期興起的大神學家，包括蘇格徒和俄坎的威廉等，皆為思想精密、學識豐富之輩，卻與法蘭西斯的反智傳統格格不入；在該會著名領袖中，惟一與創會者風格相近的，就只有天主教譯作「聖文德」的波拿文土拉。

雖然方濟會的後期發展多與法蘭西斯原意相悖，且曾經歷多次衝突分裂，但卻發展神速，修院數目為中世紀眾修會之冠，分佈全歐洲各處。跟道明會一樣，方濟會修士也主動到世界各地傳道，足迹遍及亞洲、非洲和美洲多個國家；中國元朝時期來華的傳教士柏郎嘉賓、孟高維諾和馬黎諾里，皆為方濟會修士。

《方濟會會規》裏的神貧要求

第 4 章：我堅決禁止所有弟兄，無論如何，不得親自或假手中間人接受金錢。但為了病人的需要及其他弟兄們的衣服，惟有會長及區長，依照地方、時季及寒冷情形而認為必要時，能透過恩人妥加照料。但上述不得收受金錢一點，應常恪遵不誤。

第 6 章：弟兄不得將任何事物，無論其為房屋、地方或其他，據為己有。他們在此世要如流浪者及異鄉人，以貧窮、謙遜事奉主，要以信賴之心請求捐助，並不必害羞，因為主在世時曾為我們成了窮人。……神貧應是你們的產業，並引領你們進入常生之地。至愛的弟兄，要全心依附神貧，並要為了我們的主耶穌基督之名，永遠拒絕在天下擁有任何其他事物。……

6.3.3 詠禮修會的產生

除退隱修會和托缽修會外，中世紀還出現第三類別的修會，名為「詠禮修會」(Canons Regular)。他們同樣遵照修道規章共同生活，要求守貧、獨身與順服，有預先編訂包含崇拜、禱告、經課、工作等活動的日程；惟成員皆為聖職人員，負責教堂的宣講和禮儀工作。詠禮修會起源於意大利和法蘭西南部，最早見於十一世紀，到十二世紀已相當蓬勃，他們多採用《奧古斯丁會規》；當中較著名的，有 1108 年成立的維克托修會(Victorine Canons)，1120 年創立的普里蒙特利修會(Premonstratensian Canons)，和起源於 1148 年的吉栢特修會（Gilbertine Canons）。

維克托修會的休格（Hugh of St. Victor，卒於 1141）和李察（Richard of St. Victor，卒於 1173）可說是詠禮修士中最具代表性的人物，兩人皆為神祕主義者，曾深深影響中世紀西方教會的屬靈觀。休格約於 1115 年進入維克托修院，後獲升任為院長；他對哲學、神學、靈修學和釋經學均有相當研究，強調要用默觀的方法藉創造和救贖認識神；重要著作有《論教學》（*Didascalicon*）、《論基督信仰的聖禮》（*On the Sacraments of the Christian Faith*）、《論挪亞的道德方舟》（*On the Moral Ark of Noah*）和《論挪亞的神祕方舟》（*On the Mystical Ark of Noah*）。李察是休格的繼任人，於 1150 年代進入維克托修院；他曾撰寫許多釋經和靈修著作，在休格的基礎上進深思想神學問題，對人性心理有深入的探討；其重要名著有《論三一》（*On the Trinity*）、《十二先祖》（*The Twelve Patriarchs*）和《神祕約櫃》（*The Mystical Ark*）。休格和李察兩人最重要的貢獻，是將源於東方偽丟尼修的神祕主義思想帶到西方，使之成為羅馬公教主流靈修神學的一部分；方濟會第二號人物波拿文土拉的靈修著作，如《進入神的心靈之旅》（*The Journey of the Mind to God*）等，也明顯受他們所影響。

詠禮修會普遍採納的《奧古斯丁會規》

第二章：論禱告

1. 要在指定的鐘數和時間殷勤禱告（西四 2）。
2. 所有人均不得在祈禱堂裏做該堂預設以外的事情，這堂也按此命名。因此，若有人要在自由時間裏到此祈禱，即使在指定的鐘數以外，人都不得以要使用該處做其它事情為理由，阻礙他們。
3. 以詩篇和聖歌向神禱告時，要在你們心裏思想從你口中出的話語。
4. 只可按讚美詩所規定的頌唱；除有額外規定，不可頌唱其它事物。

6.4 東方的神化傳統

在西方教會衍生出多元化修會體系的同時，東方教會亦逐步鞏固和發展其靈修傳統。兩者相比，東方正教更堅守早期教父立場，屬靈觀念比較一致；他們著重刻己苦修、操練默觀、服務人羣，嚴厲程度普遍比羅馬公教更甚。對西方教會來説，從罪污到成聖是基督徒信仰追求的方向，當中要靠賴神的恩典和善功的回應；而東方教會則注重死亡和生命，要藉著連於基督而達至神人合一、進入永恆的境界。

6.4.1 苦修默觀的環境

東方教會有很豐富的宗教遺產，因著對先賢祖輩的尊重，許多初期教會的傳統皆在往後的東正教會中延續。他們很重視逼迫時期的殉道見證，維持希臘教父對聖經和神學的理解，堅守早期幾次大公會議的信經信條，並將東方教會種種古舊傳統代代傳遞。在屬靈觀念方面，以下兩個苦修默觀的背景影響深遠，值得先在此一談。

a. 沙漠教父的苦修榜樣：修道運動始於東方埃及的沙漠，在安東尼、帕科繆等著名修士那些充滿神蹟奇事之生平的吸引下，修道逐漸成為教會羣體屬靈追求的理想途徑；很快在五世紀初，全個東羅馬地域，包括埃及、敍利亞、巴勒斯坦、小亞細亞等，皆滿佈修士和修院；因著耶柔米、迦賢努等修士的努力，修道運動才逐漸由東方傳到西方。因此，東正教會的修道根源比羅馬公教還深，他們苦修文化的普及、刻己操練的嚴厲及屬靈追求的熱誠，也普遍比西方為高。

b. 偽丟尼修的神祕主義：雖説偽丟尼修實為五、六世紀的作家，但教會卻誤以為他是使徒行傳十七章 34 節所記載的那一位，加上得拜占庭著名神學家馬克西穆（Maximus the Confessor，580 ～ 662）的推廣和加註，故其著作一直備受尊崇。偽丟尼修認為神是超越無限的，有限的人類不論如何努力、不論怎樣表達，都不可能真實描繪神的真像；因此他鼓吹採用「否定神學」（Negative Theology），就是放棄正面想像或形容神是甚麼，而是要倒空自己，放棄用理性頭腦來分析理解；他認為只有通過神祕主義所強調直接與神相遇的途徑，用心靈與主契合，才能確切認識神。他提出三重的成聖步驟，就是淨化、光照、完全；人惟有藉此才能升到神那裏，與祂聯合。

偽丟尼修淨化、光照、完全的三重成聖步驟

我也許可以合宜地加上一點補充：天上和人間每一個理性存有，心中都有一套上、中、下三等的品階和能力，與前述品階體系各蒙光照者所領受的特殊教導相稱。因此，按照律法許可，每一理性存有都分有毫無瑕垢的潔淨，超然精粹的光照，及絕對完美的完全。因為沒有任何事物能由自己完全而無須補足，惟有一位真正至善的是在自身中完全。

偽丟尼修：《天階體系》10.3

6.4.2 靠主神化的信念

被東方教會譽為正統之父的亞歷山太主教長亞他拿修（Athanasius of Alexandria，約 296 ～ 373），曾在與亞流派爭辯聖子的神性時直接宣告：「上主披上肉身成為人，好使我們人類透過這肉身變成屬祂的，可以藉著聖道得成為神，從此得享永恆的生命。」（《反駁亞流派三講》3.26.34）這聲明正好反映東方信徒屬靈追求的基礎。對他們來說，聖子不單為了改善人類社會現況而道成肉身，祂也為了轉化人類，藉此創造一個兼具神性和人性的新世界。基督是一切屬靈追求的中心，是信仰努力的參考點；祂成為「神—人」，進到人類當中，帶來神人間的合一，好使人類也能兼具神人二性。

人類得神化（*theosis*）是甚麼意思？所指的並非人類真實成為神，而是藉著與基督聯合，成為祂身體的一部分；既得神在我們裏面工作，就分享祂的神性，可以擺脫物質的奴役，從死亡和墮落中得贖，從此藉著恩典得享永生。值得留意，對東正教會來說，聖徒所得的屬天永恆生命，並非將來離世歸主後才能擁有；他們相信聖徒藉著成為基督的身體，可以在現世中找到永恆，他們不但活在歷史，生命也超越歷史，在地如同處身天國，好像聖人一般。

那麼，擁有神性的生命有何特質？在亞他拿修筆下，沙漠修道之父安東尼的生命，正好反映這種生命質素。他藉嚴格修道不斷攻克己身、棄絕情慾，凡事倚靠基督、全然順服；結果能有屬靈的眼光辨別諸靈、悉破計謀，有神的恩典可施行神蹟、預見未來，雖從未讀書卻有智慧駁倒哲人，年紀逾百卻仍身體健壯。因此，東正教對禁慾非常重視，要求信徒釘死舊我、活出基督；他們視之為對死亡和墮落的抗拒，可透過基督的復活將生命注入體內。

亞他拿修對安東尼生命的頌揚

……他的名聲傳遍各處，為眾人所驚異景仰，與他素未謀面的人也對他深表懷念，這些正是他品德高尚、蒙神厚愛的明證。安東尼之所以揚名，不是因為他著述眾多，不是因為他有世上智慧，不是他有甚麼才能技藝，乃是因為他專一敬虔愛神；無可否認，這是神賜給他的恩典。若果不是那當初賜應許給安東尼的神，使祂的僕人揚名，一個穴居深山的人，又怎可能使西班牙、高盧、羅馬、非洲等地的人聽聞他的名字？即使他在暗地裏努力，甚至刻意隱藏自己，但神卻如明燈照耀世人一般將他顯明出來。……

亞他拿修：《安東尼傳》93

6.4.3 神人合一的追求

基於靠主神化的信念，東正教將靈修操練視為創造主與受造物在歷史裏相遇的歷程；這種相遇並不能靠賴邏輯思維上的推理，而要用心靈去領悟。

歷程的開始，是創造主藉基督內住在人心裏，由此開啟人與神互通的可能；藉著東正教的傳統操練，配以神的恩典和幫助，再使人不斷進化，逐步重建人心中的神形象，直到能在世上活出神聖的生活，有如同三一真神般的存在模式，到達神人合一的境地。為幫助信徒在這歷程中不斷前進提升，東正教有多樣化建議；其中下列 4 項較具特色，值得在此一提。

a. 參與教會：對東正教來說，教會在歷史裏存在的意義是要透過基督，恢復人與神之間的連結；在他們神學術語中，使人心靈能重新領悟神、恢復與神的關係，是一種「生命的療愈」。而東正教會的終極目標，是要成為基督的身體、救贖的場地，藉著施行聖禮和傳遞真道，治療人類因犯罪而病態的生命，這種「生命的療愈」是神人合一的先決條件。
b. 苦修操練：為了脫離罪身的束縛，信徒必須在痛苦掙扎中釘死舊我；積極進行苦修操練，甘願節制個人情慾，對付自我中心的本性，好能得著真正的自由，延續基督內住的新生活。因此，東正教會發展出好些追求超越現世生命的屬靈操練模式，強調要透過禁慾的苦修，親身體驗在地若天、與神聯合的親愛關係。
c. 耶穌禱文：就是在生活裏不斷重複念誦：「主耶穌基督神的兒子，開恩可憐我這個罪人」；目的是要持續與主耶穌交談。這禱文最早見於六、七世紀；十世紀著名拜占庭神祕主義修士西緬（Simeon the New Theologian，949 ～ 1022）在推動信徒追求「神的靈光」時，其過程就要重複念誦耶穌禱文。這種不住禱告、內心悲傷，正是東正教靈修神學的一大特色。
d. 默觀圖像：圖像（icon）指基督教的藝術作品，內容以主耶穌、聖經人物或偉大聖徒為主；在圖像之爭以後，東方教會只接受平面畫像。東正教相信，圖像是屬靈之窗；透過在禱告裏定睛觀看圖像，信徒的心靈就會愈來愈接近所描繪的基督或聖人，逐漸與之相似。因此圖像是在地若天的理想見證，為信徒提供一條屬靈追求的路徑，有效幫助人達至神人聯合。

善功行為的屬靈追求

羅馬公教認為善功行為是獲得終極救贖所必須，基督新教則強調基督徒因信白白稱義；究竟兩者誰較正確？倘若白白稱義、不求善功，那麼基督教為何還要求信徒要有生命轉變、有良好行為表現？若果基督徒決志信主後胡作非為，作奸犯科，這又會否影響得救？這些都是困擾不少基督徒的問題。基本上，基督新教雖一致認同善功並非得救所必須的，但各宗派羣體卻對善功在信仰裏的作用有不同理解。以下為 3 個較主要的新教立場：

一、表明信心：此為信義宗的立場，認為生命的轉變、良好的見證是信心的表記；沒有相稱的行為表示沒有真實的信心。雖然得救在乎神的恩典和人的信心，但所指的是能引發回應行動的真信心，並非單憑口講的偽信。就如患病食藥，單以口宣認眼前藥物能治好自己的病卻不肯服用，並非真信，人也不能因此得益；人若真心相信，就必會將藥吞下，藉此得著醫治。

二、表明被選：這是加爾文派的立場，相信得救全在乎神的揀選。堅持墮落以後人類已全然敗壞，無力行善，為此神在創世以前按自己的心意揀選一些人得救；到預定的時候，聖靈就向選民發出呼召，將人重生、賜下信心，並保守選民最終可以成聖得榮耀，整個過程人完全無法抗拒。人歸信後生命改變，是蒙揀選的明證；若決志後背道，代表當初不是真信，從未被揀選。

三、持守救恩：這屬亞米紐斯派的立場，認為墮落後的人類並未完全絕望，仍有自由意志和擇善能力；基督為全人類成就救恩，聖靈也向世人發出呼召，但神沒有勉強人歸信；惟有人願意以信心回應，否則不能得救。歸信以後，信徒還需靠著恩典繼續堅守信仰，持定救恩；若離棄恩主，違背信仰，人可從救恩中失落。

上述 3 個立場皆認定基督徒需要有善功，需要有良好德行、熱心信仰，但都不是靠行為稱義。此外，基督教會對基督徒的生命更新與良好表現，還有一些共通的理解，其中下列 3 項最常被提及。

一、回應主愛：因著基督捨身救贖，我們得著永生；為回報這犧牲大愛，信徒當盡心盡力討主喜悅。生命轉化、愛主愛人、樂於行善，正是聖經所教導、主所喜悅的事情。

二、追求成聖：基督徒雖是因信稱義，罪污得以洗淨，罪債得到免除，但舊我的罪性仍在。要完全脫離罪惡，信徒就當釘死舊我，不再放縱情慾；相反，努力追求成聖，行各樣的善事。

三、見證基督：基督徒是主耶穌在地上的見證人，將福音與人分享，為主作鹽作光。教會羣體的表現，直接影響人對基督信仰的態度；因此我們需要保守自己過有德行的生活，免得羞辱主名。

溫習及思考問題

1. 中世紀西方教會的屬靈傳統，受著教會羣體共同經歷和個別地方民族文化所影響；課文列出了哪些例子？當中影響最深遠的又是甚麼？

   a. ______

   b. ______

   c. ______

   d. ______

   e. ______

   f. ______

   影響最深遠：______

2. 大神學家奧古斯丁的靈修神學，在哪幾方面對後世有重大的影響？

   a. ______

   b. ______

   c. ______

   d. ______

3. 對於怎樣才算是善功，羅馬教廷有何定義原則？

   a. ______

   b. ______

   c. ______

   d. ______

4. 試根據本章內容，比較克呂尼修會和熙篤修會。

	克呂尼修會	熙篤修會
創會年份		
創立人		
採用會規		
主要特色		

5. 中世紀有哪幾個著名的修道武士團？

a. ____________________

b. ____________________

c. ____________________

6. 試根據本章內容，比較道明會和方濟會。

	道明會	方濟會
創會年份		
創立人		
採用會規		
主要特色		

7. 詠禮修會與其他類別的修會有何異同？

相同：____________________

____

相異：____________________

8. 東方教會指人類得神化，是甚麼意思？

____

____

9. 東正教對信徒如何追求神人合一，有哪幾項較具特色的建議？

a. ____________________

b. ____________________

c. ____________________

d. ____________________

10. 綜合而言，羅馬公教對善功的觀念，與你所認識的基督新教有何異同？

____

____

11. 面對基督宗教豐富的屬靈傳統，你個人有何感受？如何能豐富自己的屬靈體會？

____

____

進深閱讀書目

狄奧尼修斯（托名）：《神祕神學》。包利民譯。香港：漢語基督教文化研究所，1996。

章文新等編：《中世紀靈修文學選集》。湯清等譯。香港：基督教文藝，1991。

McGinn, Bernard and John Meyendorff, ed. *Christian Spirituality: Origins to the Twelfth Century*. London: SCM, 1985.

Raitt, Jill, ed. *Christian Spirituality: High Middle Ages and Reformation*. London: SCM, 1988.

神學教義

基於對教父先賢的尊重，中世紀東西方的教義發展，基本上都在初期教會的基礎上建造。宏觀這時期的神學著作，我們會發現許多均大量引用聖經和教父文獻的地方；其中爭議的焦點，主要在於釋經傳統的差異和不同教父的偏重。對於一些在初期教會已曾作相當討論的課題，如為糾正亞流主義而確立的三一神觀，因回應亞波里拿留主義等異端而建構的基督神人二性教義等，中世紀神學家多只傾向將之發揚光大，不敢稍加違背。

當然，基督宗教地域廣大、信徒人數眾多、經歷時代久長，挑戰那些廣被視為「正統權威」的見解也時有出現；例如西班牙主教以利彭丟（Elipandus of Toledo，717 ～ 802）和腓力斯（Felix of Urgel，卒於 818）就曾提出類似嗣子論（Adoptionism）的觀點，主張耶穌的人性乃嗣取而得；活躍於法蘭西南部的迦他利派，亦抱持一種類似摩尼教（Manichaeism）的二元論思想，這摩尼教早在五世紀初已被奧古斯丁大力駁斥。惟這些似乎有違初期教會傳統的思想，皆很快被羅馬教廷定為異端而加以排拒，難對整體教義發展造成長久影響。

7.1 東西兩方的爭議

因著語言、文化和歷史不同，東方希臘教會和西方拉丁教會出現愈來愈多分歧；這些差異涵蓋教會體制、禮儀習俗和信仰教義等不同層面，直接或間接損害雙方關係，引發 1054 年互相驅逐的大分裂局面。時至今日，天主教和東正教仍各持己見，互不相讓。神學教義上，他們兩者存在的歧見頗多，其中最主要、最突顯、爭辯最激烈的有下列 3 方面。

7.1.1 聖靈觀和子之爭

381 年通過的《尼西亞—君士坦丁堡信經》清楚聲明「我信聖靈，賜生命的主，從父而出，與父子同受敬拜，同受尊榮。」當時制訂此信經的主要為東方教父，他們注重三一神在位格上的差異，強調聖父乃萬有之源，因此不論子或靈皆由父而來，聖靈是從「一個源頭而出」(single procession)。惟西方教會素來較強調三一神在本質上的合一，認為父、子、靈乃互相連結；奧古斯丁且明言聖靈乃父和子的靈，將兩個位格聯繫，因此「聖靈也從子而出」。從此，西方教會便逐漸接受聖靈乃由父和子「兩個源頭而出」(double procession)之說，並擅自將「和子」(*Filioque*)一詞竄加在原來的信經之上。

西方教會在信經上作此竄改，最早見於 589 年的第三次托利多會議(Third Council of Toledo)；此後逐漸流行於西班牙、英格蘭和法蘭西等地，成為信眾在崇拜中公開誦唱的認信條文。羅馬教宗雖對此略有保留，但亦不多制止。自八世紀中開始，東西方教會即就「和子」問題多次對壘交鋒，爭持不休；其中在九世紀中葉兩度出任君士坦丁堡主教長的阜丟斯，更是力拒西方這修訂的主帥。他強調三一神雖本質相同，但位格卻各自獨特，非任何特質皆 3 個位格所共有；其中萬有之源這屬性就是父神獨有的，若說聖靈也由子而出，就引申祂有部分不是由父而來，如此又怎可說父神是萬有之源？在阜丟斯的領導下，東方教會在 879 年召開新一次君士坦丁堡會議，會上正式將西方竄改信經這行為判罪，並定「和子」之說為異端。經過長久對峙，互相攻擊，東西方關係日趨惡化；最終這聖靈源頭的爭議，成了 1054 年東西方教會決裂的其中一個主因。

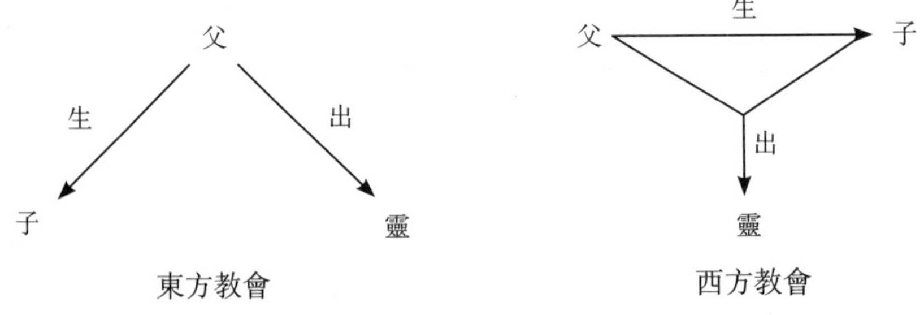

《尼西亞—君士坦丁堡信經》

我信獨一神，全能的父，創造天地有形無形萬物的主。我信獨一主耶穌基督，神的獨生子，在萬世以前為父所生，出於光而為光，出於真神而為真神，受生而非被造，與父一體，萬物都是藉祂造成；為要拯救我們世人，從天降臨，因著聖靈從童女馬利亞成肉身，而為人；在本丟彼拉多手下為我們釘於十字架，受難，埋葬，照聖經第三天復活，升天，坐在父的右邊；將來必榮耀再臨，審判活人死人，祂的國度永無窮盡。我信聖靈，賜生命的主，從父〔和子〕而出，與父子同受敬拜，同受尊榮，祂曾藉眾先知說話；我信獨一神聖大公使徒之教會；我認使罪得赦的獨一水禮；我望死人復活；並來世生命。

7.1.2 敬拜觀圖像之爭

與「和子」之爭接近同期發生的另一項爭議，是主要源於東方教會的圖像之爭。早在二、三世紀，以三一神、耶穌生平、聖經故事、殉道見證和歷代聖徒為主題的圖像已充斥各地教堂，其原意是要藉此幫助目不識丁的信徒認識和深化信仰。教父巴西流（Basil of Caesarea，約 330 ～ 379）指出：「向圖像所呈獻的尊敬，可上達至所代表的本體之上。」雖說教父領袖一再強調圖像只是象徵，基督徒要藉此默想所表達的人物事件，教會不是崇拜圖像，而是尊敬；惟對宗教精義了解不深的平信徒卻往往以圖像為敬拜對象，與之親嘴，祈求圖像保祐。此種現象惹來周圍猶太教和伊斯蘭教徒的反感與譴責。

中世紀東方教會的圖像之爭有兩輪發展。第一輪始於約 726 年，此時東羅馬皇帝利奧三世以迷信拜偶像為理由，下令清除東方教堂內一切圖像；其背後原因眾説紛紜，有指為緩和國內猶太教和伊斯蘭教勢力的不滿，也有指利奧三世本人也視拜占庭帝國的衰弱為神對圖像敬拜的懲罰。利奧三世禁止圖像敬拜為獨斷獨行之舉，事前未有諮詢教會羣體，結果立即惹來一眾尊重圖像者的不滿與對抗。君士坦丁堡主教長革曼努一世（Germanus I of Constantinople，在位於 715 ～ 730）批評禁令隱含基督教會長久犯錯之意，恐會因此成為敵對者抨擊的口實，許多聖品和修士都起來抗議；惟利奧三世以強權一意孤行，將各處教堂的圖像裝飾摧毀移除。利奧三世於 740 年離世後，繼任的兒子君士坦丁五世（Constantine V，在位於 741 ～ 775）和孫兒利奧四世（Leo IV，在位於 775 ～ 780）延續其反圖像政策；他們以武力鎮壓一直支持圖像敬拜的修道院，禁止向聖人禱求，將聖髑掉棄海中；他們甚至將堅拒服從者殺害，多位著名宗教領袖因此殉道，不少修士逃亡外地。惟利奧四世英年早逝，其子君士坦丁六世（Constantine VI，在位於 780 ～ 797）9 歲登基，太后愛任伊（Irene of Athens，在位於 797 ～ 802）攝政；愛任伊素來尊敬圖像，掌權不久即廢除一切有關圖像的禁令。在愛任伊的推動下，東西方主教於 787 年召開史稱「第七次大公會議」的第二次尼西亞會議（Second Council of Nicaea），在會上主教們肯定尊敬圖像為使徒遺留的傳統，譴斥反圖像運動。雖然此時反對圖像的勢力仍然強大，但第一輪圖像之爭到此總算暫告一段落。

第二輪圖像之爭起因於利奧五世（Leo V the Armenian，在位於 813 ～ 820），他於一場叛變中登上帝位。此前拜占庭帝國在戰爭中屢遭挫敗，利奧五世及一眾將領認定此乃神對帝國藉圖像進行偶像崇拜的懲罰。因此執政不久，利奧五世即力排反對聲音，於 815 年頒佈諭令禁止圖像敬拜，再次在帝國內大規模拆毀圖像。他的繼任人米迦勒二世（Michael II，在位於 820 ～ 829）和提阿非羅（Theophilus，在位於 829 ～ 842）皆抱持相近的反圖像立場。惟歷史又再重演，提阿非羅早逝，留下只有兩歲的兒子米迦勒三世（Michael III，在位於 842 ～ 867）繼位，母后狄奧多拉（Theodora，約 815 ～ 870）於 842 至 855 年間攝政；她像 60 多年前攝政的愛任伊一樣尊敬圖像，掌權不久即在 843 年廢除自利奧五世開始執行的禁令，重申第二次尼西亞會議的立場，恢復帝國內尊奉圖像的傳統。長達百餘年的圖像之爭於此正式告終；因著維護圖像的努力，愛任伊和狄奧多拉兩位太后皆獲得後世東正教會尊崇。

原來色彩繽紛的壁畫，在反圖像運動中都被清除，改以具象徵性意義的圖案取代。

圖像之爭一直以來都屬東方教會內部爭議，惟西方羅馬教宗卻主動插手其中。利奧三世推行反圖像運動初期，貴格利二世（Gregory II，在位於 716 ～ 731）曾去信指斥；繼任的貴格利三世和撒迦利亞更在羅馬召開會議，將拜占庭皇帝及一切反圖像者革除教籍；事件惹來東方教會羣眾廣泛不滿，他們認為羅馬主教越權干涉。利奧三世還以顏色，將意大利南部的卡拉布里亞（Calabria）和西西里（Sicily），以及巴爾幹半島的伊利里亞（Illyria）撥歸君士坦丁堡主教長管轄。為平息國內反圖像風波，狄奧多拉在 843 年發出諭令，廢除國內一切立體圖像，只允許平面的鑲嵌與繪畫；這也造成東西方教會的分歧。

對圖像立場	第一輪爭議		第二輪爭議	
	皇帝/太后	執政/攝政年	皇帝/太后	執政/攝政年
發起禁止圖像	利奧三世	717 ～ 741	利奧五世	813 ～ 820
延續前人禁令	君士坦丁五世	741 ～ 775	米迦勒二世	820 ～ 829
	利奧四世	775 ～ 780	提阿非羅	829 ～ 842
年幼由母攝政	君士坦丁六世	780 ～ 797	米迦勒三世	842 ～ 867
恢復尊敬圖像	愛任伊	780 ～ 802	狄奥多拉	842 ～ 855

7.1.3 教會觀承傳之爭

東西方教會的分歧與衝突，最基礎、最關鍵的原因，在於教會觀對使徒權柄承傳上的不同理解。原來在 451 年的迦克墩大公會議上，確立了羅馬、君士坦丁堡、亞歷山太、安提阿和耶路撒冷五大主教長的超然地位，他們各有本身管轄範圍，統領屬區教會；會議同時提示各主教要互相尊重，不得僭越他人權柄。惟各主教長的高下如何劃分？羅馬主教因政治和社會環境轉變而地位不斷提升，其對自身角色的立場也逐漸偏離原初共識，與其他主教長的理解存在分歧；隨著亞歷山太、安提阿和耶路撒冷相繼在 637 至 641 年間淪陷，這權柄承傳的爭議便成為羅馬與君士坦丁堡兩大主教長的角力。

a. 東方教會信念：相信羅馬主教雖為全體教會的牧長，為眾主教長之首，但並非鶴立雞羣、至高無上；羅馬主教的牧職權柄只在其轄區，地位與其他主教長平等，只是次序居先，是「同儕之首」(first amongst equals)。

若以家庭為比喻，羅馬主教是長兄，君士坦丁堡主教是二弟，與其他主教長皆屬平輩，只是年齡資歷略高而已。主耶穌天國的鑰匙是賜給所有使徒，也給所有主教；這為初期教會普遍認同的觀念，就是西方著名教父奧古斯丁也抱持這立場。

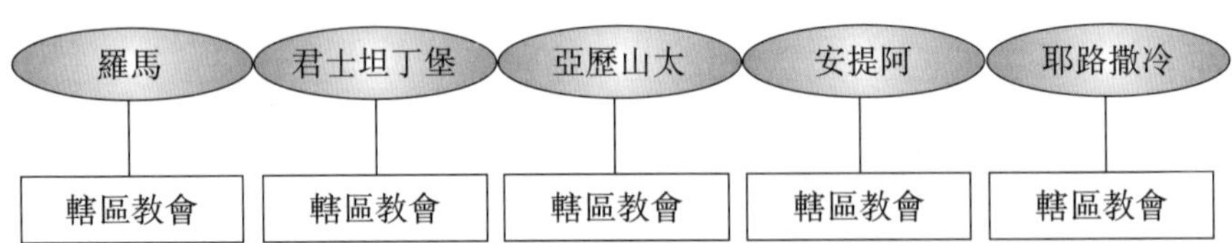

b. 西方教會信念：自貴格利一世開始，羅馬主教逐漸提倡「羅馬至上」(Primacy of the Roman Pontiff)之說。他們藉馬太福音十六章 16 至 19 節的偏差解釋，聲言基督已立彼得為全教會之首，將天國的鑰匙惟獨賜給他；而彼得又將這權柄全然授給繼承他的羅馬主教，因此羅馬教會擁有至高無上的權威。其他主教長的權柄都只限於本身的轄區，但羅馬主教卻有權管治普世教會。若以家庭為比喻，羅馬主教是全體之父，輩分比任何主教、大主教、主教長都高，無人可比。

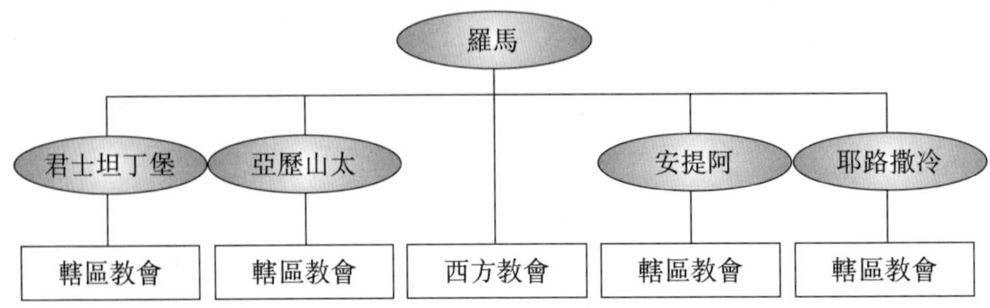

隨著羅馬主教的地位在中世紀不斷上升，羅馬至上的信念逐漸在西方教會扎根流行，愈來愈鞏固；加上後來《君士坦丁御賜教產諭》和《託伊西多

爾名教令集》等偽著的支持，羅馬至上便成為西方教會牢不可破的信念。時至今日，天主教仍堅持以羅馬教宗為全教會之首，確信其為神在地上的全權代表。惟東方教會一直不承認羅馬主教宣稱擁有的至高權威，自然也不會接受其領導。遇有意見分歧，羅馬教廷傾向插手東方教務，要求對方跟隨其判斷與指令；君士坦丁堡方面自然懶於理會，有時甚至會反加駁斥和批評。教會觀承傳之爭，可以說是 1054 年東西方教會分裂的最重要問題；基督新教羣體抗拒天主教，羅馬至上這偏差信念也是其中關鍵。

7.2 經院哲學的興衰

「經院哲學」是十一世紀末開始流行於西方的神學處理方式，初時見於修道羣體，在修院學校中研究和討論，後來擴展至中世紀各著名大學之中。經院哲學強調以理性思維深入探索信仰的意義，嘗試在接受聖經啟示與傳統教義的前提下，以邏輯推論來維護和發掘真理，就各神學課題建構龐大而慎密的哲學體系，給主要教義提供系統性的學術理論，為公教信仰護航。經院哲學家普遍相信，啟示與理性乃相輔相承，神學和哲學可以互通，並行不悖；惟在兩者的先後輕重上，各經院哲學家的立場則存在差異，由此衍生出不同甚或對立的見解。十字軍東征將久被遺忘的希臘哲理和典籍帶回，亞里士多德思想由此逐步取代柏拉圖哲學而為西方意識形態主流；經院哲學也隨之產生變化，漸漸從唯實論經過溫和唯實論階段，而變成唯名論，期間思想各具特色，也有各自的代表人物。

7.2.1 唯實論的舊觀

唯實論（Realism）跟隨柏拉圖的理論，認為這現實世界乃理型世界殘缺不全的影子，普遍共相（universals）是真實地獨立存在於個別事物（particulars）

之外；知識是要透過對普遍理論和概念的掌握，利用演繹方法，來了解特殊個體與現象。在中世紀教會，唯實論最具代表性的人物，是有「經院哲學之父」美譽的安瑟倫。

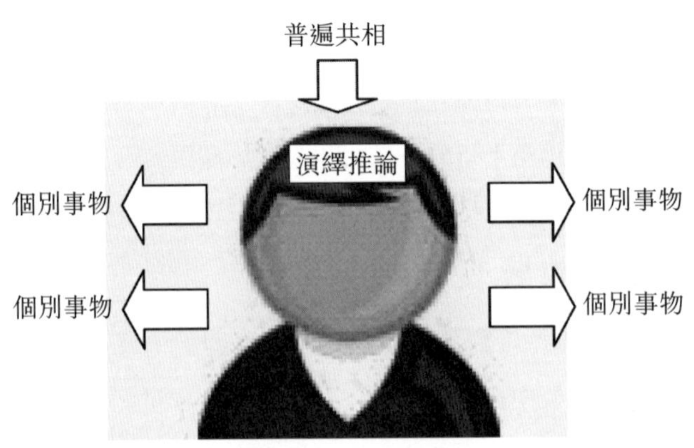

安瑟倫是承繼奧古斯丁傳統的中世紀大神學家，為本篤會修士，曾任諾曼底貝克修道院（Abbey of Bec）院長，後獲授任為英格蘭坎特伯雷大主教；其名著包括《獨語》（*Monologion*）、《論證》（*Proslogion*）和《神何故成為人》（*Why God Became Man*）。在啟示與理性的關係上，他提出「信心尋求理解」（Faith Seeking Understanding），其意思就是要先相信啟示，然後運用理性去理解。他認為因著罪的影響，人的心思意念被扭曲，不能洞察真理；除非先相信，得著從神而來的恩典與幫助，否則人不會明白真理。因此，真理只能從啟示而得，不能藉哲學尋見，信心是理解的先決條件；但信徒有責任運用理性來了解真道，盡力體會基督信仰的精神，不然就是疏忽。

安瑟倫曾透過理性推論，探討神的存在、三一和道成肉身等重要教義。以神的存在為例，他在《獨語》中指出人世間可經驗不同程度的善，反映必有一絕對的至善存在；這至善是世上所有良善的源頭，是衡量真善美的標準，這至善是最偉大的存有，高於世上萬物，祂無疑就是神。翌年，安瑟倫在《論證》中再舉出著名的本體論證；他指出神就是「那不能想像比之更大的一位」，按這定義神必定存在，因為實際存在比頭腦空想更偉大、更完美；「存在」是偉大完美的元素之一，任何想像得的事物，若非真實存在都不會是至大；因此至大的神必然存在。繼安瑟倫同為唯實論倡議者的著名中世紀教會領袖，還有方濟會的神祕主義學者波拿文土拉。

安瑟倫的本體論證

……這個命題實在非常真實，否定它簡直是不能想像的。我們可以理解有些事物，其不存在是無法想像的；這些事物必然大過另一些事物，其不存在是可以想像的。因此，若一個沒有可想像比之更大的事物可以被想像為不存在，那麼那個確實沒有可想像比之更大的事物，就不會是這個沒有可想像比之更大的；這是互相矛盾的……無可置疑，必然存在有一些事物，是沒有可想像比之更大的，其不存在是無法想像的：這事物就是祢，哦主我們的神！所以祢的存在是確實的，哦主我的神，祢的不存在是良好理性無法想像的；因為若一個人的思想能如此想像，他必比祢更大，受造物被升在創造主之上，且判斷祂；這是全然地荒謬。……

安瑟倫：《論證》3～4

7.2.2 溫和唯實論的演進

溫和唯實論（Moderate Realism）乃由柏拉圖哲學轉到亞里士多德思想的一個中介階段，既維持理型世界客觀存在，為現實世界的完美版本，但卻認同普遍共相為世人不能直接掌握，除非先得啟示，否則普遍理論和概念必須透過個別事物歸納而得，現實經驗為認識真理的重要資源。抱持溫和唯實論的中世紀經院哲學家很多，包括勇於挑戰傳統、天才橫溢的亞伯拉德，以及勤於研究、學問淵博的亞爾伯特等；其中最具代表性的，是有「天使博士」

美譽的著名神學巨擘阿奎那。

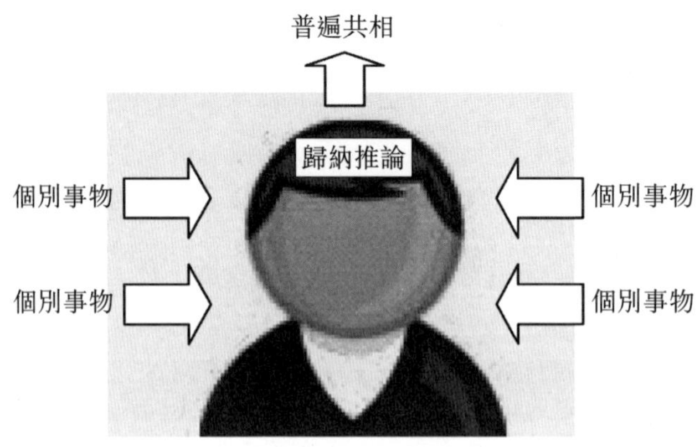

阿奎那是中世紀最偉大的神學兼哲學家，為道明會修士，曾於巴黎、那不勒斯和羅馬等地教授神學；他著作豐富，其中最著名的是《反異教總論》（*Summa contra Gentiles*）和《神學總論》（*Summa Theologica*），後者更被羅馬教廷定為標準教義權威，對天主教神學影響深遠。關於啟示與理性的關係，阿奎那認為兩者絕非截然分割，相反兩者能彼此扶持；他指出神學是藉著神的啟示從上而下的信仰，而哲學則是透過分析經驗世界從下而上獲得的知識，嘗試從受造世界窺探真理。由於真理同出一源，所以神學與哲學雖屬不同範疇，但從兩個途徑所得的不會相悖，而能相輔相承。因此，在神學研究以外，阿奎那還積極努力探求自然知識，要藉此以理性論證神的存在、神的屬性、神的創造和人的德性等種種教義。對他來說，知識和信心的分別，在於前者有足夠憑據，人可以藉理性的推論作出判斷；而後者則證據不足，人需要用意志揀選抉擇。阿奎那承認聖經中有些超自然的啟示，如三一、道成肉身、基督救贖等，乃超越理性範疇，需要憑信心接受；然而自然理性所推斷得的知識，可作為信心的參考和基礎，向上承接啟示恩典。故此，阿奎那的哲理應用原則可歸納為「理解支持信心」(Understanding Supporting Faith)。

阿奎那的神哲推論中，最為人津津樂道的是他的五段論證，從 5 個向度來證明神的存在。首先，他指出經驗告訴我們世上許多事物都在運動，亞里士多德的思想指出物質不能自我推動，任何運動背後必有其推動者，而這推動者又需要另一他者來推動；如此不斷類推，最終必推到一位終極的原動者。這原動者本身不被推動，卻能自主活動、推動萬有；這不動的推動者就是神。運用類似因果律的推斷方法，阿奎那指出神就是引致世上萬事的終極第一因，是使萬物偶然存在又消失的必然存有，是衡量萬有真善美程度的絕對完美者，又是使世上事物和諧而有秩序地運行的智慧設計者。阿奎那對基督教義上的哲理推論雖非完美無瑕，卻曾為中世紀神學思維帶來不少亮光，部分影響延續至今。

阿奎那論知識與信仰

……我們可能存在的理性，其活動由兩樣事物其中一項推動；一是藉它本身以理性形式存在的實體……或是藉意志……當理性在認識事物的定義時，選擇偏向兩樣矛盾事物的一方，它〔意志〕間接作決定……這是知識的狀態。但有時理性不能選擇偏向矛盾事物的一方……那就要透過意志來決定；雖然推動意志的影響元素並非理性，沒有足夠事實證明認同這方是美善和合宜的，但它仍選擇肯定而正面地認同某一方，這是信心的狀態……理性的狀態包含認同……但不包含推理……而知識的狀態包含推理和認同，但推理是認同的因，而認同是推理的成果……推理活動停留在這裏，且引向止息……至於信心……正如前述，認同並非由於推理，而是透過意志。但由於理性在這情況下並未有引向一個適當的終點……因此，不論它如何肯定確信，它的活動仍不會走向止息，相反會不斷思考和查問所信的對象。

安瑟倫：《關乎真理的爭議性問題》14.1

7.2.3 唯名論的建立

唯名論（Nominalism）是經院哲學最後階段的發展，其中柏拉圖哲學所強調的理型世界已被全然遭否定，普遍共相被認為並不能獨立存在於思維以外；普遍理論和概念只是頭腦上的抽象名稱，透過現實經驗從個別事物歸納而得。此派代表為常以批判態度挑戰教廷權威的俄坎的威廉。

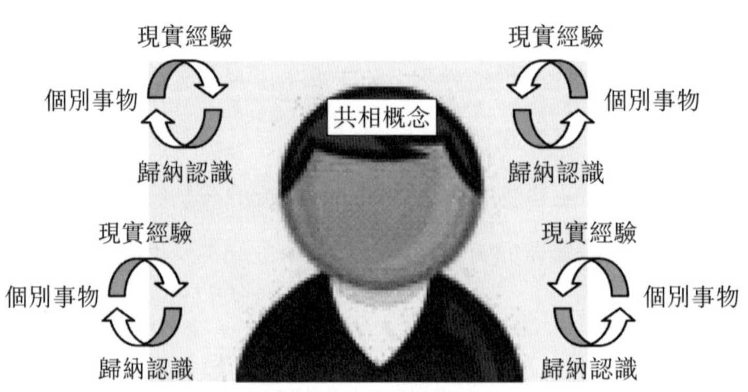

俄坎的威廉是方濟會修士，曾就讀於英國牛津大學，取得教師執照並教授聖經和神學。因著挑戰傳統的個性，他被控傳講危險教義，被傳召到當時位於法蘭西亞威農的教廷受審，惟聆訊一直未有完成；1328 年威廉因對教宗不滿而逃到比薩，在德意志國王路易四世（Louis IV the Bavarian，在位於 1314 ～ 1347）的保護下，他積極為皇室和修會辯護，否定教廷宣稱擁有的屬世權柄，大膽抨擊教宗種種濫權敗行。威廉的著作亦頗為豐富，其中最具代表性的是《邏輯總論》（*Summa Logicae*）；他最為人熟悉的貢獻，是提出所謂的「俄坎剃刀」（Ockham's Razor），此原則批判當時臃腫累贅的神學體系，主張神哲思維應當盡量簡潔，因此人應將不必要的假設除掉。至於啟示與理性的關係，威廉受到同屬方濟會的前輩蘇格徒所影響，強調理性的限制與不足，反對阿奎那藉自然理性認識神的神哲學進路；他認為神的存在、全能與屬性皆不能透過哲學證明，而要靠啟示憑信心接受。理性推論只能提供可能性，並不能確切證明任何教義，也不能叫人認識神；神學不需哲學支持，也不能被理性否定，神學惟獨倚靠的是啟示和信心。如此，威廉使神學與哲學分家，發展從此分道揚鑣；他的哲理應用原則，可簡要撮為「信心超越理解」(Faith Transcending Understanding)。

對於阿奎那提出以不動的推動者、終極的第一因來推論神的存在，威廉批評這並不足以證明那就是神；也許可以是天使或其他低等神明。相反，他認為萬物得以保存是更好的論證；當受造存有被產生後，就需要一保存者來維持，保存者的數目不可能無限，因此需要一個基本的保存者。相比阿奎那的因果推論，這論證的優點在於無須不斷向上回溯；然而，威廉認為即使這論證也有不足，因為無法證明基本保存者只有一位，無法證明這就是完美的神，在神以外也可能還有其他保存者。因此，他強調神的存在並非單憑理性可以確實證明；同理，神的屬性也非自然推論可以確知，憑信接受啟示才是認識真理的最佳途徑。值得留意，經院哲學原來的功能是要為公教信仰護航，如今卻演變成對教會信條和古舊傳統的批判；原來信念是要藉哲學思維協助神學建構，結果理性的功能卻受到質疑；可以說經院哲學來到俄坎的威廉，已到達自我摧毀的階段。然而，威廉的批判性態度卻啟發了後世拒絕盲從傳統的新思維，其中一個受影響的人物就是著名宗教改革家馬丁．路德。

俄坎的威廉論大公信仰

……只有聖經正典明示或暗示的真理，才可算為大公，為得救所必須。若某些真理是聖經沒有明確聲明，但卻能單從其中推論而得，也可算為大公。就如「基督是完全的神和完全的人」，這宣告聖經雖沒有明確寫錄，但卻可直接從聖經內容推論而得，故可視為大公，為得救所必須。任何非聖經明說或非從其內容引申而得的所謂真理，即使出自聖人的著作、教宗的規定，甚或為眾信徒所持守，皆不得算為大公，也非得救所必須……

俄坎的威廉：《對話集》1.2.1

7.3 救贖神學的分歧

除哲學思維外，西方教會於中世紀亦在神學教義上有相當發展。如前所述，基於對前輩先賢的尊重，這時期的神學家多只傾向在早期教父的基礎上深化探索、補充擴展，不敢有半點相違。由於三一神論和基督論在初期教會已有相當討論，故中世紀有較大發展空間的，是救贖論、教會論和末世論等課題；本部分首先介紹此時期有關救贖論的幾個重要見解與爭議。

7.3.1 原罪觀的差別

有關原罪的問題，早在四世紀末奧古斯丁與伯拉糾之爭時已有討論。當時伯拉糾否定原罪，認為始祖的墮落並未對後世造成嚴重影響，世人仍有完全自由的意志，可作善惡抉擇；奧古斯丁則肯定原罪，認為墮落使全人類都被罪惡捆綁，意志變得軟弱，無力行善。529年的奧朗日會議偏向奧古斯丁的立場，肯定原罪的存在與影響。到中世紀，討論開始從有否和多少原罪，進一步深入到原罪遺傳的性質；對立的雙方分別是安瑟倫和阿奎那。

a. 安瑟倫的原罪間接遺傳論（Mediate Imputation of Sin）：認為亞當偷食禁果是他本身的罪行，虧缺了神的榮耀；因著這冒犯，神剝奪其人性原來特有義的恩典，世人從此遠離義行、偏好罪惡、喪失自由。對安瑟倫來說，原罪不是指源起的罪，而是指本性的罪，即人類墮落後本性敗壞的境況。始祖沒有直接將罪債流傳後世，而是透過罪性，間接藉此誘發罪行，從而產生罪污和罪債。按此推論，初生嬰孩因未能自發行動，使罪性化為罪行，所以沒有罪債；夭折的嬰孩尚屬無罪，無須求赦。

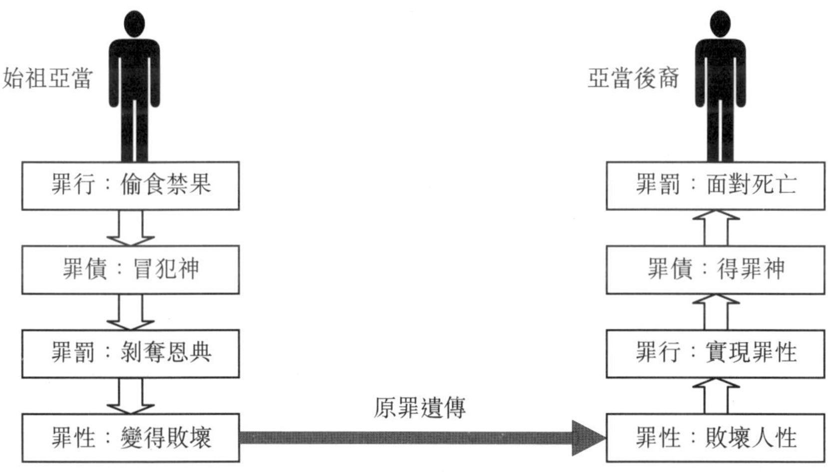

b. 阿奎那的原罪直接遺傳論（Immediate Imputation of Sin）：同樣認為神原初賜人義的恩典，使人可以遠離罪惡與死亡；原罪使人失去這恩典，生命不再和諧，變得對真理無知、道德敗壞、放縱肉慾。惟不同的是，阿奎那神學中義的恩典不只是行義的能力，還包含罪污的潔淨。原罪既有本性的罪，也有源起的罪；也就是說，始祖墮落不單將罪性遺傳，還使後世陷入罪的狀態，代代從父母直接承繼罪污與罪債。因此世上所有人，包括初生嬰孩，都要承擔罪的刑罰，無一倖免。

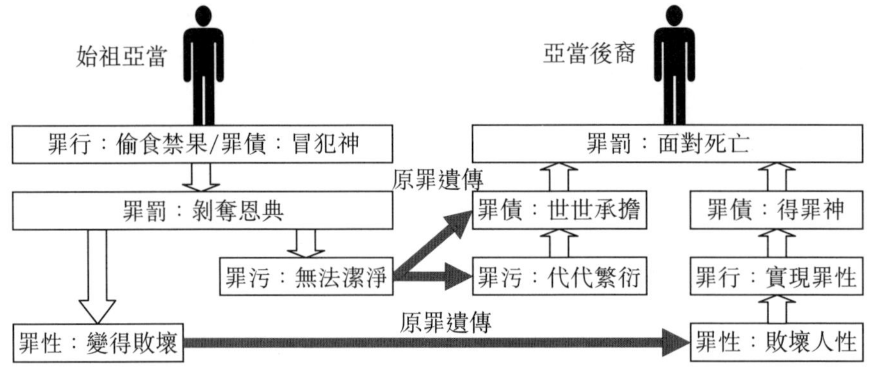

羅馬公教最後接納阿奎那的立場，認定原罪包含罪性、罪污與罪債的繁衍。因此支持為嬰孩施行水禮，好使他們得進入恩典之中，罪污和罪債得以除淨；以免孩童不幸夭折，失去救恩。

7.3.2 救贖觀的異見

自初期教會開始，有關主耶穌成就救恩的意義，即有廣泛討論。而到中世紀初期，較主流的思想是認為犯罪墮落，使魔鬼撒但擁有合法將人類驅禁在死亡裏的權柄，無法逃脱厄運；基督的死為世人給撒但付上沉重的贖價，讓人藉此得著釋放。值得留意，魯益師(Clive S. Lewis，1898 ～ 1963)的名著《獅王、女巫、魔衣櫥》(*The Lion, the Witch and the Wardrobe*)，就是被拍製成電影《魔幻王國》的，正反映著這種傳統的救贖觀。惟這立場到十一世紀開始受到質疑，多位經院哲學家先後提出不同的理論，以解釋主耶穌的救贖功能；其中較具代表性的是安瑟倫和亞伯拉德。

a. 安瑟倫的虧欠代償論：強調基督救贖行動帶來的客觀效能。對於傳統的救贖觀，安瑟倫質問撒但有何權柄將人驅禁？為何神要將贖金交給撒但？他不能接受這立場；因此，他提出實際上是人虧缺了神的榮耀，接受賠償的對象應是神。神原初造人並賜予義的恩典，是要人藉此進入永福；人的犯罪破壞了神原初的美意，使祂遭到羞辱、尊榮受損，這種冒犯必須有所補償。然而，世人無力償還，就惟有靠賴有無限價值的聖子道成肉身，以代罪之身作出補償；神的榮耀既得著滿足，人類也從此獲得救贖。

b. 亞伯拉德的愛心感化論：強調基督救贖對世人主觀感受上的影響。他認為道成肉身的主要目的，在於藉著紆尊降貴、言教身教和犧牲捨己，彰顯神的無比大愛；好激發世人的愛心，願意悔改接受恩典，在愛裏與主聯合，效法基督榜樣。因著這愛的動力，人可以脫離罪惡，以愛心關懷鄰舍、活出德行、實踐真理，成為擁有真正自由的屬神兒女。與前述的虧欠代償論相比，基督救贖行動所轉變的，不是父神的心，因祂的慈愛永遠長存；而是世人自己的心，使愛心得以重燃。

中世紀神學巨擘阿奎那將上述兩個立場結合，一方面採用安瑟倫的代贖架構，另一方面又肯定亞伯拉德所強調基督大愛的力量；在公義裏添上慈愛，既強調救贖行動的客觀效能，又承認其主觀影響。結果，阿奎那的聯合方案獲羅馬教廷接納為正統。

阿奎那論基督的救贖意義

……當一個人向被冒犯者獻上某些東西，使他的喜樂等同（甚或超過）因冒犯而帶來的恨惡，那就是合宜的補贖。基督為了愛和順服的緣故受苦，祂所獻給神的，遠比人類整體因冒犯而應作出的賠償更大。第一，因為這種愛實在偉大，祂是出於愛而受苦；第二，因為祂為補贖而捨去的生命實在尊貴，那不單是人的生命，也是神的生命；第三，如前所述，因為祂所承受的苦難是何等廣大，祂所背負的憂傷是何等深沉。因此，基督的受難不單足夠賠償人類的罪過，而且綽綽有餘。……

阿奎那：《神學總論》3.48.2

7.3.3 善功權的宣稱

對於羅馬公教來說，基督的救贖只解決人類墮落的問題，去除因始祖犯罪而帶來的負面影響，回復原初受造時的無罪光景，開啟得救之門；惟信徒受洗歸主後，還需與恩典配合，藉敬虔操練、參與彌撒、持守聖禮、慈惠救濟、熱心捐獻、朝聖念誦經文等種種宗教行動，努力賺取善功，才可獲得終極的救贖。

對於無法積聚足夠善功的信徒有何出路？除在煉獄受苦煉淨外，羅馬公教還有「善功寶庫」(Treasury of Merits)的觀念。延伸基督代贖的理解，阿奎那進一步指出信徒之間也可憑愛心彼此補償、互相代勞；功德豐裕的聖徒，可將自己賺得的善功，以愛心轉歸他人。至於基督成就救恩所立下的無限功勞，以及馬利亞和眾聖徒所留下沒有指明受益人的多餘善功，就都放在教會的善功寶庫之內；故此阿奎那直言，那些為神作工、為主受苦的聖徒，不單能為自己賺取善功，還能惠及全教會。

善功寶庫的觀念在中世紀教會隱藏多時，惟官方諭令乃到 1343 年才由教宗革利免六世(Clement VI，在位於 1342 ～ 1352)正式頒佈。諭令聲明寶庫的主管乃是獲授予天國鑰匙的彼得，以及承繼其職權的歷代羅馬教宗；教宗有權撥用寶庫裏的善功，給那些曾為教會作出貢獻的虔誠信徒，包括已經離世在煉獄中的靈魂，以免除全部或部分煉獄裏的刑罰。由於巨額捐款也可算為貢獻之一，故這諭令後來也成了售賣贖罪券的論據基礎；宗教改革家對這觀念甚有保留，不少甚至大力抨擊。

7.4 重要教義的發展

除救贖神學外，中世紀西方教會亦在其他教義上有相當程度的發展。除將在本書第八章介紹的教宗首席論和第十章描述的聖禮神學外，這時期討論最熱列、最為人關注的，要數聖母馬利亞觀和末世煉獄觀，故特在此另撥篇幅探討。至於東方教會，由於持守傳統的信念比西方教會更強，他們不單不敢違背早期教父的教導，就是進一步擴張或深化也顯得躊躇抗拒；他們認定人在理解信仰上的限制，滿足於奧祕真理的存在，故神學教義上的發展或改變相當有限；這方面將在本章最後部分稍稍一談。

7.4.1 聖母觀的提升

眾所周知，天主教重視聖母；雖然羅馬教廷並沒有將對聖母的崇敬，提升到與神同等；但在日常宗教生活上，普羅信眾對馬利亞的尊崇信靠，根本與神沒甚差異，界線難辨。因何他們會有此偏好？初期教會早已因馬利亞的順服而對她心懷敬意，惟普遍只視她為特別蒙揀選的聖人，這與今日基督新教的觀念類同。431 年的以弗所大公會議，在涅斯多留主義異端的挑戰下，確認基督神人二性不能分割的教義，由此推得馬利亞可稱為「神之母」(*Theotokos*)；雖然會議主要針對基督論爭議，惟結論卻間接提升了馬利亞的地位。

羅馬公教成功引領各處日耳曼蠻族歸主後，大量帶有異教背景、對真理認識膚淺的人加入教會，馬利亞的地位便隨民間誤解而不斷上升，影響上及教會整體的信仰、禮儀與習俗。自此，馬利亞便在不同時代、不同羣體中，獲賦予救贖的同工、代求的中保、天上的女王、教會的典範、恩典的施與者等稱譽；給聖母唱詩禱求、崇拜彌撒、訂定節期、獻呈教堂等等日益流行，相連的宗教活動有增無減。一些聖經沒有記載，卻關乎馬利亞的傳統逐漸加入官方教義之中；其中較突出的，有下列幾項。

a. 終身童貞(Perpetual Virginity)：基於對馬利亞全然聖潔的主觀願望，相信她不獨懷有耶穌時是個處女，就是生產時仍保持童貞，分娩毫無痛楚，處女膜完整無損；不單如此，即使耶穌出生後她仍持守貞潔，從沒有與丈夫約瑟發生性關係。最早肯定此信念的是 649 年的拉特蘭會議(Council of Lateran)，當中教宗馬丁一世(Martin I，在位於 649 ～ 655)宣告，馬利亞產前、產時和產後皆保持貞潔；聖母終身童貞之說，後來在 1555 年的天特會議再次獲得確認。
b. 無瑕疵受孕(Immaculate Conception)：這認為馬利亞由於蒙揀選成為耶穌的母親，得著神特別恩典，早在本身成胎之時已沒有原罪，能逃避罪的捆綁；相信這樣才能確保她聖潔無瑕，以至耶穌受孕時，其聖潔的身分不會遭到玷污。率先提出聖母無原罪觀點的是修道院長拉得伯士(Paschasius Radbertus，約 786 ～ 865)，觀點初時受到伯爾納、阿爾伯特和阿奎那等教會領袖反對，惟在普羅信眾中卻愈來愈獲得認同，以致羅馬教廷最終也在 1854 年將之接納為公認信條。
c. 蒙召升天(Bodily Assumption)：此見解隨前述兩項信念而來，否定馬利亞曾經歷死亡腐朽的階段，為要確立她的完全榮耀。相關描述最早見於次經，初時不獲教會認同，但當聖母日漸受信眾愛戴，升天之說也於十二世紀逐漸獲得接納；惟馬利亞是單純靈魂還是連帶身體被提，教會內眾說紛紜，羅馬教廷沒有定案，直到 1950 年教宗庇護十二世(Pius XII，在位於 1939 ～ 1958)才發出教諭，宣佈馬利亞離世後「她的肉身和靈魂便一同被提到天國的榮耀裏去」。

教宗馬丁一世於649年頒佈有關馬利亞終身童貞之諭令

終身童貞、聖潔無玷的馬利亞確實是神之母。就在近世，她在不受男性精液玷污的情況下，從聖靈感孕，確切懷有神的聖道，就是在萬世以前為父所生的一位。她分娩時貞潔無損，生產後也維持童貞。任何人若不與眾教父們立場一致，認信上述教導，這人當受咒詛。

7.4.2 末世觀的煉獄

羅馬公教教義強調信徒要與恩典合作，努力積聚善功，以能真正成義，得著永生。若果信徒離世前未能賺取足夠善功，命運將要如何？答案就是在煉獄中受刑捱苦。他們認為聖徒若能在此生積夠善功、盡償罪債，離世後就能直上天堂；人若死不悔改，就逕下地獄；但若善功不足，只能補償部分罪債，就要在煉獄中以刑罰清償。因此，「煉獄」(Purgatory)是指信徒離世後靈魂暫時受罰的地方或狀態；信徒在生時尚餘的罪債與惡習，在煉獄中被火煉淨，淨化後才得進入天堂。受苦時間長短取決於罪債多寡；在世親友虔誠祈禱、以善行積德代贖，神父為之司祭彌撒，及教廷以善功寶庫支援等，皆可幫助靈魂早日脫離煉獄苦難。

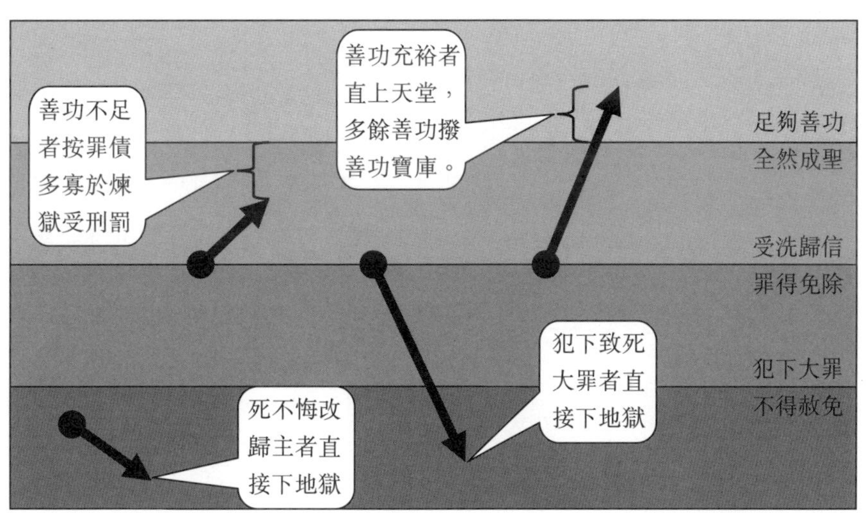

煉獄觀念原來不見於初期教會，惟教父傳統相信離世靈魂在進入天堂以前，會處於居間狀態；教宗貴格利一世明言，輕微罪債可藉著火煉除淨。隨著告解補贖在公教中流行，被視為死後靈魂得著補贖的煉獄觀念，也於十一世紀末開始逐漸普及。1095 年教宗烏爾班二世發動十字軍時，就以參戰者可減免煉獄苦難、陣亡者可直上天堂為利誘，鼓勵信眾加入東征行列；大神學家阿奎那更形容，煉獄中最小的刑罰，都比地上的更令人痛苦。在 1274 年的第二次里昂會議，煉獄正式被接納為官方信條；此教義後來分別在 1439 年的佛羅倫斯會議（Council of Florence）和 1563 年的天特會議一再獲得確認。

中古時期，當世人對宇宙世界認識不足時，會視天堂和地獄為真實的地域；天堂位於天上，地獄處位地下。隨著煉獄教義獲得接納，其位置與情況便成為中世紀思想家熱烈討論的話題；相關的言論和著作頗多，其中最著名的是意大利詩人但丁（Dante Alighieri，1265 ～ 1321）於 1314 年寫成的《神曲》（*Divine Comedy*）。該書可分成 3 部分，分別描述地獄、煉獄和天堂的景況；當中指出，煉獄位於南半球一座山上，環形分為七層，分別針對驕傲、妒忌、憤怒、懶惰、貪財、為食、好色等七宗罪，以針對性的刑罰將靈魂加以淨化；完成潔淨、罪債清償後，靈魂就可升到位於煉獄山頂的地上樂園，在那裏等候進入天堂。隨著科學進步，人類對地球宇宙認識增加，煉獄為地上領域之說變得難以立足；結果教宗若望保祿二世（John Paul II，在位於 1978 ～ 2005）在 1999 年發出公告，訂明煉獄並非地域，而是一種狀態，以釋疑慮。

1439 年佛羅倫斯會議有關煉獄之教條

若有真誠悔悟歸信者，在未曾滿足善功要求，或在遺漏告解補贖的情況下，在神的愛中離世，他們的靈魂會在死後藉火煉的痛苦得著潔淨。在世信徒的代贖可減輕他們的痛苦，當中包括彌撒、代禱、施捨，以及其他按教會規章一般信徒慣常為其他信徒而作的信仰行動。

第六次會議議決條文

7.4.3 東正教的神學

基於對教父傳統的極度尊重，東方教會一直滿足於初期教會的神學理解，不敢在已有的教義基礎上加增添減少；因此，中世紀的神學進展甚微。當代著名教會歷史學者、耶魯大學教授毗利康（Jaroslav Pelikan）在《伯克威爾東方基督教辭典》（*The Blackwell Dictionary of Eastern Christianity*）中，當論及東正教神學發展時，中世紀部分只提述了東西方教會的爭議，默禱靈修傳統的建立，以及希羅哲學原典的運用等 3 方面，真正屬系統神學的課題完全空白，可見此時東正教教義實在沒有多少值得探究的重大轉變。

羅馬公教在中世紀添加的許多信念，東正教會似乎皆不感興趣。就以前述的煉獄觀為例，當但丁等西方思想家對此討論得熱烈萬分時，東方正教仍滿足於信徒死後有居間狀態這種模糊描述，拒絕添加太多沒有聖經根據的想像，接受教會內有些世人未能明白之奧祕真理的存在。東西方神學發展惟一比較相近的是馬利亞觀，由於「神之母」的推論主要源自東方，東正教會對聖母的重視程度絕不亞於羅馬公教；他們也有馬利亞永遠童貞的觀

東正教的聖母升天教堂多配有藍色頂冠

念，到處設有聖母升天教堂；惟他們對馬利亞的尊崇多藉禮儀與藝術表達，沒有在神學思想上詳加探討。

東方教會於中世紀最重要的地域擴張，是基輔羅斯公國於988年將東正教立為國教，此公國後來發展成今日的烏克蘭和俄羅斯，領導當地教會的省主教長駐今烏克蘭之首都基輔（Kiev）。十七世紀基輔省主教摩吉拉（Peter Mogila，在位於1633～1646）編纂的《正教信條》（*Orthodox Confession*）為東方教會權威，原稿以拉丁文編寫，很快即被譯成希臘文、烏克蘭文和波蘭文，供各地信徒參閱，其內容正好反映東正教會經歷中世紀掙扎後仍持守的信仰理解。當問到甚麼是信仰時，信條清楚指出「信仰就是原封不動地持守主基督透過眾使徒遺傳、得大公會議確認的正統信仰」（1.4）；隨後信條續宣告，在尼西亞和君士坦丁堡兩次大公會議裏，「所有此時關乎我們信仰的都得聲明，除了眾教父所認知的，任何添加、減少或變異都不應接受相信。」（1.5）在此種認信下，難怪東正教會不願在神學思想上多作討論，教義仍留於初期教會的領受。

 **圖像運用的取捨考慮**

中世紀東西方教會其中一個激辯焦點是圖像的使用。當中有人鼓吹拆毀圖像，視圖像為引誘人偏離正道的偶像，讓敵對者得著攻擊教會的口實；有人尊重圖像，視為所表達人物事件的可見象徵，能有教導真理、淨化心靈的作用。843年東羅馬太后狄奧多拉廢除禁令後，圖像之爭可謂暫告一段落。

惟數百年後在宗教改革期間，爭議又再復現。部分宗教改革家如慈運理（Ulrich Zwingli，1484～1531）等高舉惟獨聖經，認為羅馬公教的圖像藝術、禮儀表達、詩歌音樂等大多缺乏真理依據，導人迷信，故主張徹底清除；然而亦有部分宗教改革家如馬丁．路德等支持使用圖像，認為只要不迷信，不將圖像取代神來敬拜，基督徒應自由使用藝術，路德說：「我不認同那些狂熱者所鼓吹，指因著福音緣故，所有藝術皆應去除，相反我希望見到這一切，特別是音樂。」

今日，基督新教在圖像使用上雖仍有保留，但已較前開放。觀看教堂建築，禮堂設計，許多時都有一些富有宗教色彩的圖像，如十字架、白鴿、聖經、蠟燭、祈禱手等等，以營造敬虔氣氛，幫助信眾投入。在一些如受苦節崇拜等默想聚會裏，有時教會更會用簡報播出一些耶穌受苦的畫像，甚至是剪輯自如《受難曲》等電影的動畫片段，藉以引發會眾的情感與思考。究竟教會應否採用圖像？使用時又有何需要注意？

藝術是神賜給世人的恩賜，教會應善加運用。這些藝術包括文學表達、詩歌音樂、建築擺設、油畫雕塑、影音製作等等各方面；因此，圖像作為藝術的其中一種表達，不應無理遭到埋沒。事實上，人類接收信息有多種途徑；有人偏向抽象思維，對語言文字較易掌握，能透過閱讀、聆聽而認識真理；然而亦有許多人偏向圖像思維，要透過具體影像才容易明白，深化體會。使徒保羅提醒：「我們傳揚他，是用諸般的智慧，勸戒各人，教導各人，要把各人在基督裏完完全全地引到神面前。」（西一28）作為神話語的執事，我們要善用各樣方法，包括圖像藝術，將真理傳達；不單使人頭腦認識，還幫助從心裏感受。

當然，昔日圖像使用曾引起巨大爭議，箇中自有原因。在民間拜偶像風氣濃厚的社會裏，圖像應用最大的危機是將之偶像化；例如以為帶著圖像出入可保平安，頸項掛著十字架、旅行帶著聖像就有神同在，錯誤將圖像與神等同。有些人甚至將圖像絕對化；例如認定基督就是圖像顯示的模樣，最後晚餐的情境必像達文西所描繪的，任何與之不同的皆拒絕接受。這些情況必須避免，特別是中國傳統也喜好拜偶像；深受民間宗教影響的人，很容易將昔日拜偶像的觀念貫入圖像之中，如此圖像就容易變成絆腳的石頭。

因此，在使用圖像前必須有妥善的教導，清楚解釋圖像只為指向性，重點不是圖像本身，而是圖像指向的對象；圖像本身並沒有任何魔法，只是用來啟發信徒的思考與情感。為免有個別信徒錯誤理解，教會可考慮定期轉換圖像，或多用電腦簡報形式顯示，以減低偶像化的危險。

溫習及思考問題

1. 東西方教會在中世紀有哪 3 項較主要的神學爭議？當中哪項是造成雙方分裂的最重要因由？

   a. __________

   b. __________

   c. __________

   最重要因由：__________

2. 經院哲學初時因何產生？期間因何產生變化？最後又因何衰微？

   產生原因：__________

   變化原因：__________

   衰微原因：__________

3. 試填寫下表，藉以比較唯實論、溫和唯實論和唯名論的異同。

	唯實論	溫和唯實論	唯名論
普遍共相真實地存在	肯定／否定	肯定／否定	肯定／否定
掌握真理知識的方法	演繹／歸納	演繹／歸納	演繹／歸納
認識真理要先有信心	同意／反對	同意／反對	同意／反對
理性能幫助認識真理	同意／反對	同意／反對	同意／反對
最具代表性教會領袖			
其他持類似立場人物			

4. 試填寫下表，藉以比較原罪間接遺傳論和原罪直接遺傳論的異同。

	原罪間接遺傳論	原罪直接遺傳論
原罪包含本性的罪	同意／反對	同意／反對
原罪包含源起的罪	同意／反對	同意／反對
亞當後裔皆有罪性	同意／反對	同意／反對
亞當後裔全有罪債	同意／反對	同意／反對
初生嬰孩承擔罪罰	同意／反對	同意／反對
主要代表性的人物	安瑟倫／阿奎那	安瑟倫／阿奎那

5. 試填寫下表，藉以比較虧欠代償論和愛心感化論的異同。

	虧欠代償論	愛心感化論
救贖行動的意義	補償冒犯／激發回應	補償冒犯／激發回應
救贖轉變的對象	神的心／人的心	神的心／人的心
較強調神的屬性	公義／慈愛	公義／慈愛
較強調基督本性	神性／人性	神性／人性
主要代表性人物	安瑟倫／亞伯拉德	安瑟倫／亞伯拉德

6. 羅馬公教給了馬利亞甚麼稱譽？有哪些相關的宗教活動？又加入哪些官方教義？東正教的聖母觀有何異同？

特有稱譽：____________________

宗教活動：____________________

官方教義：____________________

東正教異同：____________________

7. 羅馬公教對煉獄有何理解？有甚麼能幫助減輕煉獄痛苦？東正教對此的觀念有何異同？

煉獄的意義：____________________

減刑的方法：____________________

東正教異同：____________________

8. 羅馬公教與東方正教哪個較能持守初期教會傳統？何以見得？

較能持守傳統：□羅馬公教　　□東方正教

理由：____________________

9. 就你所知，本章所論述羅馬公教的中世紀神學發展，有哪些與基督新教分歧最大？為何新教不認同這些公教教義？

分歧最大：____________________

反對原因：____

____

10. 據你估計，中世紀羅馬公教的錯誤教義，對後來基督新教的神學發展有何主要影響？

____

____

11. 羅馬公教過分以理性哲學推論真理，結果偏離正軌；這對你有何提醒？

____

____

進深閱讀書目

林榮洪：《基督教神學發展史 2：中世紀教會》。香港：宣道，2004。

章文新等編：《中世紀基督教思想家文選》。徐慶譽等譯。香港：基督教文藝，1997。

Evans, Gillian R. *The Medieval Theologians*. Oxford: Malden / Mass.: Blackwell, 2001.

Ginther, James R. *Westminster Handbook to Medieval Theology*. Louisville: Westminster John Knox Press, 2009.

正統權威

自初期教會開始，基督教會一直努力維護正統信仰權威。到451年於迦克墩舉行的第四次大公會議，作為信仰標準的聖經正典已得落定，《迦克墩信經》保證涅斯多留主義和歐迪奇主義等異端不獲接納，五大主教長的超然地位也可給維持教會秩序提供保障。對東方教會來說，奠定正統權威的努力至此已接近完成；除為針對一些新興時代性問題，而在第五至第七次大公會議上作出回應外，已沒有多少新的權威性規範。然而，西方教會既要建立羅馬主教的無上權威，就得多方作出努力，在神學解釋、正統教義和架構體制上，為羅馬的至高宣稱護航。這些中世紀公教的演變雖存在偏差，對後世教會發展有不少負面影響，但卻對認識天主教甚為重要；後來基督新教許多信念與政策，在相當程度上都是這些謬誤的反動，故特在此詳加討論。

8.1 大公信仰的規範

教義規範往往是教會問題、異端思潮所催化而生的發展。延續著初期教會有關基督神人二性的爭議，討論比較細緻的基督一性論（Monophysitism）和基督單意論（Monothelitism），先後在中世紀初期出現，並分別在第五和第六次大公會議中遭到否定。此後又有反圖像主義（Iconoclasm）的挑戰，以致需要召開第七次大公會議加以正視。值得留意，雖然羅馬天主教共接納21次權威性的大公會議，但東方教會一直只承認頭7次。也就是說，繼初期教會 4 次大公會議已確立的信經和信條後，中世紀真正獲得普世教會認同的，就只有這 3 次會議通過的教條規範。

8.1.1 基督論爭議的解決

451 年在迦克墩舉行的第四次大公會議中，確立了基督擁有完全神性、完全人性、二性不相混亂、會聚一個位格的教義。然而，一個位格內怎可能同時擁有兩種本性，這始終令人費解。當時被判為異端的歐迪奇主義，強調基督只有一性，這見解原來在埃及、敘利亞、衣索匹亞和亞美尼亞一帶相當流行；他們高舉東方先輩如亞歷山太主教區利羅的旗幟，批評《迦克墩信經》有涅斯多留主義的異端傾向，對迦克墩會議的議決抱持敵視抗拒的態度。

迦克墩會議之後，基督一性論分為兩個主要流派。溫和派以安提阿主教長塞維魯（Severus of Antioch，約 465 ～ 538）為首，認為二性只是一種原則性的理論，實質基督擁有源出於神人二性的「一」種本性；激進派則以哈利卡拿修主教猶利安（Julian of Halicarnassus，罷免於 518）為首，維持歐迪奇的立場，強調基督的人性已被神性吸收轉化。兩者之分歧，在於前者認為基督的人性身體仍可朽壞，到復活升天時才變成不朽；而後者則相信基督因著其神性的大能，在地上生活時具有不能朽壞的人性身體。

以西方教會為主、認為基督有神人二性的支持迦克墩派（pro-Chalcedonian churches），與以東方信徒為主、倡議基督一性論的反對迦克墩派（non-Chalcedonian churches），兩者持續爭議；東羅馬皇帝齊諾和猶斯丁年等相繼介入嘗試調停，惟皆無功而還。553 年於君士坦丁堡召開的第五次大公會議，猶斯丁年意圖使兩派復合，惟努力未見成效；結果，抱持基督一性論的東方教會羣體，紛紛獨立離去，成為基督宗教內首批仍存留至今的分裂教派。不久，伊斯蘭勢力興起入侵；這些地區的基督徒既感到受出賣、遭排拒，就在不眷戀東羅馬政權、懶於抗爭的情況下，在635至650年間相繼被佔領；他們當中甚至有不少人視伊斯蘭政權為解放者，幫助他們脫離「正統」教會的宗教壓迫。

此後，教會曾進一步就基督究竟擁有多少能力、多少意志作出討論。為挽回已分裂離去的羣體，教會倡議基督只有一個能力、一個意志的基督單意論曾一度獲得肯定。惟在支持迦克墩派人士的激烈抗辯下，基督雙意論（Dyothelitism）終獲接納為正統。680至681年在君士坦丁堡舉行的第六次大公會議，重申《迦克墩信經》的教義立場，並將基督單意論判為異端；與分裂羣體復和的盼望也告幻滅。

680至681年第三次君士坦丁堡會議（第六次大公會議）議決

跟隨過往5次聖潔的大公會議，以及獲得肯定的聖教父，我們一致宣認：我們的主耶穌基督，是我們的真神，是聖三一的一位，真是生命的源頭；祂神性完全、人性亦完全；他真是神，也真是人，具有理性的靈魂，也具有身體；按神性說，祂與父同體，按人性說，祂與我們同體，在凡事上與我們一樣，只是沒有罪；按神性說，在萬世之先，為父所生；按人性說，在晚近時日，為拯救我們，由聖靈感孕，從配稱為神之母的童女馬利亞所生；是同一基督，是子，是主，是獨生的，具有二性，不相混亂，不相交換，不能分開，不能離散；二性的區別不因聯合而消失，各性的特點反得以保存，會合於一個位格，一個實質之內，並非分離成為兩個位格，卻是同一位子，獨生的，道上帝，主耶穌基督。正如眾先知從起初論到祂所教導，耶穌基督自己親自傳授，並聖教父的信經所傳遞的。我們同時宣告，祂裏面有兩個本性上的意志或決定，兩個本性上的行為原則；正如聖教父所教導，沒有離散，沒有交換，沒有分開，沒有混亂；並且這兩個本性上的意志，不會像不敬虔的異端所說般彼此對抗，相反其人性意志能毫無抗拒、毫無掙扎地，順服其全能的神性意志。

8.1.2 圖像問題的議決

圖像之爭的歷史過程，本書第七章已有詳細討論。當中有兩輪發展，分別始於 726 年和 815 年；兩輪皆源於在任的東羅馬皇帝，以圖像乃迷信偶像為理由而加以禁制，結果惹來教會和修院的強烈不滿與反對。拆除圖像的諭令兩次皆延續三代君主，最終都因君王英年早逝，尊敬圖像的太后攝政掌權而得以解除。

787 年於尼西亞舉行的第七次大公會議，其中一項重要議程就是商討圖像的意義，以及在教會中的使用。結果會議依循早期的教父傳統，確認圖像對激發敬虔和表達信仰的正面作用，當公開展示、配受尊崇。雖然此次會議後，圖像之爭並未能完全平息，但議決已為日後東西方教會奠定共通的信念立場。第二輪圖像之爭於 843 年結束後，這第二次尼西亞會議的議決，便成為各地基督宗教的公認教條，直到十六世紀宗教改革才再次受到挑戰。

787 年第二次尼西亞會議（第七次大公會議）議決

我們完全確實並關切地諭令，一切可敬的聖潔圖像，如至高者的雕塑和賜生命的十架，不論為油畫、馬賽克或以其他物料製成，皆可在神的聖教會、聖器具、司祭袍、牆壁嵌板和房屋建築上公開展示。這些是我們的主神、救主耶穌基督、無玷神之母、可敬之天使和聖潔之聖徒的圖像；信徒愈常觀看這些具代表性的藝術，就會愈思想渴慕其所代表的本體，愈對這圖像心懷敬意。無疑，按照我們的信仰，全心的崇拜只為神聖的本質所配受；然而，這可藉由向至高者的雕塑、賜生命的十架、記載福音的聖經及其他聖禮物件表達崇敬來代表。此外，人要按照古時訂立的敬虔傳統，藉燒香點燭來對這些圖像表達敬意。事實上，向圖像所呈獻的尊敬，可上達至所代表的本體之上；人尊崇圖像，就是尊崇圖像所代表的位格。

8.1.3《使徒信經》的定形

《使徒信經》是基督宗教普遍公認的信仰權威之一。其內容源自《古羅馬信經》，流行於西方拉丁教會，曾被誇張描述為直接從十二使徒遺傳下來的教義標準，其在羅馬公教的地位超然。在基督新教，宗教改革家包括馬丁．

路德、慈運理和加爾文（John Calvin，1509 ～ 1564）等，皆接納其為基督徒的信仰權威；路德且明言這是基督教真理中「最容易、最清楚明白」的陳述。雖說東方正教一直沒有採用《使徒信經》的傳統，但他們也認同信經內容與聖經吻合。1927 年在洛桑（Lausanne）舉行的「世界信仰與教制大會」，東西方教會的主教、神父、牧者雲集，在開幕禮上眾人同誦《使徒信經》，足顯其在普世認信上的代表性地位。

查考這信經的歷史源流，其前身《古羅馬信經》最早可見於希坡律陀約在 215 年寫成的《使徒傳統》（*Apostolic Tradition*）；惟信經的最後定形，卻是中世紀逐步演變的成果。此信經原來只為羅馬教區內的教會所認同，並不普遍應用於其他地區；然而因著羅馬教會的獨特地位，信經逐漸於西方教會普及。期間相信曾與羅馬教區內各地教會原有的信經融匯結合，內容細節上產生變化修訂，隨後又傳回羅馬；由於影響並非單向，未統一前各地的信經仍保存一定程度的差異。

除希坡律陀三世紀初的記錄，現存《使徒信經》的早期版本，還有安居拉主教馬爾克路（Marcellus of Ancyra，280 ～ 374）的四世紀中希臘文本，意大利修士魯非諾（Rufinus，約 345 ～ 410）的五世紀初拉丁文本，以及阿爾勒主教該撒留（Caesarius of Arles，約 470 ～ 542）的六世紀初拉丁文本。這些版本的信經內容有增添，也有刪減，並非穩步擴展；其中較明顯屬後期補添的，有「降在陰間」、「聖徒相通」、「罪得赦免」和「永生」等詞句。今日流行的版本，首見於八世紀初本篤會修士柏米紐斯（Pirminius，約 700 ～ 753）的修道手冊；此外，現存還有數個八世紀初的抄本，放置在世界各地不同的圖書館內，其內容亦與現代版本的信經貼近一致。基於查理曼大帝的召諭和推動，此標準信經很快在整個卡羅林皇朝普及使用，且擴展至西歐其他國家地域，並延續後世，直到今天。

希坡律陀三世紀初版本	魯非諾五世紀初版本	柏米紐斯八世紀初版本
我信神，全能的父；我信基督耶穌，神的兒子，由童貞女馬利亞藉聖靈而生，在本丟彼拉多手下被釘於十字架，受死及埋葬，第三天從死人中復活得生，升天，坐在天父的右邊，將來必降臨審判活人死人；我信聖靈，聖教會，和身體復活。	我信神，全能的父；並信基督耶穌，祂的獨子，我們的主，由聖靈和童貞女馬利亞所生，在本丟彼拉多手下被釘於十字架及埋葬，第三天從死人中復活，升天，坐在天父的右邊，將來必從那裏降臨，審判活人死人；並信聖靈，聖教會，罪得赦免，身體復活。	我信神，全能的父，天地的創造主；並信耶穌基督，祂的獨子，我們的主，因聖靈感孕，由童貞女馬利亞所生，在本丟彼拉多手下受難，被釘於十字架，受死及埋葬，降在陰間，第三天從死人中復活，升天，坐在全能父神的右邊，將來必從那裏降臨，審判活人死人；我信聖靈，聖而公之教會，聖徒相通，罪得赦免，身體復活，並且永生。阿門。

8.2 西方教權的堅持

論到正統權威，對西方教會來說，中世紀時期最重要的轉變在於教宗至高權柄的確立。這教權的提升，不單主導教會整體的行政運作，對教義的建構和詮釋也影響深遠；就如十六世紀羅馬公教為回應宗教改革而召開的天特會議，就聲明任何人皆不得倚靠個人思維擅自解釋聖經，惟獨羅馬教會擁有「判斷和解明聖經真義」的權柄。

8.2.1 教宗首席論的建構

從歷史現實角度，羅馬主教地位得以高升，實為首府地位、豐裕資源、時局機遇和政權支持等因素所造成；惟此等理由並不足以承托羅馬擁有首席權威之說，因此需要努力尋求神學上的解釋。其中最主要、最常用的就是使徒統緒和彼得權威，特別是後者；雖然這些理據偏離史實、扭曲真相，但卻廣為中世紀西方信眾所迷信，確曾為建構教宗首席論帶來相當助力。

最早明言羅馬教會乃由彼得和保羅所創建設立的，是二世紀末的早期教父愛任紐。此後，羅馬主教英諾森一世（Innocent I，在位於 401 ～ 417）率先以彼得權威為理由，宣稱羅馬教會擁有治理全意大利、高盧、西班牙、北非、西西里等西方地域的職權。繼任的佐息末（Zosimus，在位於 417 ～ 418）直言，因著彼得遺傳的巨大職權，無人能修訂羅馬教會的判決。首位直接以彼得權威來肯定羅馬主教首席地位的，是曾率領羅馬民眾與蠻族談判的利奧一世；他聲稱：「因著彼得是眾使徒之首，我們可合理地確信神聖的羅馬教會是全世界所有教會之首。」此後的歷任羅馬主教，差不多一致以彼得的承繼人自居；他們藉著曲解馬太福音十六章 16 至 19 節的意義，以強調主耶穌惟獨將天國的鑰匙交付彼得，因此只有羅馬教會擁有捆綁與釋放的權柄，各地教會均須聽命其下。這些羅馬單方面自吹自擂的言論，於早期基督教歷史裏並非毫無異議，東方教會更多次強烈譴斥；惟隨著時間過去，西方信眾慢慢習非成是，加上後來得《君士坦丁御賜教產諭》和《託伊西多爾名教令集》等偽著的誤導支持，羅馬教宗的首席地位逐漸變得牢不可破。即使後來偽著的虛假被揭破，大批新教徒起來為史實真相抗辯，天主教仍以羅馬教宗為教會最高權威，地位絲毫不減。

羅馬的教宗首席論，對西方教會的行政運作具有深遠影響。後期獲升任為教宗貴格利七世的希爾得布蘭，於十一世紀中期曾聯同教內黨友，就教宗權威發表聲明，詳列 27 點羅馬主教特有的權柄，為教宗首席論的意義作出應用實踐上的具體詮釋。當中明言惟獨羅馬教會是由神設立（第 1 條），只有羅馬教宗配稱為普世性（第 2 條）；由此產生下列深深影響西方各地教會運作的論點：

a. 惟獨羅馬教宗有權廢除和委任主教。(第 3 條)

b. 教宗有權派特使主持教會會議，即使該特使職位低微，也有權判處將主教免職。(第 4 條)

c. 教宗有權在未經聆訊下將人革職。(第 5 條)

d. 惟獨教宗有權在環境需要下，制訂新教規、建立新教區、創設新修會，或廢除取締之；他又可將強盛的教區分析，或將微弱的教區合併。(第 7 條)

e. 在現實情況需要下，有權將主教由一個教區調到另一教區。(第 13 條)

f. 有權為任何地區的教會按立聖職人員。(第 14 條)

g. 未經教宗允准，不得召開主教會議。(第 16 條)

h. 沒有人能廢除教宗的諭令，相反他卻有權廢除任何人的諭令。(第 18 條)

i. 任何人皆無權審判教宗。(第 19 條)

j. 教會內任何重要事情，皆要上報羅馬教會。(第 21 條)

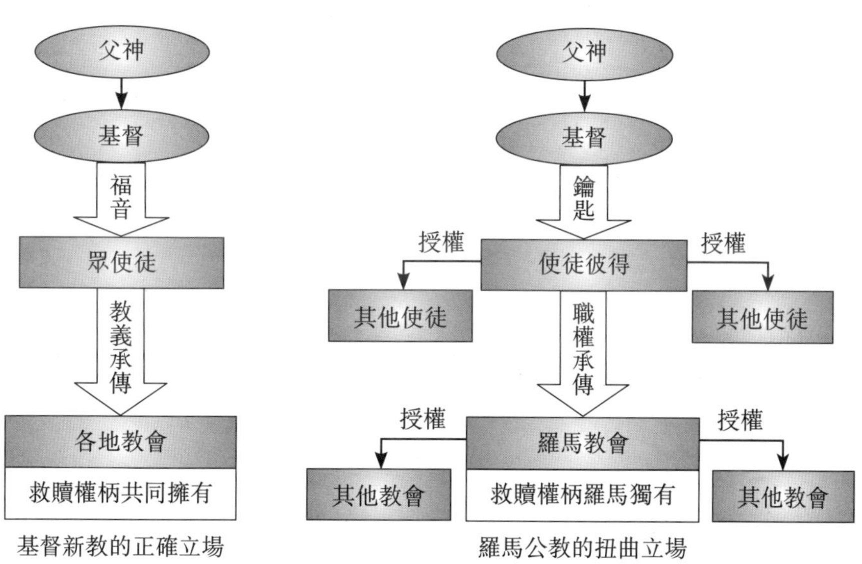

基督新教的正確立場

羅馬公教的扭曲立場

8.2.2 超越君權的聲明

教宗首席論不單影響西方教會的內部運作，還具有教權超越甚或控制世俗君權的含義，左右著中世紀政教關係的發展。原來在羅馬帝國晚期，基督宗教從遭受逼迫，變成得政權推崇支持，本已欣喜萬分；東方教會一直滿足於此種順從國家政權治理的狀態，樂意受基督徒君王的規管與保護。惟西方遭日耳曼蠻族大舉入侵後，羅馬主教在動盪亂世中把握時機，成為民眾的政治代表、跨國的屬靈領袖；實權在握，羅馬漸漸不安於世俗政權的管轄，意圖超越反控之。

利奧一世率先以彼得權威倡議教宗首席論不久，羅馬主教格拉修一世（Gelasius I，在位於 492 ～ 496）即於 494 年提出：「世上有兩個權柄，就是聖品的神聖職權，以及管治這世界的君王治權；兩者之中，聖品職權較為重要，因為即使眾人的君王也要受神的審判。」此後，類似教權高於政權的見解，相繼由不同年代的教宗提出，且愈來愈誇張。成功幫助皇后帖特伯加恢復位分的尼古拉一世，曾於 865 年宣稱神已將教權和政權分開：「基督徒皇帝在永生的事上需要教宗的幫助，而教宗在今世短暫的事務上需要使用皇帝的律法，但僅此為止。」藉革除教籍迫使皇帝亨利四世懺悔求赦的貴格利七世，就直接聲稱教會擁有的屬靈國度高於政權掌管的屬世國度，並解釋前者乃由神建立，後者則源自罪惡，因此基督為得屬靈國度而拒絕接受世上萬國。先後成功降服德、英、法三國君主的英諾森三世，就於 1198 年一份教諭中以日月為比喻，指世俗君主的權力，就好比月光來自日光一樣源於教宗，暗示國王權力乃教宗所賜。引發教宗被擄巴比倫的波尼法修八世，也曾在 1302 年的《一聖》（*Unam Sanctam*）教諭中以兩劍為比喻，聲稱屬靈之劍為教會所用，世俗之劍乃「諸君王首領憑藉聖品之意旨、在聖品之批准下為教會而使用」。雖然這些只是羅馬教宗一廂情願的表述，各國君主多不認同，但亦曾在中世紀某些教權輝煌的時刻獲得具體實踐。

希爾得布蘭與黨友按著教宗首席論所提出，有關羅馬主教特有權柄的27項聲明，也有數點涉及政教關係，反映羅馬教廷的官方立場：

a. 羅馬教宗有權使用帝皇的徽號。（第8條）

b. 所有君主都應親吻教宗的腳。（第9條）

c. 有權廢除皇帝。（第12條）

d. 任何人皆不可給上訴羅馬教宗的人判罪。（第20條）

e. 有權下令或允許臣民控訴其君主。（第24條）

f. 有權解除臣民對邪惡君主所作的效忠誓言。（第27條）

1198年英諾森三世的日月比喻

宇宙的創造主在神國的蒼天造了兩個大光體，大的管晝，小的管夜。被指為如同神國之普世教會的蒼天也是如此，祂指派了兩個尊位，大的管靈魂，小的管肉體；這尊位就是教權與王權。此外，月亮是從太陽得光輝，在大小和質量上，在地位和影響上，都比太陽低級。

8.3 權威典籍的選取

羅馬公教在以聖經和信經為權威之餘，也強調歷代教父先賢的教導與傳統；惟當教父的見解彼此矛盾衝突時，當如何取捨？哪位先賢、哪些言論可作為教會參考的權威？這對羅馬公教的教義理解甚為重要。在羅馬教宗的首席地位逐漸獲得肯定的同時，教廷有需要以權威身分，為信仰教義提供詳盡的神學詮釋，由此引發選取標準神學典籍的需求。在中世紀，最廣獲推崇的神學典籍有兩份，就是倫巴都的《四部語錄》（*Sententiarum Libri Quatuo*）和阿奎那的《神學總論》（*Summa Theologica*）；這兩大巨著同為羅馬公教系統神學上的正統權威。

8.3.1 倫巴都《四部語錄》

倫巴都自 1143 年開始任教於巴黎聖堂學校，就是巴黎大學的前身；1159 年獲委任為巴黎主教，惟翌年即逝世。其晚年編著成的神學名著《四部語錄》，自 1215 年開始成為羅馬公教的標準神學課本，許多後期神學家如阿爾伯特、波拿文土拉、蘇格徒和俄坎的威廉，皆努力為之撰寫注釋；後世尊稱倫巴都為「語錄大師」。

「語錄」(Sentences) 原文意謂格言、諺語或見解，嘗試借助引據教父先賢的遺著論説，經過理性分析和邏輯辯證，系統性地就不同神學課題與信仰疑難提供解釋。這是十二世紀流行的學術研究體裁，教義神學上的應用始於亞伯拉德；惟因亞伯拉德經常挑戰傳統、批判權威，其學著立論不為教廷接納。相反，倫巴都在進行論證分析時，仍抱持對傳統權柄的尊重，盡量以中肯持平的態度處理教義難題；因此其作品廣得教會領袖推薦好評，成為公教的神學標準。《四部語錄》內容分成下列四大冊：

a. 獨一與三一的神：共 48 個主題，分 210 章；詳盡討論父、子、靈的相互關係，神的本質、屬性、眷祐和意旨，以及邪惡的來源與作用等。
b. 天地萬有的創造形成：共 44 個主題，分 269 章；探討天使與魔鬼的來源，六日創造的過程和意義，墮落因由、原罪傳遞和恩典作用等課題。
c. 道成肉身與人成後嗣：共 40 個主題，分 164 章；講論耶穌基督的神人二性，救贖的功效和意義，信望愛等種種美德，和十誡等律法要求。
d. 聖禮標記的教義：共 50 個主題，分 290 章；逐一提述各類聖禮的意義和執行，特別詳論 7 大聖禮，並思想死亡、審判、天堂與地獄等末世議題。

《四部語錄》內容範例

何謂聖禮：「聖禮是神聖事物的標記」(奧古斯丁)，然而聖禮也被稱為神聖的奧祕，就是說聖禮是具有神性的；因此聖禮象徵著神聖的事物，又是被象徵的神聖事物，正如今日教會對聖禮的處理。據此，聖禮是一種標記；也可以說：「聖禮是不可見恩典的可見形態」(奧古斯丁)。

倫巴都：《四部語錄》4.1.2

8.3.2 阿奎那《神學總論》

阿奎那年輕時已加入道明會成為托缽修士，自1256年開始先後在巴黎、羅馬等地教學；他一生溫和簡樸、勤奮努力，專心於學術研究和真理教導，1274年因病離世。阿奎那的著作多元而豐富，有聖經注釋、哲學探討、學術辯論、靈修作品等不同類形；其晚年自1265年開始撰寫，直到離世仍未真正完成的巨著《神學總論》，原為給初入道明會之修士編訂的信仰手冊，介紹當時各主要神學課題；惟很快即吸引各地學者研習、討論和參考，不久更獲教廷採納為標準的神學課本。在十六世紀的天特會議，阿奎那的教導獲尊奉為羅馬公教的正統教義表述；時至今日，此中世紀名著仍為天主教的神學權威。

《神學總論》採用當時流行經院哲學式的學術體裁，雖仍經常引述教父先賢如奧古斯丁的思想言論，但卻加入大量亞里士多德的邏輯論證。全書使用相當統一的標準格式，阿奎那將每個神學範疇分為多個教義疑難，每個疑難下又有多個思考條目；針對每個條目，他會先舉出多個反對意見，然後提出相反見解，並舉出個人的論據理由，最後就每個反對意見作出回應。《神學總論》內容採用單循環式編排，先由神開始，再藉著討論創造、人類、倫理、基督和聖禮等主題，思想受造物如何得以歸回神；全書分成3大冊，其中第二冊又分兩部分，第三冊另加有附錄：

a. 第一冊：討論教義疑難共119個；涵蓋神的存在與本質，父、子、靈的相互關係，世界宇宙的創造，天使靈體的現實，6日創造的意義，人類的來源與本質，及神對宇宙世界的護祐等課題。

b. 第二冊：中間又分為兩部分，集中思想人類的生存意義與終極追求：

  i) 第一部分：有教義疑難共114個；研究人類的結局、行為、情感、習慣、罪惡等各方面，並討論律法與恩典的功用。

  ii) 第二部分：含教義疑難共189個；講論各種美德，包括信心、盼望、愛心、明辨、公義、堅忍和節制，並探討人類獨有的恩賜。

c. 第三冊：阿奎那死時尚未完成，後人按其遺著編成附錄以補足內容。

  i) 正文：有教義疑難共90個；論述基督的道成肉身與地上生活，又分析教會各種聖禮，包括水禮、堅振禮、聖餐禮和告解補贖禮。

  ii) 附錄：載教義疑難共99個；繼續分析餘下的聖禮，包括臨終抹油禮、按立授職禮和婚禮，並思想末後終極的復活。

《神學總論》內容範例

教義疑難　第三條　神是否同等愛萬物

反對一：神似乎同等愛萬物，就如經上說：「神同等關心世人。」(《智訓》6:8) 神護祐萬物乃由於祂對萬物的愛，因此祂同等愛萬物。

反對二：此外，神的愛屬乎祂的本質；然而神的本質不會增減變更，祂的愛亦然；因此祂不會愛一些較多，愛另一些較少。

反對三：此外，神的愛普及萬物，祂的認知與意願也普及萬物；然而神沒有說祂認知一些多於其他，也沒有說祂意願一些多於其他，同樣祂也不應愛顧一些多於其他。

可是相反：奧古斯丁說：「神愛所有受造物，其中尤愛理性的存有，特別是屬乎祂獨生愛子的人。」(《約翰福音講道集》110)

今我回答：愛是願意給對方帶來好處，我們愛多愛少可以有兩種情況。一種在乎意志行動本身，其強烈程度是多是少？在這一意義上，神同等愛萬物，沒有多少之分，因為祂用同一單純的意志去愛萬物，這意志不會改變。另一種在乎好處部分，意願給蒙愛者帶來多少好處？在這一意義上，即使意願並非較強烈，但若帶來的好處較多，我們可說是愛一些多於另一些；這樣，我們就必須宣告神愛一些多於另一些，因為前面我們已經講述，神的愛是萬物美善的因由；若果神不是愛一些多於另一些，則不會出現一些受造物比另一些更美善的情況。

回應反對一：神被稱為同等關心世人，並非由於祂意願萬物都有同等的美善，而是由於祂以同等的智慧和美善去管理萬物。

回應反對二：這推論乃基於願意去愛的意志行動，這意志確是屬乎神的本質；然而，神意願受造物所得到的美善，則不屬於神的本質，因此沒有理由否定有多少之分。

回應反對三：認知與意願關乎行動本身，意義並不包括其對象；因著對象的差異，神仍可說認知或意願較多或較少，正如前面有關神的愛之討論。

阿奎那：《神學總論》1.20.3

8.4 宗教裁判的壓迫

一般來說，維護一套權威信念的方法有3個，就是明確制訂和整理優化相關信念的內容，提升支持該信念之組織的權力和地位，以及阻止或減少反對勢力羣體的挑戰影響。因此，在以大公會議制訂信經信條，以權威典籍整理神學系統，並提升羅馬教廷的權威後，尚欠的就是對異端異己的壓制。在中世紀西方教會，承擔此工作的就是宗教裁判所（Inquisition）；他們努力維護被視為正統的教義與原則，致力清除防礙、挑戰或反對的力量。

8.4.1 宗教裁判所的產生

宗教裁判所又名異端裁判所，是中世紀在教權極度高升、在不能容納異己的情況下催化而生的組織。因著十字軍東征帶來與東方宗教的交流，以及西方羣眾對羅馬公教聖職人員貪婪腐敗的反動；在中世紀中期民間社會出現愈來愈多反對的聲音，由此衍生不同的異見與異端。他們嘗試批判教廷的錯謬，抨擊教會的敗壞；其中較突顯的是 1143 年始見於德意志，後廣泛活躍於法蘭西南部和意大利北部的迦他利派，他們斥責羅馬公教世俗腐化，強調要按照使徒教會的方式，過凡物公用的生活；此外還有源於 1172 年，後來遍佈意大利、德意志、法蘭西和西班牙多處的瓦勒度派，他們高舉耶穌基督才是惟一的中保，指斥當時教會種種誤導信眾的教義和禮儀。

早在 1163 年，教宗亞歷山大三世已發出教諭，要求各地主教認真對付轄區內的迦他利派異端羣體；其後路西三世也於 1184 年發出類似教諭，由此產生許多以地區主教為首的行動組織，是為宗教裁判所的前身。在 1215 年的第四次拉特蘭會議上，在教宗英諾森三世的推動下，通過一連串對付異端分子的審查、遞捕與刑罰方案，並要求各地掌權者立誓嚴格執行。迦他利派原來在法蘭西南部相當盛行，且得當地政權以軍事力量保護和支持；在羅馬教廷的推動下，各地權貴領袖組成十字軍予以猛攻。雙方經過近 20 年的對戰，結果法蘭西南部的貴族敗陣，被迫簽訂和約，放棄迦他利派立場，損失政治和宗教的自由。在 1229 年於法蘭西南部重城土魯斯舉行的祝捷大會上，教宗貴格利九世宣佈組成直接向教廷負責的宗教裁判所，以根除異端影響，捉拿漏網之魚。

中世紀的宗教裁判所（Medieval Inquisition）多由道明會修士主理，後來也有方濟會修士承擔，負責搜尋、審查和判辨異端的工作。早期行政頗為混亂，有裁判官溫和明理，也有殘暴不仁，沒有標準程序；曾有將數以百計迦他利派教徒當眾以焚刑處死的案例。到 1231 年開始，較詳盡的裁判守則才逐步編訂，以減少混亂。宗教裁判所發展迅速，到 1255 年全西歐和中歐各處皆有他們的蹤影；他們擁有很大權力，除打擊異端外，也常被利用來對付異己，將敵對勢力清除。

第四次拉特蘭會議規條

我等驅逐及咒詛一切起來攻擊上述這神聖、正統和大公信仰的異端；我們譴責所有異端教徒，不論他們歸屬何人；他們雖有不同面貌，但其尾巴是連結的，他們在各自的驕傲上類同。這些受譴責的人，當被交與世俗的權勢或他們的獄長加以懲處；聖品要從聖職中退下；若是平信徒，其財產要被充公；若是聖品，這懲罰就要向他們接受薪津的教會執行。……世俗的權勢，不論擔任何種職位，若要保存名聲，維持忠信，就要跟從教會訓令的建議、要求和強迫，公開宣誓盡力在他們的管治範圍內，驅除教會以正確信仰判定的異端教徒，以維護信仰。……因此每當有人被升至屬靈或現世的權位，他就要以誓言肯定這條文；若有現世君主漠視教會的要求和指令，不從其境內清除異端污垢，他當受省主教或省內其他主教逐出教會……我們嚴厲規定，若有任何人被逐出教會，拒絕在一年內提供滿意回應，按照法例他當被定為無恥，不容擔任公職或議會成員，不可選舉他人擔任這等職位，亦不可作見證；他無遺囑權，就是說他沒有自由立遺囑，也不能承繼遺產。此外，任何人在任何事上均無須回答他，但他卻必須回答他們。

第 3 條

8.4.2 宗教裁判所的運作

在漸趨完整的裁判手冊規管下，各地的宗教裁判所漸漸採用一致的標準程序。首先，裁判官會召集全城居民，容許異端自首以換取較輕刑罰。透過自首者供出同僚，及對可疑者嚴加審問，裁判官就可搜集證據，並對疑犯提出檢控。控罪一般只憑兩、三個人的見證就可成立；當事人會先被假定為有罪，疑犯要證明自己清白，故處境相當不利。開始時通常有 2 至 5 週寬限期，若在此期間內認罪悔改，並供出同僚，就可得從輕法落；認罪必須坦誠，若裁判官認為被告尚有隱瞞，仍可繼續羈留，不施赦免。為取得足夠證據，裁判官有權持續囚禁疑犯，時間可長達數年；即使最後獲證清白，也無辜失去光陰。

對於堅拒認錯或悔罪不足的人，裁判官會展開調查、啟動審訊程序。聆訊一般採用祕密方式進行，過程並不公開；訴訟程序由裁判所編訂，被告不得異議。裁判手冊明文規定不得苦打成招，然而卻容許調查員以嚴刑拷問，以獲取證供；用刑包括將疑犯懸空倒吊、強拉四肢、火燻熱焗、浸水斷氣、鞭打痛擊、減飲削食等等，手段殘酷，惟一限制是不能導致傷殘或死亡。疑犯不准聘用律師辯護，但會獲安排輔導員誘導悔改。

經過祕密審訊後，若被告最終認罪或判罪，裁判官會在全城居民面前公開宣佈罪狀，並代表教會判處罪罰。輕者會被要求佩帶特殊標記、公開認罪、禁食祈禱、捐輸行善、朝聖參拜；重者可被判監禁、鞭苔，充公財產，甚至被交與世俗政權，以異端罪名活活燒死。倘地方政權包庇異端，拒絕執行刑罰，教廷可發動十字軍討伐，以懲治執政者。

1280年教宗尼古拉三世懲治異端諭令

1. 若被判有罪，他們就該交由世俗權柄懲處；若為聖職人員，就該先革職後懲處。
2. 任何人若在被捕後意欲回轉懺悔，就當判處終身監禁。
3. 任何相信異端錯謬思想的人，我們皆判他們為異端。
4. 我們諭令所有接受、保護或幫助異端者皆要逐出教會；被逐逾年者得剝奪公民權。
5. 剝奪公民權者不得擔任公職，也沒有投票權。
6. 他們的說話言論不獲接納。
7. 他們不能作見證，也不可立遺囑。
8. 他們不能承繼遺產。
9. 他們不能控告任何人，但可被控告。
10. 若為判官，其判決變成無效，日後也不得再審訊案件。
11. 若為律師，日後不得再承擔此職務。
12. 若為公證人，其草擬的文件當受譴斥，不再有效。
13. 若為聖職人員，當革職懲處，剝奪所有福利。
14. 任何與被逐出教會者聯繫的也要被逐出教會，接受適當懲罰。

15. 任何被疑為異端而無法自證清白者，當被逐出教會；被逐逾年者得判為異端。
16. 他們無權上訴。
17. 任何判官、律師或公證人若以其職分幫助此等人，他們當革職懲處。
18. 聖職人員不得給他們施行聖禮，也不得給予慈惠捐助，違者革職懲處；除非得教宗特別批准，一概不得復職。任何人給他們基督教的葬禮皆得逐出教會，直至作成相應補贖；就是要公開以雙手掘出屍體棄置，原葬地永久廢棄不用。
19. 我們禁止所有平信徒討論大公信仰事宜，違者逐出教會。
20. 任何人認識異端、祕密聚會者或不守正統信仰者，就要告知聽告解的神父，或任何會將消息通知主教或宗教裁判官的人，違者逐出教會。
21. 所有異端，接受、支持或幫助異端者，以及異端的子孫直到兩代，皆不得承擔聖職、接受奉祿。若有任何此類人獲授聖職，其授任要算為非法無效。如今我們要將所有此類人革職，永不錄用。

8.4.3 宗教裁判所的發展

隨著權力資源增加、官員質素提升、組織體制改善，宗教裁判所曾在中世紀發揮巨大打擊異端的功能；迦他利派雖曾盛極一時，遍佈多處，最終還是被徹底剷除，絲毫不留。然而，裁判官的巨大特權，和駭人的審訊程序，後來卻慢慢添上種種不良動機，能藉此豪奪他人財產、消滅競爭對手。不少史家相信，曾廣獲信任的聖殿武士團，於十四世紀初慘被裁定為異端、遭到取締，主因就是當時控制亞威農教宗的法王腓力四世，要奪取他們的豐厚財產所致。在宗教裁判所不公平、不公開的審訊安排下，冤案錯案頻生；人民生活在白色恐怖之下，對教廷敢怒不敢言。人民對教會不是心存感激，而是充滿恐懼；他們深深體會神的震怒，卻少能經歷祂的慈愛。

隨著時間過去，加上臭名遠播，中世紀的宗教裁判所漸漸衰落，功能大減；隨之而起的，是始於 1478 年的西班牙宗教裁判所（Spanish Inquisition）。此時西班牙在明君夫婦斐迪南和伊莎貝拉的領導下不斷光復國土，將佔據當地伊比利亞半島多個世紀的伊斯蘭勢力驅逐南移；為清除領土內的異教力量，迫使伊斯蘭教徒悔改歸信，西班牙宗教裁判所採用極端殘酷的手段對待異教徒，後來也以同樣手段對待新教徒。此後，還有創於 1536 年的葡萄牙宗教裁判所（Portuguese Inquisition），其成立目的與西班牙相近。面對宗教改革浪潮，羅馬教宗保羅三世（Paul III，在位於 1534 ～ 1549）亦於 1542 年復建羅馬宗教裁判所（Roman Inquisition），延續中世紀的壓制異端功能，它直接向教宗負責，由耶穌會（Jesuits）修士主理，以打擊基督新教為召命。

耶穌會於 1534 年由依納爵（Ignatius of Loyola）創立，著重學術、傳道和教育；該會會士皆學問出眾，曾是十六世紀抗衡宗教改革最有力的公教團體。

異端羣體的判辨處理

現代教會經常要面對異端衝擊，傳統廣為人知、歷史略長的有耶穌基督後期聖徒教會、基督徒科學會、耶和華見證人會、世界基督教統一神靈協會、國際基督教會和神愛之家等，略為神祕、比較新興的有耶穌晨星會、東方閃電、三班僕人、冷水教、被立王、主神教、靈靈教、全能神和耶穌青年會等。值得關注，現時香港已有多個鮮為人知的異端暗中活動、不斷擴散，傳教手法也與往昔不同。傳統來自西方的異端，如耶穌基督後期聖徒教會和耶和華見證人會，他們普遍會清楚表述本身來歷，可謂明刀明槍；相反，現代新興的異端不少均刻意隱藏身分，尋找機會施放冷箭，使人防不勝防。以下為部分例子：

一、東方閃電：多活躍於香港北區。他們會派人到地方堂會聚會，進行摸底鋪路。他們會在堂會長期滲透，積極尋找信仰不清的邊沿信徒為獵物；藉著友善的態度取得信任後，就會派發東方閃電的刊物，邀請對方參與其聚會，可謂暗中偷羊。

二、耶穌晨星會：又名攝理教，現已潛伏於香港多間大專院校。他們常藉著師兄師姐對新生的關懷，和多元化的非宗教性活動，主動接觸新人、建立信任；然後邀請參與其30課查經課程，逐步勸説對方接受其歪曲信仰。他們傾向隱藏身分，一般不會對外承認為耶穌晨星會。

三、耶穌青年會：曾透過《基督日報》廣泛接觸各界基督徒。他們相信為傳教而説謊是合宜的，因此對外宣認一套正統教義，對內才宣傳異端思想；他們會否認與異端羣體的關係，惟查核公司註冊的人名和地址卻發現屬同一羣體。所以單憑對外公開的信仰告白，已難於辨認其異端身分。

四、全能神：這是國內新興的異端邪教，源於安徽、河南一帶，亦已悄悄傳到香港。他們多藉親友關係傳播，強調其信仰比流行的基督教高級；要求慕道者不可向他人提述其信仰，直到真心相信一、兩年後，也就是完全被洗腦沉迷後，才能與人分享。

面對這諸般異端，基督教會可如何應對？昔日羅馬公教藉著宗教裁判所除滅異端，結果又造成許多冤案錯案，基督新教羣體也成為他們努力打壓的對象，這對我們今日對待異端有何提醒？以下為四點判辨和處理異端的考慮原則，僅供參考：

一、慎思異端界線：在分辨異端前，必須先思想何謂正統？正統與異端的分界何在？必須注意，被判斷為異端的，當在核心的基督教信仰上存在重要偏差；例如違反《使徒信經》和《尼西亞信經》。若只在一些本身己見或邊沿教義上存在分歧，即批評對方為異端，如昔日加爾文主義攻擊亞米紐斯主義，就有機會步中世紀羅馬公教的後塵，成為執迷不悟的獨裁者。

二、改善本身不足：異端、異見的流行往往反映現存教會的不足，在指斥對方的同時，也當先反省本身的缺陷，加以改善。例如昔日基督新教興起，就與中世紀羅馬教廷扭曲信仰、體制獨裁、生活腐敗關係密切；20 年前香港基督教會能夠吸引大量信徒加入，不少就是由於對正統教會冷淡表現的不滿，要追求熱情投入的信仰生活，這值得我們檢討。

三、深入認識了解：對於行蹤隱藏的新興異端，教會需要認真研究分析；知己知彼，才能百戰百勝。正統基督教立場公開而鮮明，許多異端均有一套專門對付基督徒的傳教策略；若教會不主動應對，到羊羣被搶被偷時才後知後覺，也許已損失慘重。對付異端其中一個最佳方法，就是將他們的錯謬和計謀公開，揭示真相，讓人早有防備。

四、真理護教訓練：對於日新月異的新興羣體，教會一勞永逸的處理是全面教授真理。正如許多牧者作出比喻，最好分辨偽鈔的方法，是教導人熟識真鈔特徵；同樣，若基督徒清楚明白正統教義，就能輕易分辨異端錯謬。教會若能提供護教訓練，教導異端普遍特徵和手法，提高信眾防犯意識，異端就肯定更難造成迷惑，難於得手。

溫習及思考問題

1. 在奠定正統權威上，東西方教會在中世紀時期的需要有何不同？

   東方教會：______

   西方教會：______

2. 綜合來說，經過首 6 次大公會議後，東西方教會對道成肉身的基督有何官方立場？

神性：	□完全	□不完全
人性：	□完全	□不完全
本性：	□一個	□二個
位格：	□一個	□二個
意志：	□一個	□二個

3. 試依據課文內容及下列兩個版本，比較《使徒信經》在不同年代的演變。

馬爾克路四世紀中版本	該撒留六世紀初版本
我信全能的神；並信基督耶穌，祂的獨生子，我們的主，由聖靈和童貞女馬利亞所生，在本丟彼拉多手下被釘於十字架及埋葬，並於第三天從死人中復活，升天，坐在天父的右邊，將來必從那裏降臨，審判活人死人；並信聖靈，聖教會，罪得赦免，身體復活，永生。	我信神，全能的父，天地的創造主；我並信耶穌基督，祂的永恒獨生子，因聖靈感孕，由童貞女馬利亞所生，在本丟彼拉多手下受難，被釘於十字架，受死及埋葬，降在陰間，第三天從死人中復活，升天，坐在全能父神的右邊，將來必從那裏降臨，審判活人死人；我信聖靈，聖而公之教會，聖徒相通，罪得赦免，身體復活，並且永生。阿門。

	增添內容	刪減內容
三世紀到四世紀		
四世紀到五世紀		
五世紀到六世紀		
六世紀到八世紀		

4. 下列羅馬主教地位高升的原因，哪些屬歷史自然發展，哪些源自羅馬主教爭取造成？

首府地位：　□歷史自然發展　□羅馬爭取造成

偽著誤導：　□歷史自然發展　□羅馬爭取造成

豐裕資源：　□歷史自然發展　□羅馬爭取造成

彼得權威：　□歷史自然發展　□羅馬爭取造成

時局機遇：　□歷史自然發展　□羅馬爭取造成

使徒統緒：　□歷史自然發展　□羅馬爭取造成

政權支持：　□歷史自然發展　□羅馬爭取造成

5. 試比較格拉修一世、尼古拉一世、英諾森三世和波尼法修八世對政教關係的宣告，他們在教權與王權的相對地位上有何異同？

____

____

6. 試填寫下表，顯示出《四部語錄》與《神學總論》的異同？

內容特色	《四部語錄》		《神學總論》		異同	
採用當時流行體裁	□是	□否	□是	□否	□同	□異
引據教父先賢遺著	□是	□否	□是	□否	□同	□異
經過理性邏輯辯證	□是	□否	□是	□否	□同	□異
系統處理神學課題	□是	□否	□是	□否	□同	□異
維持尊重傳統權柄	□是	□否	□是	□否	□同	□異
公教標準神學課本	□是	□否	□是	□否	□同	□異
使用統一標準格式	□是	□否	□是	□否	□同	□異
內容單循環式編排	□是	□否	□是	□否	□同	□異
大量正反邏輯論證	□是	□否	□是	□否	□同	□異

7. 課文提到維護一套權威信念的方法有 3 個，羅馬教廷在這 3 方面分別做了甚麼？

明確制訂和整理優化相關信念的內容：______________________________

提升支持該信念之組織的權力和地位：

阻止或減少反對勢力羣體的挑戰影響：

8. 宗教裁判所有審訊拷問時和最終判罪後，可向被告施以甚麼刑罰？
   審訊拷問時：
   最終判罪後：

9. 試比較 1215 年的第四次拉特蘭會議規條，及 1280 年尼古拉三世的懲治異端諭令；後者 21 條規例中，哪些屬後來補添的懲罰？

10. 你認同羅馬公教對異端的處理方法嗎？為甚麼？

11. 羅馬公教樹立正統權威的方法有何優劣利弊？請分享個人見解。

進深閱讀書目

多瑪斯．阿奎那（Thomas Aquinas）：《神學大全》。共 20 冊。周克勤等譯。高雄：中華道明會／台南：碧岳學社，2008。

愛德華．伯曼（Edward Peters）：《宗教裁判所——異端之錘》。何開松譯。沈陽：遼寧教育，2001。

Johnson, Paul. *The Papacy*. London: Weidenfeld & Nicolson, 1997.

Lombard, Peter. *The Sentences*. Toronto: Pontifical Institute of Mediaeval Studies, 2007 ～

第九章
教會體制

經過初期教會的演變發展，基督宗教到五世紀下半葉已出現五大主教長（Patriarchs）並立的局面；羅馬主教長領導西方教會，君士坦丁堡、亞歷山太、安提阿和耶路撒冷主教長分治東方不同地區。其下有各省會的省主教，和各城市的主教；在層層教階的體制下，主教授任、職權範圍、聖職升黜、教區關係的問題，皆有公認規則作為依據。主教以下還有長老、執事和多個次級聖職協助，這些次級聖職包括副執事、讀經員、領詠員、守堂員和驅魔員等。此外，面對教區內的眾多修士和修女，教會也在各修道院長之上設立修院牧首，以協助主教管轄治理。

> i 主教長或譯「宗主教」，是初期教會所確認各地教會的最高權威領袖；五大主教長各有轄區，互不干預。後來羅馬主教長意圖將本身地位提升至眾主教長之上，惟此舉不獲其他主教長認同。

這經過長期協商交流和具體實踐而逐步建立的教會體制，在政治相對穩定的地區，特別是拜占庭帝國內的教會，一直維持、少有變更。但在經歷日耳曼蠻族大舉入侵佔領的西方，以及淪陷於伊斯蘭勢力下的教會，則難免要適應調節。由於中世紀期間，西方教會在架構體制上的轉變相對比較巨大和複雜，故本課會用較多篇幅討論羅馬公教的情況；在最末部分才概要簡述東方教會的發展。

9.1 上半中世紀的散亂

自西羅馬帝國瓦解，西方教會先後經歷日耳曼蠻族遷移割據，以及伊斯蘭勢力、維京人和馬扎爾人的入侵，可謂處身四分五裂的政治局面。大小國王、領主、族長擁地稱雄，領導不同語言、族裔的人民，各據一方；他們多互不從屬，獨立自主。法蘭克國卡羅林家族的強大興起，及其偏向支持羅馬公教的態度，某程度上曾帶來相對統一安定的形勢；惟盛世短暫，卡羅林王朝衰微下滑不久，權力分散、政局混亂的情況又再次出現；除多個王國並立外，還有許多大小不一、政治獨立的公國和城邦，遍佈西歐各處。

9.1.1 不同源頭的教堂

羅馬公教的傳道成功，為散亂的政治環境帶來相對統一的宗教信仰；惟此時的教會組織相當鬆散和複雜，有很重的地區和民族特性。上半中世紀，大小教堂偏佈全西歐各處，數目繁多；依據來源特質，這些教堂可粗略分為以下幾類：

a. 教區自設聖堂：這類聖堂由主教直接領導，也有由主教任命的神父主持，提供全面的宗教服務。除日常的彌撒聚會外，還有必須由主教施行或授權的種種聖禮，如授職禮等。

b. 信徒捐贈聖堂：由富足的信徒捐出，他們提供土地、資助建築費用。捐贈原因有為得著神蹟醫治或奇妙賜福而感恩，有視之為積聚善功的行動，也有因犯罪而以此作為補贖。

c. 重大紀念聖堂：在偉大神蹟出現之處，或著名聖人埋葬之地，教會往往會樹立聖堂，以為紀念。這類聖堂多會對外開放，供各地信徒朝聖參拜；部分更宣傳為擁有特殊靈氣，可惠及朝拜信眾。

d. 偏遠社區聖堂：偏遠的鄉鎮往往會自建聖堂，以便鄉民進行宗教活動。這些社區聖堂多由鄉民集資興建，也有由當地富戶捐贈；聖堂提供基本宗教服務，惟重大禮儀得前赴鄰近教區聖堂進行。

e. 修院自用聖堂：位處偏遠的隱修院多會自設聖堂，作為本身修士、修女聚會之用。這些聖堂由修院管理，由獲授權的修士主持；不少也會對外開放，供鄰近信眾參與聚會。

f. 領主私有聖堂：當時大部分聖堂皆屬這類，數目成千上萬。領主權貴為屬土居民建立教堂，自聘聖職人員，從中收費獲利；部分會在私人城堡設立聖堂，供貴族自用。這些聖堂為私有財產，領主可自由買賣，或給子女作遺產嫁妝；當地主教原則上有權監督其運作，但沒有控制實權。

實際上，這幾類聖堂許多時並不能清楚劃分。信徒捐贈的聖堂多會逐漸變成教會物業，作教區聖堂之用。重大紀念的聖堂，會因著屬教區設立、信眾集資或領主自建，而有不同的運作模式。權貴領主的屬土若廣及整個或多個教區，主教通常也要聽命其下，如此教區聖堂多會變得與領主私有者無異。由於此時期政治形勢相當複雜，各地聖堂的行政管理存在甚大差異，可謂極度多元化，很難簡單一概而論。

9.1.2 教區內部的運作

自四世紀君士坦丁擁抱基督宗教以來，教會就一直在當地政權的影響下成長，從未真正完全脫離。上半中世紀的地區統治者，不論統治全國的君王、領治封地的公侯或佔據荒地的領主，全都在屬土內的教會擁有重要領導角色；他們有尊重地方主教的牧職指引，也有公然控制教會運作，隨意廢立各級聖職人員。近代學者研究發現，這時期的地方主教，多被視作政權下的宗教官員；授職時他們雖得按教會傳統由不少於 3 位鄰近主教按立，但同時亦要在統治者面前宣誓效忠，從統治者跪領象徵牧養權柄的牧杖和指環。同樣，鄉鎮、修院或城堡內的聖堂，其聖品也要從聖堂擁有人手中領授權柄，才能承擔牧職。

基本上，上半中世紀的西方教會，其教區內部的架構體制，跟四、五世紀羅馬帝國時期分別不大。惟由於君王公侯、權貴領主的管轄範圍和信仰態度參差，因而各處教會存在不同程度世俗政權的干預。雖然如此，對於教會的日常運作，地方主教始終仍是最重要的負責人；他們要主持各類宗教活動，如封授聖職、奉獻聖堂、主領聖禮等等。此外，還要管理教區內種種人事和物業問題，工作一般非常繁重。

為有效管理，教區內設有層級式的架構組織。高級聖職人員是主教最重要的事奉團隊；當中神父（即長老）協助牧養教導和主持禮儀，他們常會受派管理個別聖堂，或到偏遠鄉鎮主理教務；執事和副執事則協助辦理種種行政事務，如安排慈惠救濟或整理文書公函等。這些高級聖職為終身職務，要求持守獨身，不嫁不娶；故其任命比較嚴緊，必須得教區主教親自按立，受其監督委派。此外，教區還有讀經員、領詠員、守堂員、服務員和驅魔員等次級聖職，這等職務並無委身要求，往往年幼孩童也可開始學習承擔；他們到達青春期後，會考慮是否繼續任職，追求升任為高級聖品，自覺不適合者可自由選擇離職。

此時期的教會組織，包括修道院、慈惠機構、教會學校等，皆隸屬地方教區，直接由當地主教管轄。自六世紀開始，西方修院多依循《本篤會規》，強調紀律生活，持守貧窮、獨身和服從等修道原則。如前所述，這時的地方教會多受領主操控，主教要向統治者負責；因此，修院也無可奈何地要迎合世俗權貴的種種要求，逐漸變得腐化。此架構問題一直延續，直到十世紀初直接向羅馬教宗負責的克呂尼修院成立，情況才略見改善。

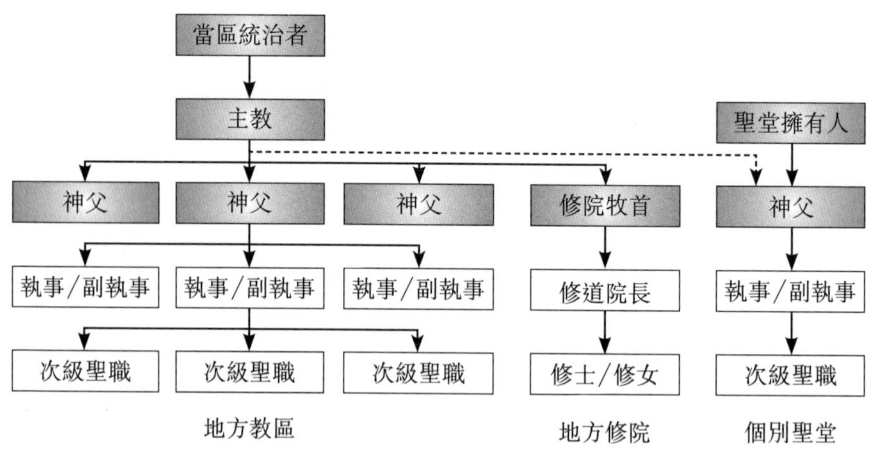

9.1.3 各地教區的關係

在教會歷史裏，羅馬教宗經常聲稱教權高於政權；惟上半中世紀的現實情況，往往與之相反。羅馬主教雖廣受尊崇，但沒有真正實權；他們一般不會與握有軍政大權的皇帝對立，即使教會內部事務，也甚少與之抗衡，相反很多時都要聽命其下。即使在法蘭克國米羅雲和卡羅林王朝時期，教會也非獨立自主；教堂的興建與遷移基本上是隨執政者意願，主教、神父和修道院長皆由君王任命。有時，政權會給予免納稅、免公職等權利，使得教會有多餘精力，可以在宗教藝術、崇拜禮儀各方面得以發展；惟此等均為恩惠賜予，非當然權利。教會的宗教規條並非時刻獲得尊重，即使克羅維斯這等著名基督教君王，亦時常會違反宗教原則以達個人目的。800 年，教宗利奧三世突然給查理曼大帝加冕為神聖羅馬帝國皇帝，表面上在傳遞教宗有權廢立皇帝的信息，惟查理曼對此甚為不悅；後來其子敬虔者路易登基時，直接從祭壇取下皇冠戴上，顯然是對教宗權柄的否定。

九世紀中葉教宗尼古拉一世成功壓倒中法蘭克地區君主羅他利二世，判其休妻另娶行動違法，幫助被廢皇后帖特伯加復位，這是時局造成的少數例外事件。大部分時期，現實都是政權控制教權；十世紀的淫婦專政和十一世紀的教座世襲，就是其中的典型事例。不少君王權貴更隨意廢立教宗，單在891年士提反六世（Stephen VI，在位於885～891）至955年約翰十二世期間，教宗更替就有20位之多；962年大有權勢的日耳曼國王鄂圖一世攻取意大利，翌年就將駐當地的羅馬教宗約翰十二世廢除，直接升任一位平信徒為教宗，號稱利奧八世（Leo VIII，在位於963～965）；由這年到1049年利奧九世（Leo IX，在位於1049～1054）登位，教宗廢立又有21位。在這短短一個半世紀裏，歷任教宗超過40位；平均不足4年就更換一位，情況可算嚴重。

羅馬教宗廢立尚且受政權控制，地方教會運作就更難獨立自主。按照羅馬公教的官方史料記載，在六世紀末教宗貴格利一世的英明領導下，羅馬主教的地位獲得大幅提升；他自組軍力、保衛教產，推動宣教、擴充教會，完善禮儀、編修樂章，且制訂管理法規，重建教會體制。惟貴格利一世的成就實際相當局部，其權力集中意大利中部地區；對於偏遠的異邦、異地教會，羅馬教宗只屬象徵性領袖，其對地方教會事務的參與非常有限；他們只能偶然就神學信仰、崇拜聖禮或道德操守等課題上作出指引，或接受某些如主教升黜的申訴，作出未必能順利執行的裁決。值得留意，按照初期教會傳統，地方主教的委任應由教區內的聖職人員和信徒羣體推選，由不少於3位鄰近主教按立，並得省主教認證，整個過程無須經過羅馬教宗的審核批准；在這原則下，主教多由教區內的資深神父進升，偶然會由甚具聲望的修士或地方權貴的親信擔任，從外「空降」主教非常罕見，現職主教也甚少調往其他教區。故此，除意大利中部以之為首的省分，羅馬教宗此時在地方主教的任命上，影響力也極為有限。真正對教區擁有操控實權的，往往是當地政權的統治者。

延續初期教會模式，西方羅馬公教以地理位置採用層階式的分區治理體制。原屬主教長（Patriarch）級別的羅馬教宗（Pope），原則上是全體最高領袖，整個西方教會皆受其監督。其下分許多個教省（Ecclesiastical Province），由駐於省會的省主教（Metropolitan）管轄，所有省主教皆具大主教（Archbishop）名銜。往下再細分多個教區（Diocese），每一教區均有當地的主教（Bishop）負責領導。然而事實上，這個組織架構純屬理想模式；實際執行時，常會因各地政權的影響而受到左右。除非教宗與省主教處於同一政權下，否則省主教多傾向聽命當地君王多於羅馬教宗；同樣，主教若與省主教分屬不同政權，主教也多聽命領主權貴過於其省主教。

羅馬公教的教區數目持續增加；到1000年，西方教會已有約250個教區。他們密集於地中海沿岸，尤其意大利境內，差不多每個昔日羅馬帝國的城市，不論大小均設有主教，數目超過 100；後期皈依基督宗教的國家，其新劃分的教區相對較大，例如英格蘭就只有17個教區。故此，意大利籍人士在羅馬公教的主教中佔有甚大比率。

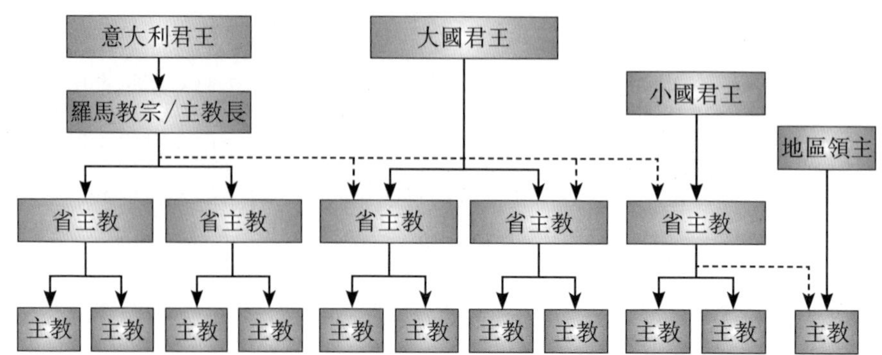

9.2 中世紀中段的改革

教權受政權操控的問題一直延續，直到十一世紀中葉的「克呂尼運動」，情況才得逐步扭轉。此時最具影響力的政治領袖，是德意志君王亨利三世（Henry III，在位於 1039 ～ 1056），他熱心敬虔、滿有魄力，拒絕藉聖職買賣賺取金錢，相反積極為教會選賢任能，鼓勵教會進行道德改革。

克呂尼運動前夕是西方教會其中一段最黑暗的時期。當時教座世襲最後一位教宗本篤九世，因橫行霸道、品格惡劣、姦淫擄掠，而於 1044 年遭羣眾逐離羅馬，另立西維斯特三世為教宗；惟本篤九世借權貴親族之助以武力歸回，奪回教座。翌年，本篤九世有意娶妻結婚，遂將教宗職位售予一位有意改革教會的敬虔神父，號稱貴格利六世；惟不久他又反口，再以教宗身分搞擾教務。結果在 1046 年，羅馬出現 3 個教宗同時並立的混亂局面。

為回復秩序，亨利三世領兵進入意大利，召開主教會議審理爭議；結果議決將 3 個教宗同時廢除。此後 3 年，亨利先後委任了 3 位敬虔的聖職人員出任教宗，分別為格利免二世（Clement II，在位於 1046 ～ 1047）、達瑪蘇二世（Damasus II，在位於 1048）和利奧九世；而克呂尼運動，就是在亨利三世的支持下，由利奧九世領導，使教會體制混亂、道德敗壞等問題得以逐步改善。

9.2.1 體制改革的努力

利奧九世的改革非常溫和，焦點集中在道德品格的提升；他沒有挑戰政權任命聖職人員的權柄，卻積極推動執政者選拔敬虔人士出任聖職，藉此修正教會的歪風陋習，逐步實現道德改革。利奧九世要求所有聖職人員嚴格按照教會法典生活，禁絕一切聖職買賣；為推動改革，他且親到法蘭西和德意志等地，召集當地教會領袖，頒佈連串改革諭令，將用金錢獲取聖職者一一革除。此外，他又擴大羅馬樞機院（Cardinals）的組織和功能，這樞機院原來只屬意大利中部教區的輔助性機關；利奧從歐洲各地選拔志同道合的賢能加入，成為他改革教會的核心團隊。雖然利奧九世魄力十足、事奉活躍，又得一眾樞機主教的積極支持，惟教會改革的進展緩慢。畢竟要改變羣眾久已接受、視為應然的陋習並不容易；更重要的是此時地方教會的管治實權仍掌握在當地君王權貴手中，他們不少需要藉聖職買賣來維持收入，要借助附從己方的主教聖品來加強與敵對貴族鬥爭的能力，並要藉著教會的信仰安慰和思想教導來協助治理羣眾。他們對利奧九世的改革理想多有保留，不願放棄本身既有的特權和利益。

> 樞機院最早見於六世紀，原為細小的地區性輔助組織，由羅馬和鄰近教區的主教、神父和執事組成，負責協助羅馬主教處理繁重教務。樞機院地位於十一世紀獲大幅提升；羅馬主教離世時，也由之全權負責選出新任教宗。

利奧九世的失敗，引發一羣激進改革羣體的興起；當中包括後來成為教宗貴格利七世的希爾得布蘭。他們認為要改革教會，不能單從道德入手；而應徹底改革教會的體制，將教會從政權的操控中釋放出來。因著君王勢力龐大，他們的聲音初時不獲重視；直到 1056 年，才因時局機遇而得扭轉劣勢。此年，亨利三世以 39 歲之齡英年早逝，留下年僅 6 歲的兒子繼任為亨利四世；幼少軟弱的君主使王權下滑，讓羅馬教權得以乘機而起，擺脱政權操控而欲反轄之。

在希爾得布蘭等改革者的推動下，教宗尼古拉二世（Nicholas II，在位於 1059 ~ 1061）在 1059 年頒佈《教宗選舉諭令》（諭令內容見本書頁 64），規定羅馬教宗必須由樞機主教團集體選出，藉此免除政權藉干預教宗人選而控制教會的危險。此諭令雖有違執政者的意願，但年幼的亨利四世無力阻止；到他長大重握政權時，已有兩任教宗以樞機主教團這新模式選出，成為難以逆轉的傳統。與此同時，在亨利四世年幼執政的弱勢時期，一眾德意志貴族亦承機掘起，削弱君王的地位和權勢，改變其父亨利三世時期皇帝獨大的局面。

1073 年希爾得布蘭職位成為教宗貴格利七世，他積極推行教會改革，嚴格取締聖職買賣，要求聖職人員堅守獨身。1075 年，他頒佈教諭以規定所有聖職皆須按教會規章公平選任，嚴禁任何平信徒（包括君王權貴）擅自封立主教聖品。然而，亨利四世初步平定國家內亂、勢力得著鞏固後，隨即反抗教宗禁令，公然任命一位米蘭大主教。1076 年初，亨利且召開會議，意圖革除貴格利職分；惟貴格利迅速回應，隨即以嚴厲語氣向亨利發出教諭，斥責其違規行為，並革除其教籍（諭令內容見本書頁 66）。亨利原欲向教宗動武，惟一眾不欲重受強勢君王壓制的敵對派王公貴族乘機而起，要求亨利悔過；他們並宣告假如亨利無法在一年內恢復教籍，其皇位就要被廢除。

1077 年初，亨利四世做了一件令人驚訝的行動；他在雪雨紛飛的寒冷天氣下，一連 3 日赤足在貴格利七世下塌的堡壘門外，表示懺悔求赦，大得民眾同情支持。此情此景，貴格利只好給他宣赦；表面上亨利失敗，但實際上卻成功瓦解了教宗與敵對派家族的計謀，亨利很快已重掌軍政大權。1080 年雙方陣營再次爆發衝突；貴格利再次革除亨利教籍，另立一位敵對派領袖為皇帝；亨利則革除貴格利職分，另立一位主教為教宗。雙方對戰，貴格利一派此時已失去民心，結果落敗。亨利揮軍攻入意大利，圍攻羅馬 3 年；1084 年初貴格利被迫逃亡，惟經過一年多痛苦逃命生涯，終在 1085 年中病逝。

此後，教宗與君王就主教授職權的問題持續鬥爭；亨利四世一直渴望奪回國內教會的控制權，惟到 1106 年離世時仍然未能成功，其皇位由兒子亨利五世（Henry V，在位於 1106 ～ 1125）承繼。到 1122 年，教宗加里斯都二世（Calixtus II，在位於 1119 ～ 1124）終與亨利五世達成折衷方案，簽訂沃木斯協約（Concordat of Worms）；教宗同意授予皇帝「特權的寶杖」作為政府權力的象徵，君王同意交出代表屬靈權柄的「指環和牧杖」；這顯示統治者對教會的控制並未完全消除，惟要受教會法規的約束限制。

1122 年教宗加里斯都二世與皇帝亨利五世簽訂之沃木斯協約

我加里斯都主教，神的眾僕之僕，賜予你愛子亨利特權。……德意志王國主教和修道院長的選舉，當在你面前進行，沒有聖職買賣，沒有暴力。……因著這寶杖，被選者當從你手裏授權，並因此要為你實行他合法的義務。……

教宗加里斯都二世

奉至聖不能分割三一神的名，我亨利，靠著神的恩典成為羅馬皇帝亞古士督的，因著神、神聖羅馬教會和我主加里斯都教宗的愛，以及為自己靈魂的得救，向神、向神至聖的使徒彼得和保羅，並向神聖大公教會，交出以指環和牧杖為記的權力象徵，允准我王國或帝國內所有教會，可以根據教規選舉，自由封立。

皇帝亨利五世

9.2.2 體制改革的意義

在相當程度上，克呂尼運動改革了中世紀積習已深的教會體制，將教會從政權的操控中釋放出來。從發動原意與後期發展觀看，這運動對教會體制有以下幾方面的重要影響：

a. 教宗至高地位獲得確認：教宗成為西方教會地上的最高權威領袖，他們不單無須再受政權轄制，許多時還能反加施壓，以高於君王權貴的姿態頒佈諭令。從前教宗對偏遠教會只屬象徵性領袖，如今卻擁有具體實權，可以獨自制訂教規，廢立主教聖品，派遣特使主持教會會議，就大小教會事務發出權威性的指令。

b. 君王控制教會權被削弱：昔日君王權貴為地方教會掌有實權的操控者，如今在沃木斯協約的框架下，他們的權力受到規限，成為象徵多於實際的授權者，其角色身分與改革前的教宗剛巧倒轉。因著教宗擁有廢立聖品的最高權柄，此時期的地方主教多傾向聽命羅馬教宗多於君王權貴，後者對教會的權力和影響被大大削弱。

c. 樞機主教團地位得提升：原來樞機院是由羅馬和附近教區的主教和聖品組成，是教宗的個人助理羣體。經過教宗選舉法等改革後，樞機主教地位大幅提升成為普世教會的領導團隊，成員漸漸擴大包含世界各地具能力才幹、代表性高的資深主教；樞機主教由教宗委任，也由其罷免。樞機院轄下有多個委員會，分別負責制訂政策、主理禮儀、宣教傳道、裁決異端、審理上訴等不同職能，是羅馬公教最核心的組織。

d. 省主教角色功能遭架空：按照初期教會傳統，主教的升任必須得省主教認證；原則上，省主教是省內各城市主教的直屬上級，對轄下教區事務擁有很大控制權；在地方君王權貴的支持下，省主教甚至有權廢立主教。體制改革後，所有權力都集中在羅馬教宗身上；省主教只為名義上的上級，對教區事務影響力極為有限。

e. 聖品與信眾自主權減弱：依據早期傳統，地方主教應由教區內的聖職人員和信徒羣體推選，人選多為教區內的資深神父或具聲望的修士；當選者再循例由不少於 3 位鄰近主教按立；整個過程中，地方教會信眾有很高主導性。體制改革後，教宗有全權委任、調遷和廢除主教，按情況將教區分柝或合併；雖然地方教會的意願還會獲得參考，惟最終決定則全在乎教宗的抉擇。

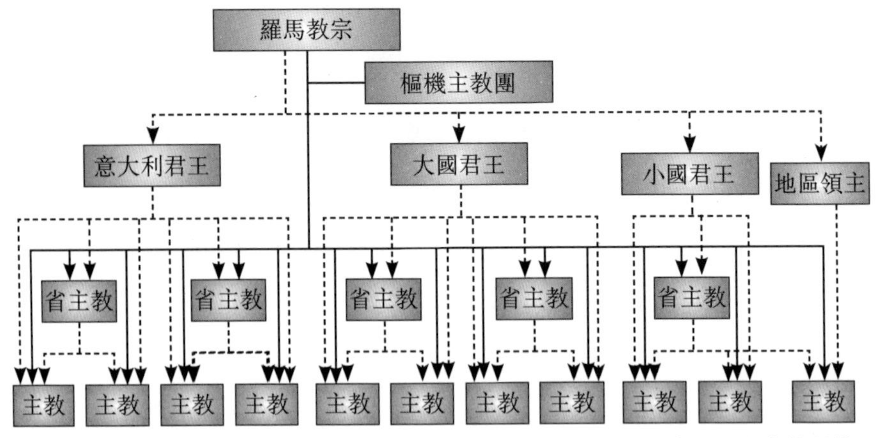

9.2.3 體制改革的實踐

克呂尼運動推動的體制改革，純為羅馬教廷一羣支持改革之領袖的理想；實際推行時，往往要視乎當時社會形勢與各地政權的配合。不同人士對改革的取態，很多時取決於個人的利益關係：私有聖堂的領主，因著改革會損害其從聖堂取得的利潤而多表反對；地方貴族為削弱君王權勢，避免受到壓制而傾向支持；不欲權力被架空的省主教，對改革故然有所保留；敬虔的地方主教和聖品，不少會為能擺脱俗人的弄權而歡呼。當然，對教會體制改革最為不滿的是皇帝君主，他們期望回復昔日大權在握的意向時刻浮現；而在改革中獲益最大的無疑是羅馬教廷，他們每每會費盡心力去保衛克呂尼運動的成果。

沃木斯協約簽署後，屬靈權柄高於屬世權柄的意識形態，曾一度在社會民眾中間普及；此時羅馬教宗的權威日漸提高，他們時常主動介入信徒羣體的生活事務，召開會議以解決教會內外問題。惟後來當時局改變，民眾對教宗的霸權產生抗拒，再遇上民族主義所造就的強勢君王，政權操控教權的情況又曾再次出現。綜合歷史現象，那影響政教關係，決定皇帝與教宗誰真正對教會擁有實權的，有以下幾項因素：

a. 教宗本身的聲望：若果教宗或教廷團隊品格高尚、才能出眾、熱誠委身、受人敬重，權力會得著提升；相反，若缺乏敬虔、軟弱無能、貪戀權位、淫亂腐敗，就會惹人反感，支持度亦會自然下降。
b. 君王的宗教態度：君王若重視宗教，甘心順服教宗領導，教權自然可得到保障、地位提升；相反，若君王勢力強大，又不接受教宗領導，處處要與之對抗，意圖反加控制，教權就會岌岌可危。
c. 敵對勢力的抗衡：能夠阻止反對教宗的統治者獨斷獨行、武力打壓的，就是敵對的王公貴族和異國君王；政局若由皇帝一人獨尊，教宗可以孤立無援；若多個勢力相若的政權並立，就可互相制衡。
d. 人民的宗教委身：廣大民眾的取態，許多時會對整體局勢有決定性影響；宗教情感濃厚時，民眾忠於教廷領導，或受制於教諭威嚇，都會增加教宗的勝算；相反民族主義高漲時，民眾擁戴本國君王，教宗就容易失利。

9.3 下半中世紀的爭權

克呂尼運動和隨後的沃木斯協約，成了教會體制更新變化的分水嶺；此前教會基本上由政權操控，此後教會多由羅馬教宗主導。然而，體制改革後的教會絕非一帆風順，教權雖曾高升稱霸，但也曾被擄受控；其歷史演變，反映著西方羅馬公教追求獨立自主的掙扎。

9.3.1 教宗權力的行使

按照克呂尼運動中的改革信念，羅馬教宗擁有多重身分。他是教會擁有最高權威的行政領袖，可以任命大小各級聖職人員，以教諭形式就教會問題作出批示，並差遣特使到偏遠地區代行處理特殊事務。他時常扮演立法者的角色，藉著教諭為教會訂立是非對錯的標準，雖然有時會召開主教會議商討，但更多時候只單憑個人權柄確立教會法規。他又是教會司法的最高裁決者，像終審法院一樣，有權審理各類上訴案件，推翻地方主教的裁決，有時甚至挑戰國家君王的判案。巔峯時期，教宗同時是軍隊最高統帥，不論東征聖地或攻打異端，蒙召聚集的十字軍皆以教宗為首，領兵出征的君王貴族，均屬為之效勞。教宗集行政、立法、司法與軍事等大權於一身，地位超然。

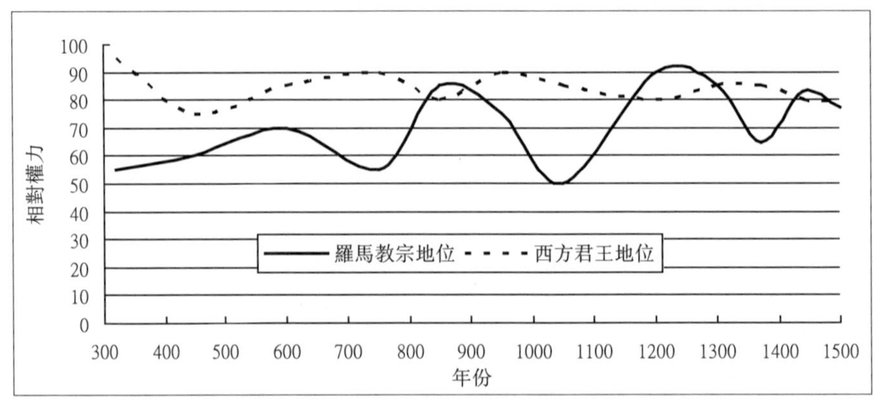

十二至十三世紀期間，羅馬教宗確曾一度實現這理想，擁有超然權威。十二世紀末教宗英諾森三世，成功操控德意志、壓迫英格蘭、降服法蘭西，就是其中典型範例。然而，社會時局的變遷、民族主義的抬頭和反對勢力的興起，使教宗權威漸受威脅；其中十四世紀的教宗被擄巴比倫事件，就使教廷受法蘭西君王操控長達 70 年之久。駐亞威農期間，法籍教宗大量升任同鄉聖品為樞機主教，使日後教宗職位全給法籍主教攏斷；令人懷疑，樞機主教團的選舉制度是否存在漏洞？往後的教會大分裂，使教宗至上的體制受到質疑；倘若出現教宗權位的爭議，誰可判決？惟事件過後，羅馬教宗又再次以至高領袖自居，譴斥一切挑戰其權威的言論；然而，各地君王權貴是否仍樂意服從教宗領導？反抗力量明顯愈來愈大，教權的光輝似乎漸漸退去。

9.3.2 大公會議的地位

教宗地位的高升，同時也改變了大公會議的性質和地位。原來大公會議原則上是教會行政決策的最高權威，其中各地主教進行集體領導，獲通過的信經、信條和教會法規，對任何人士均具約束力，包括羅馬和君士坦丁堡主教長。325 至 787 年間舉行的首 7 次大公會議，皆以這種形式舉行，東西方教會均認同支持，共同信守。

中世紀中段教會體制改革後，大公會議的性質明顯改變，地位也明顯下降；眾主教要在教宗的劃定的框架下進行商討，會議議案、討論程序和議決審核皆由教宗主導控制，大公會議彷彿成為羅馬教宗的附屬工具。在此種安排下，羅馬教宗大都樂意召開主教會議，以便傳達統治理念、有效審理教務，藉以展現領導權柄。因此，這時期召開的大公會議特別多，單是 1123 至 1312 年這不足 200 年間，就舉行了 7 次大公會議，分別為 1123 年舉行的第一次拉特蘭會議（First Council of Lateran），1139 年的第二次拉特蘭會議（Second Council of Lateran），1179 年的第三次拉特蘭會議（Third Council of Lateran），1215 年的第四次拉特蘭會議（Fourth Council of Lateran），1245 年的第一次里昂會議（First Council of Lyons），1274 年的第二次里昂會議（Second Council of Lyons），以及 1312 年的維埃納會議（Council of Vienne），佔羅馬公教承認的會議總數三分之一。

這種由羅馬教宗主導控制的大公會議，並不能取得教會羣體的一致認同。其中東方教會，就完全不接受這些會議的正統性，其議決自然也不能應用於東正教羣體。事實上在過去 2,000 年教會歷史裏，真正廣泛獲得東西方教會共同接受的，就只有首 7 次大公會議；往後的主教會議，都是東方或西方教會單獨舉行，其大公性、普世性並不完全。

此外，西方教會亦有一羣被稱為「大公會議派」的，他們也對教宗至上的觀念抱持保留態度。他們主張教會應跟隨早期傳統，以大公會議為教會最高權力機關，批評羅馬教宗將原屬普世信徒共享的權柄據為己有。此派在西方教會一直有相當支持，特別在十四世紀末教會大分裂期間，更廣泛認為是解決多位教宗並立爭權的最佳方法。惟大分裂問題於 1414 至 1418 年舉行的君士坦茨會議（Council of Constance）中獲得完滿解決後，教宗至上的觀念又逐漸成為官方公認立場，大公會議地位再受壓制。

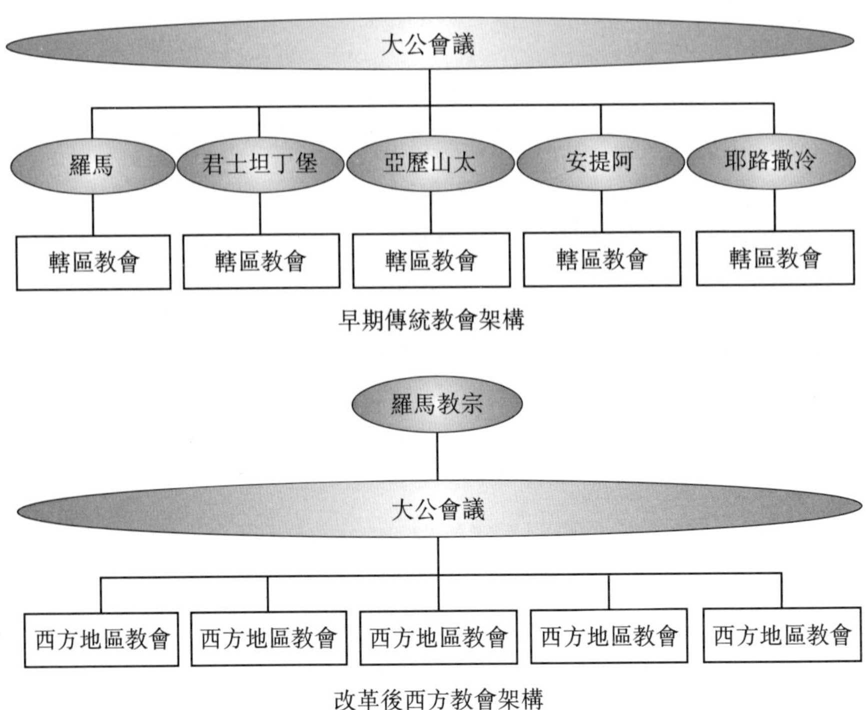

早期傳統教會架構

改革後西方教會架構

9.3.3 教區內部的情況

由於克呂尼運動中的教會體制改革，主要在於羅馬教宗地位的提升，故對地方教會內部的影響不大。教區主要仍是由主教領導，其下有神父、執事和副執事等高級聖職人員，往下再有讀經員、領詠員、守堂員等次級聖職。惟不同的是，教會不再被當區統治者操控，省主教的影響力也大遭削減，而改由羅馬教宗遙遠監督和控制。

值得留意，為幫助地方修院脫離世俗政權的轄制，提升屬靈追求的質素，早在十世紀開始西方已逐漸出現直接向羅馬負責、由教宗保護的修會；他們遍及全西歐各處，由修會的會督領導，不受任何地方主教監管控制。這類修會的鼻祖是創始於 910 年的克呂尼修會，這修會與後來推動西方教會體制改革的克呂尼運動息息相關，中世紀的教會改革領袖多由此修會而出。隨後，還有設於 1098 年的熙篤修會、1209 年的方濟會、1216 年的道明會、1226 年的迦爾默羅修會和 1256 年的奧古斯丁修會；此外，還有成立於 1099 年的醫院武士團、1119 年的聖殿武士團和 1190 年的條頓武士團。這趨勢使愈來愈多修道院脫離教區的內部體制，成為直屬羅馬教廷的組織；教廷中央由此越發擴充，而地方教區的權力就漸被削減，架構收縮。

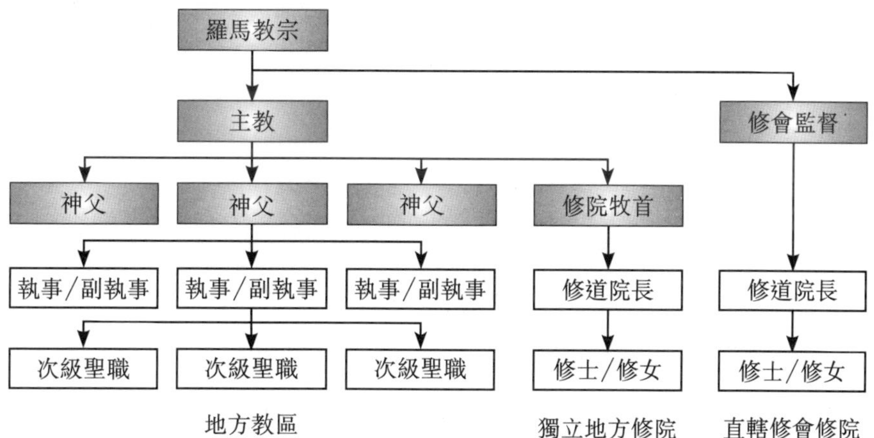

9.4 東方正教會的演變

相比西方羅馬公教，東方正教在教會體制上的變化較微；他們一直沿用初期教會建立的架構，以最初幾次大公會議通過的條文，作為教會分權分工的依據。即使早已淪陷於伊斯蘭勢力範圍內的亞歷山太、安提阿和耶路撒冷教會，雖因統治者的不平等待遇而逐漸微弱萎縮，但其主教仍一直保有主教長的名銜和地位，與君士坦丁堡主教長平排並列。

9.4.1 持守傳統的體制

東方教會一直沿用羅馬帝國時期的教會體制，千多年來均改變不大。在拜占庭帝國政權的管治和保護下，皇帝是真正擁有大權的一位，在教會中擁有特殊地位；他資助教堂興建，撥款支持教務，免除聖職人員稅務承擔，給予東方正教種種特殊優惠。基本上，在東羅馬政權的管治架構裏，主教長可說是專責處理教會宗教事務的官員，因此其廢立權柄原則上皆在皇帝手中；圖像之爭爆發初期，反對拆毀圖像的君士坦丁堡主教長革曼努一世，就一直被懷疑是被皇帝利奧三世革除放逐，以免防礙其反圖像政策的推行。

然而大部分情況下，皇帝多傾向尊重聖職人員對信仰教義和教會事務的領導和處理。遇有特別爭議和重大需要，皇帝會推動和資助召開主教會議，派遣官兵維持秩序，有時甚至親臨列席旁聽。惟會議是由君士坦丁堡主教長或其他德高望重的聖職人員主持，由眾主教按協議的程序討論，皇帝按例不能直接干預介入；然而間接透過權勢、廢黜和政策施加壓力，就偶有發生。到會議得出實質結論，皇帝就會加以認證，並協助將議決推行實施，將違規者予以懲處。

在拜占庭帝國以外的東方教會地區，其架構體制也相當類似。位處伊斯蘭政權下的淪陷區教會，包括原屬亞歷山太、安提阿和耶路撒冷主教長管轄的教區，他們一直信守初期教會幾次大公會議所制訂的教條，接受其分權分工方案。惟差異在於他們要在異教執政者治下掙扎求存，時刻面對不平等待遇的壓迫。然而由於統治者哈里發或蘇丹（Sultan）專奉伊斯蘭教，他們普遍對教會內部事務完全不感興趣，各教區遭政權干預的情況較少，行政相對獨立。

隨著宣教擴張，多個東歐的斯拉夫民族相繼接受福音，斯洛文尼亞、莫拉維亞、保加利亞和基輔羅斯公國等逐一歸化。由於傳道者原為君士坦丁堡主教長派出的宣教士，這些地區皆按照拜占庭帝國的模式建立教會。惟分別的是，控制地方教會的不是東羅馬皇帝，而是斯拉夫裔君王；國內的最高宗教領袖，不是主教長，而是地位略低的省主教，他們原則上要尊君士坦丁堡主教長為首。

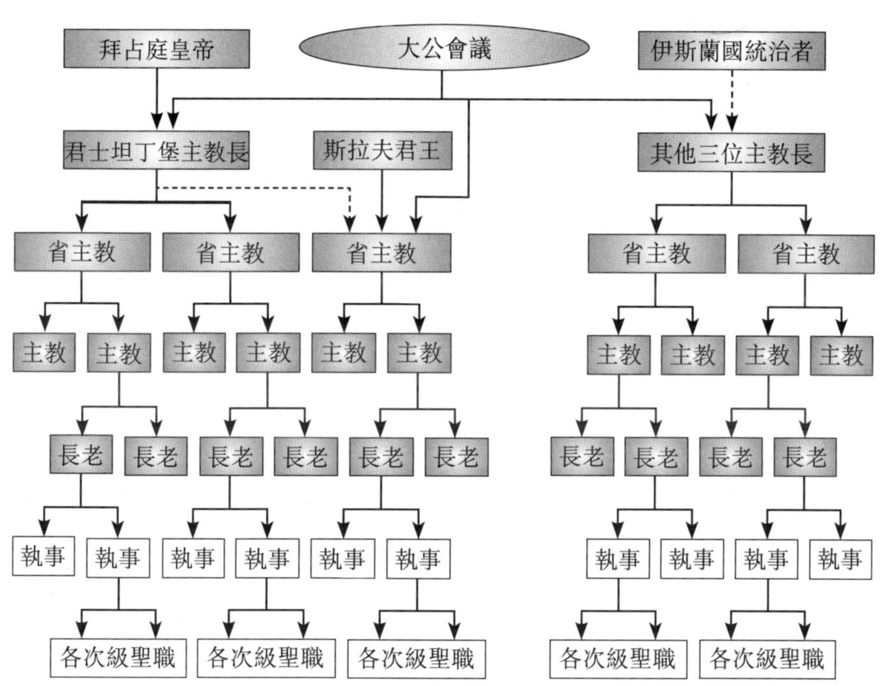

不論在拜占庭帝國、伊斯蘭淪陷區或東歐斯拉夫國家，東方教會都有差不多相同的內部體制。在幾位同等地位的主教長（或譯宗主教）以下，是管轄整個教省的省主教（或譯都主教）；其下再細分多個教區，由教區主教領導。協助主教執行教務的，有多名長老（或譯司祭）、執事（或譯輔祭）和副執事（或譯副輔祭）；其下還有誦經士等次等聖職。與西方羅馬公教執事或以上皆不准結婚的分界略有不同，東方正教容許已婚人士擔任司祭或以下職務，惟主教或以上聖職則必須持守獨身。

9.4.2 各區地位的變遷

依照初期教會議決的傳統體制，五大主教長順序為羅馬、君士坦丁堡、亞歷山太、安提阿和耶路撒冷；他們的身分地位平等，各自獨立，只是資歷略有先後，轄區範圍略分大小而已。隨著東西方教會持續爭議，西方羅馬主教長漸漸抽離；君士坦丁堡主教長順理成章，成為東方教會最具代表性的宗教領袖，時常領導東方信眾與西方羣體抗衡。特別當亞歷山太、安提阿和耶路撒冷等城市相繼於 637 至 641 年間落入伊斯蘭勢力手中，當地主教長時遭壓制，教會也日漸萎縮；此時，君士坦丁堡主教長的領導角色就更顯重要，成為惟一有身分、能力和資源領導東方全體教徒的人。1054 年東西方教會正式分裂後，君士坦丁堡主教長便自然地隨即成為東方正教聲望最高的領袖。

然而必須留意，縱使君士坦丁堡主教長角色突顯，他們從來未嘗像羅馬教宗一樣擁有至高權威，可以獨斷獨行。關乎東方教會的信仰教義和整體教務，他們必須與餘下 3 位主教長商議，得各地主教認同，才可實施推動。例如羅馬公教於 1054 年宣佈，革除當時的君士坦丁堡主教長瑟如拉留之教籍；瑟如拉留就是先得東方眾主教長和主教的支持，才代表全體發出報復式的教諭，將羅馬教宗及其屬下逐出教會。

除四大主教長外，另一位東正教會中值得關注的人物，就是領導斯拉夫裔教會的基輔/莫斯科都主教。自從弗拉基米爾大帝於 988 年宣告，將東正教立為基輔羅斯公國之國教後，斯拉夫教會在今烏克蘭和俄羅斯一帶迅速發展，信徒不斷增長，漸漸成為當時東正教羣體舉足輕重的一部分。領導當地教會的基輔/莫斯科都主教，名義上隸屬君士坦丁堡主教長之下，惟實際上相當獨立自主。在伊斯蘭勢力的猛攻下，東方皇帝與君士坦丁堡主教長率眾向西方求助。在 1439 年的佛羅倫斯會議上，他們意圖以放下神學分歧，以換取西方羅馬公教國家的軍事援助。惟此項讓步嘗試隨即惹來東方信眾的不滿，當時未受伊斯蘭勢力困擾的俄羅斯教會斥之為賣教求存，於是在 1448 年宣告獨立，脫離君士坦丁堡主教長的管轄。

1453 年拜占庭帝國遭土耳其鄂圖曼帝國殲滅後，俄羅斯正教很快成為最強盛的東方教會羣體；俄國沙皇自稱為拜占庭皇帝的承繼者，接續守護正教信仰的職分；莫斯科更被譽為「第三羅馬」，承接羅馬和君士坦丁堡的首府地位。在政治時局和現實環境的驅使下，莫斯科都主教終在 1589 年，獲東方四大主教長通過擁有主教長職銜，成為繼羅馬、君士坦丁堡、亞歷山太、安提阿和耶路撒冷之後，第六個獲公認的主教長。名義上，莫斯科主教長的地位在眾主教長中最低，但實際上，卻是此時對東方教會影響力最大的一位。

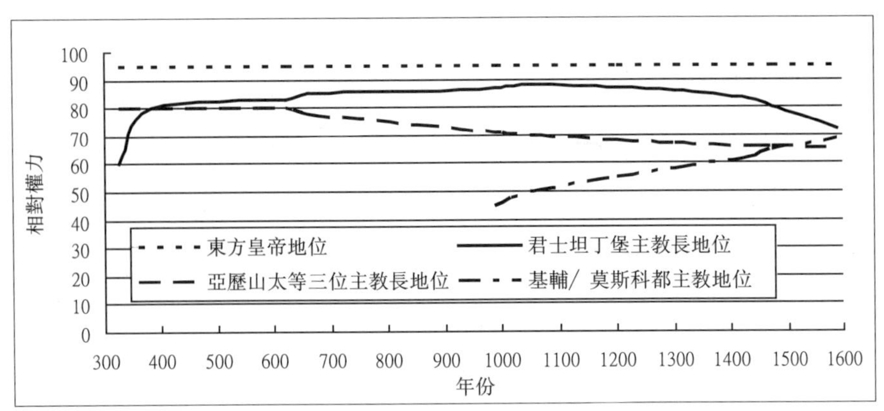

教會制度的優劣評估

羅馬公教以教宗為首的教階制度，素來為許多新教羣體咎病，新教羣體認為這將教宗過分抬舉，產生有違聖經又無法制衡的問題體制。基督徒強調信徒皆祭司，斥責羅馬公教只視聖職人員為祭司的見解，偏離聖經教導；以羅馬教宗為使徒權柄惟一繼承人的立場，更是扭曲歷史真相的醜陋攬權行為。同時，教宗至高無上的制度也有許多潛在危機；畢竟教宗也是人，歷史現實顯示他們也有貪戀權位、淫亂敗德的時刻，羅馬公教的架構體制完全沒有制衡考慮，遇有品格淪喪的教宗登位，就只有無奈忍受，完全無法罷免；若在教宗選舉上出現爭議，產生如大分裂期間多個教宗並立的局面，教會亦完全沒有機制解決。

然而回顧歷史，教宗為首的體制改革，確也曾在歷史中產生積極作用，幫助教會從世俗政權的操控中釋放出來，使教會能確切按照教會法規行事，有空間依據屬靈領袖的信仰原則發展教務。事實上，任何體制都有相對的優點與缺點，其利弊很在乎人如何運用，能否與相關羣體的特質配合；擁有權力愈自由，可以成就的事情愈多，可能造成的破壞也愈大；相反權力受到限制，處事時可能會感到捆手捆腳，但造成破壞的機會也可減少。在羅馬公教體制的例證參考下，基督新教逐漸發展出不同的教會制度；當中可粗略分為監督制、長老制和會眾制 3 類，它們各有優劣，茲分述如下：

一、監督制：延續羅馬公教的傳統，以主教或監督為地方教會最高領袖；基督新教中的聖公宗、信義宗和循道宗，皆採用此體制。監督制的特點是權力集中，能避免意見不同而造成分化。若監督具屬靈洞見，這體制將有助推動教會發展，可以毫無攔阻地實現理想；然而，若有監督心懷不軌，以權謀私，問題會變得難以糾正，容讓奸人繼續當道。

二、長老制：修正羅馬公教的傳統，主張由眾長老組成堂議會、長老團和總議會等層層架構，共同聯合領導；基督新教中的改革宗和長老宗，皆為採用此種體制的佼佼者。由於長老制強調集體領導，故能在一定程度上互相監察，避免出現因一人獨大而錯謬無法糾正的問題；然而，若長老團隊彼此不和、意見不合，可以相當耗費資源，防礙聖工發展。

三、會眾制：屬羅馬公教傳統的反動，強調信徒皆祭司，以會友大會為教會最高權力機關，故會定期召開大會；休會期間由會眾選出的執事會，負責領導和治理的工作；基督新教中的公理宗和浸信宗，均實施這種體制。會眾制的特點是權力全面分散，信眾參與相對投入；惟若會眾不夠成熟，就很容易迫使牧者以討人喜悅的方式牧養，偏離專注於神的原則。

上述幾種制度均各有長短，很難簡單評論誰優誰劣，端視乎應用羣體的實況和需要。就像用餐時的叉與匙，若信眾與神與人融洽如湯水，就當以匙為具；若各自獨立如意粉，則相信叉比較合用。事實上，各宗派體制實質都是分佈在統一與多元這光譜之上，由監督制的從上而下、中央集權，到會眾制的從下而上、堂會自治，各有不同比重。從香港華人教會的發展實況，其優勢可簡述如下：

一、統一的優點：統一集權的宗派普遍較能有效調動人手資料，以承擔重大事工發展的需要。因此，香港聖公會教省、中華基督教會香港區會和香港基督教循道衛理聯合教會，這些中央總會權力較大的宗派，其興辦學校教育和組織社會服務的數目，均遠比同規模的福音派宗派為多。

二、多元的優點：堂會獨立自主的宗派，普遍彈性較高，可按個別堂會實況調整內部結構和牧養策略，達至更理想發展。現時香港信徒人數最多的宗派，包括香港浸信會聯會、基督教宣道會香港區聯會和中國基督教播道會總會，均採此類自主模式，聯會或總會皆以輔助堂會發展為本。

溫習及思考問題

1. 上半中世紀的教堂，主要有哪幾類來源？這些教堂能否清楚劃分？

   a. ______

   b. ______

   c. ______

   d. ______

   e. ______

f. ______________________________

□能夠清楚劃分　　　　　　□不能夠清楚劃分

2. 試填寫下表，綜合上半中世紀時期，下列人物在地區主教篩選和授職上的角色。

	相關人物在地區主教篩選和授職上的角色
教區內聖品和信眾	
鄰近主教	
當區省主教	
羅馬教宗	
當地統治者	

3. 試綜合簡述下列中世紀教宗在西方教會體制改革上的主要貢獻。

利奧九世：______________________________

____

尼古拉二世：______________________________

____

貴格利七世：______________________________

____

加里斯都二世：______________________________

____

4. 試填寫下表，簡述中世紀中段的教會體制改革，對下列人物之教會角色和地位的影響。

	教會體制改革對有關人物之教會角色和地位的影響
羅馬教宗	
君王權貴	
樞機主教	
省主教	
教區聖品和信眾	

5. 影響政教關係，決定教宗權力高下，有哪 4 個主要因素？

a. ______________________________

b. ______________________________

c. ______________________________

d. ______________________________

6. 試在下列圖表上標示教宗地位上升和下降的原因。

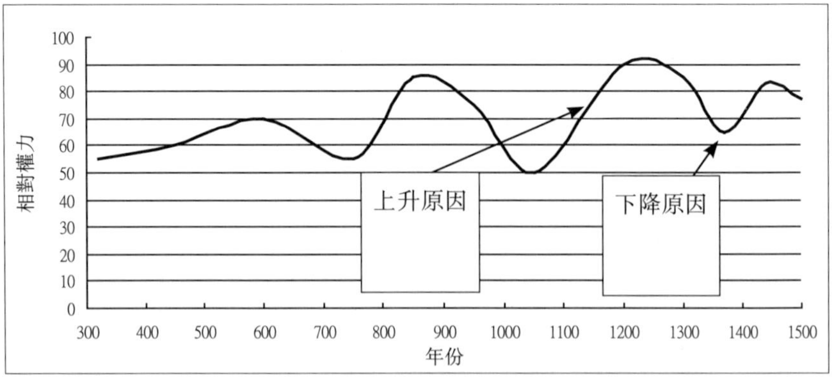

7. 依照本課內容，克呂尼運動所提倡的教會體制改革，最能具體實現的是歷史哪段時期？何以見得？

時期：______________________________

原因：______________________________

____

8. 西方公教和東方正教，哪個較能保存初期教會傳統體制？何以見得？請列出 3 個原因。

哪個較能保存？ □西方公教 □東方正教

原因一：______________________________

____

原因二：______________________________

____

原因三：______________________________

____

9. 試在下列圖表上標示君士坦丁堡主教長地位上升和下降的原因。

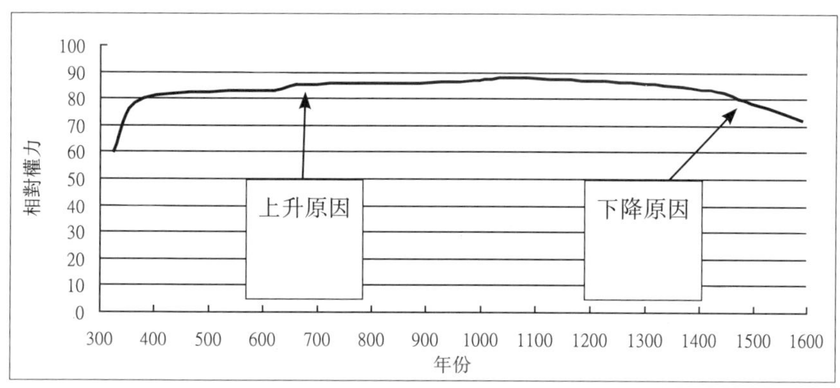

10. 你認為理想的教會體制應有何關鍵元素？羅馬公教教宗制度的弊病對你有何提醒？

進深閱讀書目

依曼．杜菲（Eamon Duffy）：《聖人與罪人：教宗的故事》。王憲羣譯。台北：新新聞，2000。

Collins, Paul. *Upon this Rock: the Popes and their Changing Role*. New York: Crossroad, 2000.

Henn, William. *The Honor of My Brothers: A Short History of the Relation between the Pope and the Bishops*. New York: Crossroad, c.2000.

Tanner, Norman P., ed. *Decrees of the Ecumenical Councils*. Vol. 1. London: Sheed & Ward / Washington: Georgetown University Press, 1990.

信仰生活

來到最後部分，本章嘗試概要地勾畫出中世紀教會的羣體聚會實況，簡介昔日基督徒的主要信仰生活；這些宗教活動是前述屬靈傳統、神學教義和教會體制的具體反照。在此有兩點需要聲明：首先，由於中世紀基督宗教分佈範圍廣闊，除東西方教會的分歧外，各國民族的信仰表達也存在一定差異，故聚會情況頗具多元性，本章內容只為大要描述，不一定每一細節皆完全相同。其次，由於篇幅所限，本章只能討論中世紀較具代表性的宗教表述；我們要緊記在當時完全被基督教圍繞的社會裏，人民還有許多較個人性、家庭性的信仰活動，深入日常生活每一層面。

10.1 信眾恆常的聚會

中世紀歐洲的一大特色，是基督信仰無處不在，不論個人和公眾生活，均充滿濃厚宗教氣氛。許許多多的宗教性或社區性活動，都在教堂進行，教會成為民眾相聚交誼、宣傳信念的理想場所；遇有天災人禍，教堂更往往成為避難暫居的住處。中國傳統相信「舉頭三尺有神明」，中世紀的基督徒也相信神、天使、魔鬼皆時刻在人世間活動，影響生活每一環節；聖職人員和屬靈修士的代禱和禮儀，能有效催吉避凶，帶來祝福與恩典。因此，教會在中世紀的宗教活動可謂有增無減。這些活動有些對外公開，有些專屬特定羣體；有些廣及全歐洲，有些為地區性；有些要求所有基督徒信守，有些可自由參與。可謂種類繁多，各式各樣！

10.1.1 日常定期的禮拜

中世紀基督徒的羣體與個人信仰生活，大多圍繞地方聖堂的禮儀聚會。其中西方公教稱為彌撒（Mass）、東方正教稱為神聖禮儀（Divine Liturgy）的常規禮拜聚會，是最普遍、最常見的宗教活動。與基督新教的公眾崇拜不同，中世紀東西方教會均將這類聚會與主耶穌的救贖緊密相連，重演祂的生平、死亡和復活，視為藉基督為信眾獻祭的活動，領受聖餐因此是聚會的高峯。彌撒和神聖禮儀原初主要在主日舉行，惟當信眾需求加增，次數很快變得頻密，成為各處聖堂每日皆舉行的聚會。

跟隨初期教會部分地區的傳統，東西方教會皆將禮拜聚會分成兩部分。上半部分對外開放，以唱詩和頌經為主，氣氛宏偉熱鬧，後世稱之為「聖道禮儀」（Liturgy of the Word）或「慕道者禮儀」（Liturgy of the Catechumens）；下半部分只供教友參與，重點領受聖餐，要求壯嚴肅靜，後世稱為「聖餐禮儀」（Liturgy of the Eucharist）或「忠信者禮儀」（Liturgy of the Faithful）。在上半部分結束時，尚未藉水禮正式入教者會被呼籲離去；惟當基督信仰漸成歐洲文化習俗，所有人皆在嬰孩時期接受水禮，這呼籲離去的步驟也漸漸省略。

原來在初期教會裏，禮拜聚會的程序比較簡單，全體信眾一同參與；惟經過許多世代的演變，中世紀教會的祈禱、誦經、唱詩等均滲入豐富的禮儀元素，有複雜而嚴格的要求。在一般信眾無法跟隨的情況下，禮儀聚會漸成曾長期受訓之聖職人員的專利；會眾大部分時間只能遙望禮儀進行，無法參與；即使唱詩也多只限於詩班，會眾只能隨聲和應。特別是西方教會，當普羅平民皆只懂地方語言之時，羅馬公教的彌撒仍堅持以拉丁語進行，大部分會眾根本對彌撒內容不甚了解，聖俗之隔更為突顯；在東方教會，由於神聖禮儀所用的希臘語和斯拉夫語，跟當地平民百姓的日常用語大致相同，信眾相對較能投入參與。

早期東西方教會均有多套禮拜程序，各具本身特色。東方有亞歷山太禮儀（Alexandrian Rite）、敍利亞禮儀（Syrian Rite）、巴西流禮儀（Liturgy of Basil）和屈梭多模禮儀（Liturgy of Chrysostom）；西方也有羅馬彌撒（Roman Mass）、高盧彌撒（Gallican Mass）、安波羅修彌撒（Ambrosian Mass）和莫查拉伯彌撒（Mozarabic Mass）等。隨著時間過去，禮拜儀式開始邁向統一；東方以屈梭多模禮儀為日常使用程序，遇有重要節期則改用較長的巴西流禮儀；而西方則在卡羅林王朝查理曼大帝的推動下，統一採用羅馬彌撒。禮拜程序主要有誦讀、講道、信經和聖餐，中間穿插著許多詩歌和禱文。

屈梭多模禮儀其中一項重點特色是分有「小進堂禮」（Small Entrance）和「大進堂禮」（Great Entrance）。「小進堂禮」重點在於突顯聖道，引導會眾思想主耶穌的傳道職事；開始時象徵基督墳墓的王門（Royal Door）打開，主禮團提著燭光、聖經和十架從北門來到台前；祭童手持燭光前行，代表彌賽亞的先峯施洗約翰；執事隨後站在王門前高舉聖經，宣告上帝的智慧大能。「大進堂禮」注重聖餐的餅和酒，強調耶穌死亡和復活所帶來的恩典；主禮人手持聖餐杯，執事將聖餐餅盤頂至頭上，從北門離開祭壇，象徵放棄世俗追求；然後從王門回到壇前，擺置聖餐器具、罩上布紗，然後關上王門，象徵基督死在壇上、墳塋緊閉；禮儀期間有分別手持十架、長矛、皮鞭、荊棘冕的襄禮團伴隨。守餐時，聖職人員先在王門後領受；領畢王門再度開啟，象徵基督復活、墳塋打開，然後信眾有秩序地來到壇前領餐。

與東方的神聖禮儀相比，西方的羅馬彌撒顯得簡潔樸實；禮拜程序相對簡短，儀式情節也不那麼複雜。惟當羅馬教宗地位日高，彌撒也逐漸加入浮誇成分，有甚為鋪張的排場，並加入香爐、聖鐘等器具以塑造氣氛。為免聖餐寶血濺到地上，自十世紀開始教友不許再領受杯，整個聖餐過程只能領受餅。

在主教座堂或大修道院裏，不論西方的彌撒或東方的神聖禮儀，均有許多人分工參與；除主持的主教、神父或長老外，還有執事、讀經員、領詠員和詩班等各自負責不同部分，配以會眾在適當時候作出簡短回應。教會傳統規定，主持司祭者必須為男性；詩班通常由詠禮修士或隱修士組成，婦女聚會通常改用修女詩班。地區聖堂人手資源較為短缺，一般會參照主教座堂或大修道院的模式運作，惟儀式略為簡化；有時位處偏遠的細小聖堂，整個聚會可約化至由一位司祭獨力主持，省略詩班部分，也可說甚具彈性。

東方教會「屈梭多模禮儀」		西方教會「羅馬彌撒」	
進台式（Liturgy of Entrance）			
進堂詠	Entrance	進堂詠	Introit
預備禮儀	Liturgy of Preparation	求主垂憐經	Kyrie
時候經	Kairos	光榮頌	Gloria
		集禱經	Collects
慕道者禮儀（Liturgy of the Catechumens）			
祝福詞＋大連禱	Opening Blessing + Great Litany	書信誦	Epistle
第一唱和頌＋小連禱	First Antiphon + Little Litany	答唱詠	Gradual
第二唱和頌＋小連禱	Second Antiphon + Little Litany	歡呼詞	Alleluia
第三唱和頌（八福）	Third Antiphon (Beatitudes)	福音誦	Gospel
小進堂禮	Small Entrance	講道	Sermon
三聖頌	Triagion	信經	Credo
書信誦	Epistle		
歡呼詞	Alleluia		
福音誦	Gospel		

講道	Homily		
懇求禱文	Litany of Fervant Supplication		
慕道者禱文	Litany of the Catechumens		
堅信者禮儀（Liturgy of the Faithful）			
二首堅信者唱和頌	Two Litanies of the Faithful	聖祭禱文	Offertory Prayer
基路伯詩	Cherubic Hymn	獻禮經	Secret
大進堂禮	Great Entrance	頌謝詞	Preface
獻禮啟應文	Litany of Fervant Supplication	稱聖頌	Sanctus
信經	Symbol of Faith	祝聖經	Canon
聖祭禮儀	Anaphora	主禱文	Pater Noster
稱聖頌	Sanctus	神羔羊頌	Agnus Dei
聖母頌	Hymn to the Theotokos	領聖體	Communion
懇求禱文	Litany of Supplication	領聖體後經	Postcommunion
主禱文	Lord's Prayer		
聖禮禱文	Communion Hymn		
領聖禮	Holy Communion		
感恩詩	Hymn of Gratitude		
感恩禱文	Litany of Thanksgiving		
禮成式（Liturgy of Dismissal）			
默禱	Prayer behind the Ambo	祝福差遣	Ite missa est
祝福差遣	Dismissal	主恩頌	Deo Gratis

10.1.2 教會年曆的節期

自君士坦丁以後，基督教的節期不斷增加。除記念主耶穌基督的降生、死亡和復活的節期外，還有給耶穌母親馬利亞和使徒彼得等聖經偉人的聖日紀念；此外，各區還有特為當地著名殉道士、重要主教和屬靈修士而設的節日。羅馬帝國覆亡和蠻族入侵並沒有扭轉此趨勢，相反更因各民族的獨特歷史經驗，增加許多地區性節期。到中世紀，教會幾乎由歲首到年終，天天都有不同節慶，記念不同人物或事迹；惟有些節期乃根據神話傳說而設，有導人迷信之嫌。然而，東西方教會此時最重要的節期紀念活動，仍是以三一神救恩歷史為主線的教會年曆，當中有以下幾個重要部分：

a. 將臨期（Advent）：原來始於聖誕節前 40 日，七世紀開始減至 4 星期，到聖誕節前夕完結。期間信徒要禁食禱告、悔罪備心，禁止一切娛樂喜慶，以示在幽暗的時光中等候基督降臨；值得注意，將臨期非獨記念基督首次降臨，也指向祂的再來，故有提醒信徒預備面對將來審判的意味。
b. 聖誕節（Christmas）：日期為 12 月 25 日，此日原為異教太陽神節，相信是因君士坦丁當初誤以耶穌為太陽神而揀選這日；傳統聖誕節期自平安夜開始慶祝，一直延續到主顯日，共 12 日。惟因主顯日的曆法計算後來出現分歧，聖誕節的慶祝有時會略為延長。
c. 主顯日（Epiphany）：早期定於 1 月 6 日，後來部分地區因古曆法計算問題而延至 1 月 13 或 19 日。節期記念主耶穌受洗顯現為彌賽亞，西方教會後來也以這日記念博士們的朝拜。主顯日後開始多個非節期性的平常週，信息多以耶穌傳道事迹為主題。
d. 大齋期（Lent）：由聖灰日（Ash Wednesday）到復活節前夕，不計中間 6 個主日，共計 40 日。期間要為基督的受難而哀傷懺悔、禁食禱告；最末在棕樹主日（Palm Sunday）記念主騎驢進城，在受難日（Good Friday）思念十架，並於復活節前夕（Holy Saturday）守夜。

e. 復活節（Easter）：日期為 3 月 21 日後第一次月圓後的首個主日，由於東西方教會所用曆法不同，日期時有差異；教會多在此時舉行洗禮。復活節期的慶祝長達 50 天，期間充滿喜樂，信息集中主復活後的顯現和升天事迹；復活節後 40 天記念升天日（Ascension Thursday）。

f. 五旬節（Pentecost）：原為猶太人的七七節，日期為復活節後第五十日。基督徒於此日慶祝聖靈降臨及教會誕生。五旬節後開始長達 20 多個非節期性的平常週，信息以聖靈降臨後的教會使命為主；五旬節後第一週稱為三一主日（Trinity Sunday），以宣告三一神臨到與人同在。

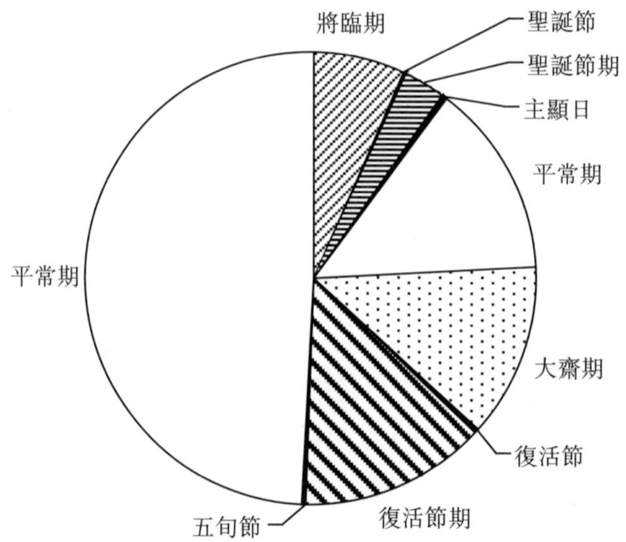

除上述教會年曆的節期外，此時東西方教會較注重的節日，還有 8 月 9 日的聖母誕生節（Nativity of the Theotokos），3 月 25 日的天使報喜節（Annunciation of the Theotokos），2 月 2 日的聖殿獻主節（Presentation of Our Lord in Temple），8 月 6 日的主顯聖容節（Transfiguration of Our Lord），8 月 15 日的聖母升天節（Assumption of the Theotokos），及 11 月 1 日的諸聖日（All Saints Day）。

10.1.3. 其他教會的活動

除日常禮拜和教會年曆外，中世紀信徒尚有許多頗具特色的宗教生活，如聖物收藏、遺骸崇敬、聖地朝聖等。其中影響較深遠的，是貴格利聖詠（Gregorian Chant）和祈禱時刻（Canonical Hours）的廣泛流行。

「貴格利聖詠」創始於六世紀末，當時教會以拒與俗世同流的心態棄用流行音樂，教宗貴格利一世遂嘗試有系統地收集、篩選和整理西方的教會詩歌，作為誦經祈禱和禮拜儀式時的伴唱。這些聖詠為四線譜素調，只用人聲清唱，沒有樂器伴奏；由於屬禮儀歌曲，故歌詞全用拉丁文；頌唱者主要為聖品或修士，一般信眾很少唱和。後來聖詠被編修成書，以後又經歷多番演變，逐令聖詠團發揚光大，迅速流行於西方各地，成為中世紀初期教會音樂的一大特色。即使後來教會對民間音樂聖俗之分的隔閡漸漸消除，種種樂器如風琴等於教堂流行，貴格利聖詠仍被廣泛使用；特別在修道羣體中間，這類聖詠更是修士們每日誦詩的曲調。

「祈禱時刻」指定時進行祈禱經課，原為修士的日常操練；隨著修道運動於教會流行，這種操練也逐漸在聖職人員和敬虔信徒中間普及，惟採用較修道院簡約的祈禱經課程序。由於東西方的修道規章，原來在流傳和編訂過程中互相參照，各地修院的祈禱時刻可謂大同小異。按照西方修會通用的《本篤會規》，所有修士均要在特定的時刻，每日 7 次進行祈禱經課操練；依據當時將日夜各分 12 個時辰的習慣，7 次祈禱時刻分別為讚美經、一時經、三時經、六時經、九時經、晚經和補充經，另要在零晨起來做夜課；每次經課皆有特定的聖詠，唱誦指定的詩篇，每週皆循環地念誦全卷詩篇一次。後期興起的修會如方濟會等，也延續此祈禱時刻的傳統，惟經課的計算略有出入；較常見的是將夜課視為晨經，以取代一時經或三時經。

a. 晨經（Martins）：古稱夜課（Vigiliae），時間約為零晨 2 時至 3 時。

b. 讚美經（Lauds）：或稱晨禱，必須在天方破曉時念誦，時間約清晨 6 時。

c. 一時經（Prime）：或稱早禱，時間為日出後不久，約清晨 7 時。

d. 三時經（Terce）：或稱午前祈禱，時間為日出至正午中間，約上午 9 時。

e. 六時經（Sext）：或稱午時祈禱，時間為正午，即中午 12 時；在日照較長的季節，六時經後可進食午膳。

f. 九時經（Nones）：或稱午後祈禱，時間為正午至日落中間，約下午 3 時。

g. 晚經（Vespers）：或稱晚禱，晚餐以前念誦；《本篤會規》規定晚餐必須在日落之前結束，故晚經時間應為日落前約 1 小時，即下午 5 時。

h. 補充經（Compline）：或稱夜禱，日落後所有修士皆完結當日職務後聚集進行，時間約晚上 7 時至 8 時；補充經後必須保持緘默，準備就寢。

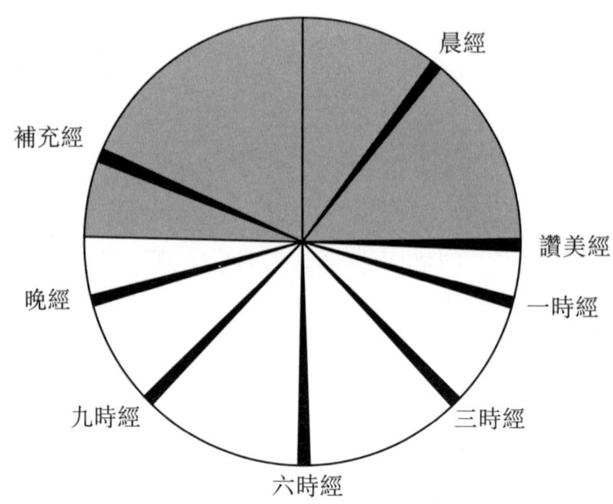

《本篤會規》中的祈禱時刻要求

如同先知所說：「我因祢公義的典章一天七次讚美祢」（詩一一九 164）。若果我們在念讚美經、一時經、三時經、六時經、九時經、晚經和補充經時，盡了我們事奉的本分，我們就可滿足這「七」的神聖數目；因為先知所說的「一天七次讚美祢」，就是指這些日課。至於夜課，那位先知也說：「我因祢公義的典章半夜必起來稱謝祢」（詩一一九 62）。所以我們在指定的時刻，念誦讚美經、一時經、三時經、六時經、九時經、晚經和補充經，讚美我們創造主「公義的典章」之餘，夜間還要起來稱謝祂。

《本篤會規》第 16 章

10.2 教會特殊的禮儀

在中世紀教會裏，信徒的個人信仰生活圍繞著不同聖禮：孩童出生不久，父母就要帶他們到附近聖堂接受水禮，使他們歸入基督徒羣體之中；婚姻被視為聖禮，一對新人要到教堂接受聖職人員的祝福；病重、死亡和安葬，皆有不同聖禮配合。此外，還有許多不同禮儀，適合人生種種喜樂與哀傷時刻。可以說，聖禮是中世紀東西方教會的重要特色，其受重視程度、細節的要求和施行的次數，皆遠比現代基督新教為多為高！

10.2.1 聖禮意義與數目

在中世紀，東西方教會皆以聖禮（*Sacramentum*）為教會生活的重要部分。堅守傳統的東方正教，在接受聖禮為屬神奧祕之餘，亦滿足於早期教父的詮釋，沒有就其意義進一步深入究問；相反，重視理性推論的西方公教，則在中世紀時期曾就聖禮神學出現多番討論、爆發多輪爭議，大大豐富其教義內函。

關於聖禮的意義，著名教父奧古斯丁清楚指出，聖禮是「不可見恩典的可見標記」；而使可見標記生發功效的就是聖道。西班牙塞維利亞主教伊西多爾（Isidore of Serville，約 560 ～ 636），嘗試從拉丁原文字義推斷聖禮乃

「奧祕」(*secretum*)，是屬天恩典隱藏於地上形體的神聖賜予。此後的中世紀神學家，基本上皆在奧古斯丁和伊西多爾的基礎上建造，或加添細節，或進深推論。例如阿奎那就進一步解釋聖禮產生功效的原因，並非由於聖禮本身，而在於神使用聖禮，要藉之賜下恩典；其中最關鍵的元素是神的能力和動工。那麼，施禮者的身分與品德會否影響聖禮的功效？受禮者的意願和信心是否重要？這些問題皆曾惹起不少爭議。結果，在 1439 年舉行的佛羅倫斯會議上，西方教會正式通過，建構聖禮主要有 3 大元素，就是適切的物質、聖道和施禮人。

至於聖禮的數目，中世紀初期並沒有清晰界定，可謂眾說紛紜。直到十二世紀初期，倫巴都匯合當時各方意見，在其名著《四部語錄》中提出七聖禮之說，就是水禮(Baptism)、堅振禮(Confirmation)、聖餐禮(Eucharist)、告解補贖禮(Penance)、臨終膏油禮(Extreme Unction)、授聖職禮(Orders)和婚禮(Matrimony)；此說很快成為中世紀聖禮觀的主流。1439 年的佛羅倫斯會議，正式將七聖禮說接納為羅馬公教的正統立場。這 7 項聖禮中，水禮、堅振禮和授聖職禮皆屬一次性，會在受禮者的心靈中加上不可磨滅的印記，因此不能重複；相反，其餘 4 項聖禮都屬暫時性，不會加上印記，因此可重複施行。

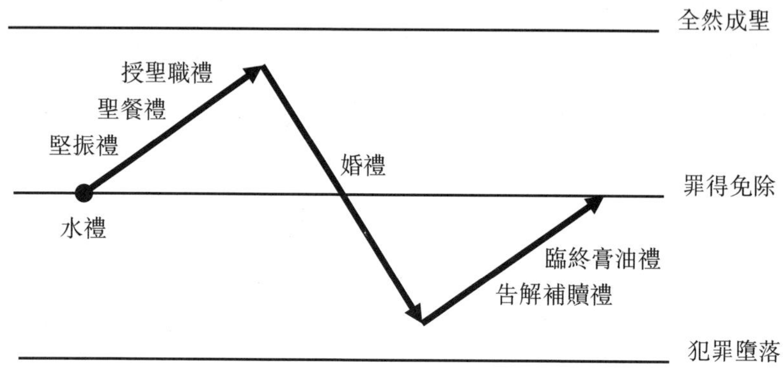

在中世紀強調審判和罪罰的氣氛裏，恆守聖禮廣被視為有助信徒積聚善功、減輕煉獄刑罰的有效途徑。當中水禮賜人屬靈生命，使信仰追求和善功積聚得以開展；堅振禮能夠堅固信心，聖餐禮滋養屬靈生命，授聖職禮賜人能力管理和擴張教會，這 3 項聖禮皆有助生命提升；若信徒犯罪跌倒，告解補贖禮和臨終膏油禮皆能去除罪污、醫治靈魂；至於婚禮，則可給信徒合法途徑宣涉情慾，有防治罪惡的功效。

1439 年佛羅倫斯會議有關聖禮的議決

……新法規有 7 種聖禮，就是水禮、堅振禮、聖餐禮、告解補贖禮、臨終膏油禮、授聖職禮和婚禮，這與舊法規有很大差異。……藉著水禮我們得著靈命重生；藉著堅振禮我們在恩典中成長，信心得以堅固；一旦重生與堅固，我們就可藉著聖餐禮的天糧得著餵養。然而若因犯罪而使靈魂軟弱病患，我們可藉著告解補贖禮得到靈裏的醫治；同樣，臨終膏油禮也適合靈魂和身體的復原。藉著授聖職禮，教會得著管治，以助靈魂加增；藉著婚禮，肉身得到增長。……所有這些聖禮皆由 3 個元素構成：就是物質作材料，聖道作形式，及有意按教會標準施行聖禮的施禮人；三者若缺少任何一個，聖禮皆不能生效。……這些聖禮中有 3 個會在受禮者的靈魂中加上不可磨滅的印記，使其與別不同，這些聖禮就是水禮、堅振禮和授聖職禮，因此不可重複施行在同一人身上；然而其餘四個聖禮不會加上印記，故可以重複施行。

第 8 節會議議決

10.2.2 水禮功能與施行

在眾多聖禮中，水禮佔據最重要、最基礎的位置。對中世紀神學影響甚深的教父奧古斯丁指出，世人都從始祖亞當承襲了原罪，無力行善；透過水禮，所有從始祖而來的原罪和本身所犯的罪皆得以除淨，使人重新蒙神悅納，得稱為義。1439 年的佛羅倫斯會議清楚聲明，水禮在眾聖禮中佔據首要位置，因為屬靈生命是由此而生，基督徒是藉著水禮而成為教會的成員、基督的身體，從而得有分於天國。

早期教會對接受水禮者有嚴格的要求，初信者要接受 2 至 3 級的慕道課程，經過品格行為上的檢視，及信仰理念上的考問，才得獲准接受水禮；此嚴謹要求在中世紀初期一直延續。惟根據奧古斯丁的見解，嬰孩初生時留有原罪；中世紀的基督徒父母皆傾向在子女初生不久，盡快送到鄰近聖堂接受水禮，以免他們因夭折而失去拯救。當基督宗教漸漸成為歐洲人的共通信仰，幾乎人人皆在初生時期接受嬰孩水禮，原初成人水禮的嚴格要求也意義大減，變得型同虛設。

至於水禮的施行方式，東西方教會皆承襲早期傳統，各地施禮步驟和儀式可謂大同小異；惟東方的施禮語言為希臘文，西方則採用拉丁文。綜合而言，中世紀的水禮有以下幾個主要程序：

a. 驅魔：主禮的聖職人員為受禮者驅魔，清除一切邪靈污鬼的搞擾，將受禮者從罪惡黑暗勢力中拯救出來。

b. 抹油：受禮前用橄欖油塗抹全身，強調預備身心，對抗撒但；東方教會的主教還會在受禮者額前畫上十字架，象徵基督的同在和保守。

c. 聖水：施禮者為聖禮所用的水祝福，祈求聖靈的能力進入水中，帶來重生力量；聖水必須為天然清水，冷暖皆可。

d. 水禮：施禮者按聖父、聖子和聖靈 3 部分，逐一詢問受禮者的基本認信，每次認信後隨即浸入水中，連續 3 次；後期有教會為方便施禮，逐漸由 3 次施水減為一次，並改以澆灌或灑水形式施行。

e. 膏抹：水禮後，教會長老會用聖香油給受禮者膏抹全身，功能是賜下聖靈；儀式初期在西方流行，後來東方教會也跟隨採用。

f. 按手：膏抹後，待油風乾，受禮者就會穿上衣服，進入聖堂；主教會在聖堂裏給受禮者按手，並用聖香油在其額上畫上十字架。

g. 彌撒：受禮者正式成為教友後，隨即可參加神聖禮儀或彌撒，領受聖餐，彼此相交；嬰孩受洗後，也會獲賜一口聖餐酒，以受滋養。

1439年佛羅倫斯會議有關水禮的議決

聖水禮在眾聖禮中佔據首要位置，因為它是屬靈生命之門，我們藉此成為基督的身體、教會的成員。罪因一人進入世界，正如真道所説，我們若不從水和聖靈重生，就不能進入天國。這聖禮所用的材料是真實和天然的水，冷熱皆可。形式是：「我奉聖父、聖子和聖靈的名給你施洗」；但我們並不否定用這類詞句施行的：「願這基督的僕人奉聖父、聖子和聖靈的名受洗」，或「這人藉我手奉聖父、聖子和聖靈的名受洗」，也是真水禮。因為三一神才是水禮擁有能力的基要緣由，施禮者只是外在施行聖禮的工具；若果儀式是由施禮者奉三一神的名施行，聖禮就為有效。此聖禮的施禮者須為獲授命施洗的聖職人員；然而若現實需要，不單神父或執事，就是平信徒男女，甚或異教或異端人士，也可施行洗禮，惟一條件是他們按照教會規定的形式，且有意成就教會要施行的。這聖禮的功能是除淨一切原罪與本罪，以及免除一切因過犯而當受的刑罰；因此受洗者無須為以往所犯的罪過承擔責任，相反受洗後未有犯罪而離世的，可以直上天國、得見真神。

第8節會議議決

10.2.3 聖餐變質與爭議

自初期教會開始，聖餐一直被視為基督徒宗教生活的重要部分；不論東西方教會，聖餐都是教會禮拜程序的核心。在聖餐中，信徒領受臨在於餅和酒當中基督的身體和血，藉此與主聯合，憑信心領受恩典；成年人每年最少要領餐一次，期望愈多愈好。值得留意，自二世紀中殉道者游斯丁（Justin Martyr，約100～約165）開始，教會已有在聖餐杯中，將水混入酒中的傳統；其中酒代表基督的神性，水代表人性，而基督徒乃藉著與基督的人性認同而得分享神性。這酒和水混合的處理一直在中世紀延續，且愈來愈普及；1439年的佛羅倫斯會議更將之正統化，要求各地教會一致跟隨。

有關聖餐的教義爭議，最重要的一次始於九世紀初法籍修道院長拉得伯土（Paschasius Radbertus，約 786 ～ 865）率先提出的化質說（Transubstantiation）。拉得伯土認為聖餐中的餅和酒，在聖職人員祝謝後，就會真實地變成基督的身體和血；外形和味道雖未見改變，但內裏的物質已全然被神的大能更新，餅和酒不復存在，已轉換成基督的身體和血。拉得伯土的化質說初期曾受到激烈反對，反對者包括神學家拉特蘭努（Ratramnus，卒於 868）和詩人修士哥特沙勒（Gottschalk，約 804 ～約 869）；後期還有經院哲學家貝倫加爾（Berengar of Tours，約 999 ～ 1088）等。惟基於當時信眾對神蹟奧祕的追求，化質說漸漸成為主流見解，支持者愈來愈多；在 1215 年舉行的第四次拉特蘭會議上，化質說正式獲宣告成為羅馬公教的標準教義；立場且於 1439 年的佛羅倫斯會議獲得詳細解釋，重申確認。

1215 年第四次拉特蘭會議有關聖餐禮的規條	1439 年佛羅倫斯會議有關聖餐禮的議決
世上只有一個普世真正的教會，在其中耶穌基督既是祭司又是祭牲，在祂以外別無拯救。祂的身體和血確實在聖禮裏包藏在餅和酒之中；藉著神的能力，餅和酒的物質被轉化成祂的身體和血……除了按照教會鑰匙按立的聖職人員以外，沒有人能使聖禮產生功效；這教會鑰匙是耶穌基督給予眾使徒及其承繼人的。…… 第 1 條	第三個聖禮是聖餐禮。其材料是麥餅，並祝聖前已加入少許水的葡萄酒；加入水的原因，是由於根據聖教父和教會博士們在長久爭議中的見證，相信基督原初設立這聖禮也是酒混和了水，以此代表祂的受苦。……同時，也因這正能適切代表聖禮的功效，就是基督徒與主聯合；因為按照啟示錄的話「眾水就是多民」（啟十七 15），水就代表人民。……這聖禮的形式就是救主設立這聖禮時的話語，聖職人員代表基督作出宣告，使聖禮產生功效。藉著這些話語，餅的本質變成基督的身體，酒的本質變成祂的血；此時，整個基督都包含在餅和酒的形態內；祝聖後的餅和酒，不論任何一部分，都有整全的基督。這聖禮的功能，就是使配受的人與基督聯合；由於世人是藉著恩典歸入基督、與祂聯合，這聖禮的結果是使這聯合的恩典，在配受的人裏面加增。就如物質的飲食維持、強健、醫治及滿足肉身的生命，這聖禮也同樣滋養屬靈的生命。…… 第 8 節會議議決

10.3 信仰教導的啟發

除禮拜和聖禮外，認識真理亦是信仰追求的重要部分。然而，中世紀教會普遍只關注某些特殊階級；對於普羅信眾，他們給予的信仰教導相對貧乏。羅馬公教強調信仰實踐比明白真理重要；因此，特為慕道者而設的基礎教理課程，可說是供平信徒學習的最主要信仰教導。然而，為培育教會領袖、建立事奉團隊，特為修士和聖品而設，具質素的裝備訓練不可或缺；在中世紀時期，最常用、最突顯的信仰教導，是修院學校、教堂學校，以及後期冒起的高等大學。

10.3.1 修院寄宿的培訓

日耳曼蠻族入侵時期，由於修道院位處偏遠，往往得免遭受掠奪的災禍，漸漸成為保存文獻典籍、研習知識學問的學術中心，是教會和社會培育人才的場所。早期的修院學校（Monastic Schools），主要是為培訓修士新丁而設，幫助他們適應修道生活、滿足種種需求；因此，修院學校的教導以宗教為主，內容包括修道規章實踐、默觀屬靈操練、經課誦唱方法、聖經真理學習、教父著作研讀、拉丁語文讀寫等等。然而為使訓練更整全，不少修院學校也提供當時流行的「博雅教育」（Liberal Arts）；惟當中的 7 大學科如何偏重，則很在乎修院有哪些專才承擔教學職責，部分程度頗為參差。

中世紀期間，不少基督徒父母會將無力撫養的子女送交修院，使之受訓成為修士修女；這類兒童有時數目頗為龐大，是修院學校最主要的培育對象。因長期得修院悉心的教導，受訓完畢的修士往往會獲授聖職，被認定為事奉教會的理想人選；中世紀不少教會領袖，包括教宗、主教和神學家，均自修院出身。為善用教學資源，修院學校許多時也開放供貴族子弟一同接受教育；在許多世俗權貴與富戶眼中，具規模的修院學校是培育子女成才的一流「名校」。

中世紀的「博雅教育」(Liberal Arts)			
初級	三道 Trivium	文法	Grammar
		修辭	Rhetoric
		邏輯	Logic
高級	四道 Quadrivium	算術	Arithmetic
		幾何	Geometry
		天文	Astronomy
		音樂	Music

10.3.2 教堂學校的出現

教堂學校(Cathedral Schools)始見於六世紀，初時乃為培訓聖職人員而設。六、七世紀日耳曼蠻族大量皈依時期，教會牧養需求急增，聖職人員供不應求，許多缺乏學問訓練的信徒獲委任承擔聖職；特別在地方鄉村的小聖堂裏，不少聖職人員皆為農夫出身，曾受的教育有限，他們很多會用死記方式學習以拉丁語主持彌撒和聖禮，卻不明其中意義。法蘭克國卡羅林王朝時期，查理曼大帝體會教育對國家的重要，要求各地教堂和修院設立學校，選拔專才擔任導師，供培訓具學問質素的聖職人員和貴族子弟之用；自此，教堂學校廣泛流行，遍佈西歐各大城市。

教堂學校多附設於主教座堂之內，原以培育聖職人員為主要目標；教學內容與修院學校相近，有全面的宗教研習和博雅教育，惟較偏重教會事奉的訓練。因應現實社會需求，教堂學校後來接收愈來愈多貴族子弟為學生，他們只欲獲取學問知識，無意成為聖職人員；部分教堂學校因而略作調整，加入社會政治和經濟體系等課程，以配合學員需要。因著人才缺乏，中世紀大部分教堂學校只能提供基礎的教育培訓，類似今日中、小學程度，沒有任何高等學位課程。學員要進修學習、豐富知識，就只有尋找專人個別指導；不少好學之士為求學問增長，會到不同教堂學校訪尋名師，以集各家之長。

因著社會改變、城市興起，修院學校和教堂學校的分歧於中世紀中期開始突顯。十三世紀道明會和方濟會等托缽修會興起以前，修院多建於偏遠鄉郊、自給自足、對外封閉，它們一直保存刻苦操練的修道傳統，追求默觀啟示、屬靈洞見、品德謙遜和順服權威，很少受到外界思潮的衝擊。相反，教堂學校設於各大城市，與外界社會聯繫緊密；特別當亞里士多德的哲學思潮，因十字軍東征而傳入，且引發經院哲學的興起，教堂學校很快作出回應與調節，轉以理性思維、邏輯論證、開闊知識和反省批判，為學術研究的追求方向。

<table>
<tr><th colspan="2"></th><th>修院學校</th><th>教堂學校</th></tr>
<tr><td colspan="2" rowspan="3">環境位置</td><td>附設修院之內</td><td>附設教堂之內</td></tr>
<tr><td>處身偏遠鄉郊</td><td>處身各大城市</td></tr>
<tr><td>對外比較封閉</td><td>對外聯繫緊密</td></tr>
<tr><td colspan="2" rowspan="2">成立目的</td><td>培訓修士新丁</td><td>培訓聖職人員</td></tr>
<tr><td>教育貴族子弟</td><td>教育貴族子弟</td></tr>
<tr><td rowspan="6">教學內容</td><td rowspan="3">宗教</td><td>聖經真理學習</td><td>聖經真理學習</td></tr>
<tr><td>教父著作研讀</td><td>教父著作研讀</td></tr>
<tr><td>修道規章實踐</td><td>教會禮儀施行</td></tr>
<tr><td rowspan="3">通識</td><td>拉丁語文讀寫</td><td>拉丁語文讀寫</td></tr>
<tr><td rowspan="2">博雅教育 7 科</td><td>博雅教育 7 科</td></tr>
<tr><td>政治經濟學科</td></tr>
<tr><td colspan="2" rowspan="3">追求方向</td><td>屬靈啟示洞見</td><td>理性邏輯思維</td></tr>
<tr><td>謙卑順服權威</td><td>反省批判傳統</td></tr>
<tr><td>重視操練敬虔</td><td>強調開闊知識</td></tr>
</table>

10.3.3 高等大學的研究

「大學」(Universities) 拉丁原文意謂團體、聯盟、公會。十二世紀，隨著十字軍帶來的東西方交流，社會對知識學問的需求加增；對外開放的教堂學校漸漸取代修院學校，成為培訓教育和學術研究的中心。為方便分享資源、交流知識、提升水平、彼此協調及保障權益，各相鄰教堂學校的師生開始聯合結盟，由此產生延續至今的大學體制。最早成立的大學，為波隆那大學、巴黎大學和牛津大學；此後，不同大學於西歐各地相繼成立，迅速成為高等教育的主要機關。中世紀的大學多由現存的教堂學校或修院學校聯合擴充而成，初時一直受控於地方教區之下，後期才漸漸脫離轄制，取得學術自由。

因著強烈的教會背景，中世紀大學的教授多為具相當學識的修士和聖品；十三世紀興起、強調真理教導的道明會，更是支持大學教育的重要力量。大學的基本入學條件，一般是整全完成指定的博雅教育，學員有青年、有成人；學生人數大多只有數百，超過千人的已屬頂尖學府。學士課程以掌握邏輯論證技巧為核心，鼓勵投入經院哲學式的研究，嘗試協調不同權威教會典籍的矛盾觀點；常見學位為專於為聖經加注的聖經學士 (Bachelor of the Bible)，和以《四部語錄》為焦點的語錄學士 (Bachelor of the Sentences)。中世紀的最高學歷，為與博士 (Doctor) 同義的碩士 (Master)；除博雅教育的 7 科外，碩士專科還有神學、法律和醫學等選擇。擁有碩士者等同取得大學教席，可以在其專研學科上任教；教學方法包括講座 (*Lectio*)、提問 (*Quaestio*) 和辯論 (*Disputatio*)，學員最後要經過考試評核才獲准畢業。

中文名稱	英文名稱	國家	成立年份
波隆那大學	University of Bologna	意大利	1088
巴黎大學	University of Paris	法蘭西	約 1160
牛津大學	University of Oxford	英格蘭	1167
帕倫西亞大學	University of Palencia	西班牙	1208
劍橋大學	University of Cambridge	英格蘭	1209
薩拉曼卡大學	University of Salamanca	西班牙	1218
蒙貝利耶大學	University of Montpellier	法蘭西	1220
帕度亞大學	University of Padua	意大利	1222
那不勒斯大學	University of Naples	意大利	1224
土魯斯大學	University of Toulouse	法蘭西	1229
比薩大學	University of Pisa	意大利	1343
維也納大學	University of Vienna	奧地利	1365
海德堡大學	University of Heidelberg	德意志	1386
耳弗特大學	University of Erfurt	德意志	1392

10.4 建築藝術的演變

中世紀的修院和教堂有許多宣講，惟對象皆以修士、聖品和貴族為主；他們講道全用拉丁語，長篇大論，複雜難明，充滿預言和引句；只適合於受過良好教育的專才，一般平民大眾難於理解。對於當時大部分人口均目不識丁的中世紀歐洲社會，教堂建築、聖壇裝飾、雕塑壁畫和彩花玻璃，才是給普羅信眾最主要的教導媒體；這些宗教建築和藝術，是中世紀信仰生活的重要部分。

10.4.1 教堂圖像雕刻的表徵

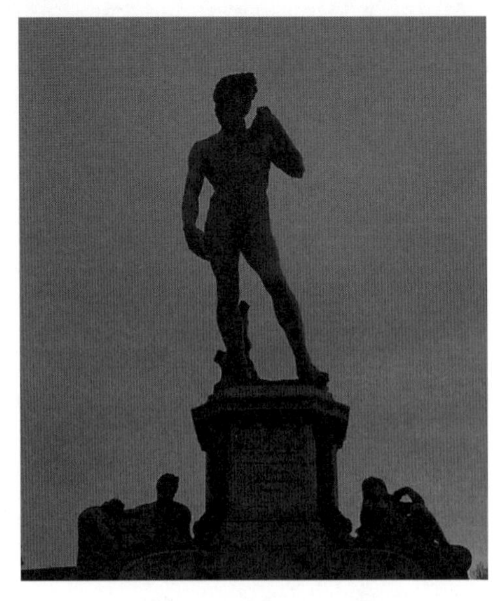
米高安哲羅廣場中的大衛像

初期教會受逼迫時期，教會傾向少用圖像雕刻，只保留一些如魚、鴿子、牧人等象徵性符號，以免誤導信眾崇拜偶像。惟基督教獲羅馬政權擁抱後，情況開始改變；宏偉教堂的建立，往往伴隨有美麗的裝飾，以聖經人物和教會先賢為主題的圖像壁畫、雕刻藝術迅速湧現。六世紀末教宗貴格利一世解釋，圖像能教化那些未受教育的人；它們不單無礙於基督信仰，且有益於信徒的靈性修養。因著信眾教育水平偏低，圖像雕刻就成為這時期傳達信仰知識、教授聖經故事、誘發宗教敬虔的重要工具。

因著肩負信仰教導的功能，中世紀的圖像和雕刻有濃烈的宗教導向；在配合神學教義的基礎上，嘗試將聖經故事和教會事迹以圖解方式展現。因此，表達內容傾向多元化，有創天造地、洪水毀滅、先祖蒙召、寄居埃及、進入迦南、大衛得勝、列王叛離、先知警示、天使報喜、基督降生、耶穌生平、最後晚餐、復活升天、差遣使徒及教會歷史等等。其中達文西(Leonardo da Vinci，1452 ～ 1519)的「最後晚餐」，米高安哲羅(Michelangelo di Lodovico，1475 ～ 1564)的「大衛像」和「最後審判」，以及拉斐爾(Raffaello Sanzio，1483 ～ 1520)的「登山變像」，皆為中世紀晚期的著名宗教藝術作品。此外，還有許多具有特定意義的象徵性符號，如羔羊代表基督、鴿子代表聖靈、龍或蛇代表魔鬼、百合代表純潔、火代表殉道，遍佈教堂周圍。選用材料除油畫外，還有木刻、石雕、馬賽克和彩花玻璃等。

東方教會方面，因著八、九世紀的圖像之爭，宗教藝術的表達受到規限；為減反圖像人士的對抗，避免崇拜偶像的指控，東正教會不接受立體雕像，只容許平面的鑲嵌與繪畫。然而，為表達尊重與崇敬，東方信徒惟有透過燙金等方法，盡力提升圖像的美感與價值，使之金碧輝煌、華麗奪目；由此衍生東正教圖像與別不同的特色。

10.4.2 西方教堂藝術的冒升

自四世紀君士坦丁皇帝開始，羅馬帝國政府大力資助興建、擴大和重修教堂；這注重教堂藝術、大量投資興建的趨勢，在蠻族入侵後依然延續。到中世紀，教堂已成為許多歐洲城市的地標，是城中最宏偉的建築物。按照建築藝術的特色，中世紀的西方教堂可大致分為 3 個主要類別：

a. 羅馬式建築（Romanesque Architecture）：演進自古羅馬帝國時期的建築風格，糅合日耳曼民族的藝術，為中世紀初期的主要教堂建築模式。其特色為圓形拱門、狹小窗戶、半圓屋頂、寬厚石牆和粗大圓柱；設計簡樸實用，未有摻雜華麗裝飾。然而為教育文盲信眾，教堂內多掛滿以聖經故事為題材的壁畫，並有許多基督教藝術擺設。

哥德式建築的西班牙塞哥維亞大教堂

b. 哥德式建築（Gothic Architecture）：起源於十二世紀法蘭西地區，後廣泛流行數百年，成為中世紀教堂建築輝煌時期的代表模式。其特色為尖形拱門、高大窗戶、高尖屋頂、較薄牆壁和高細圓柱；設計宏偉莊嚴，高指向天的外形充分表達信徒對屬天上主的嚮往。教堂窗戶上的彩花玻璃，砌成各式各樣、美倫美奐的宗教主題，誘發信眾的信仰情感與體會。

c. 文藝復興式建築（Renaissance Architecture）：主張回復古代希臘羅馬時期的典雅風格，十五世紀初興起於意大利，後迅速流行於西歐各處。特色為圓形拱門、半圓屋頂和勻稱圓柱，嚴謹地以圓形與方形的幾何構圖為設計原則，強調比例協調、規律和諧、對稱均等。隨著信眾知識水平提升，透過壁畫雕塑作信仰教導的成分減少，注重藝術與實用的結合。

混種式建築的西班牙塞爾維大教堂

值得一提，這時期的教堂建築，每每需時數十年甚或數百年才能完成；建築設計師離世後又更換，一代接一代。隨著時代轉變，新任的建築師常會按照當時流行的風格修訂原來的設計圖，使多種建築特色結合在同一教堂之內，結果產生不少「混種」教堂。現為全歐洲第三大教堂、位處西班牙南部的塞爾維大教堂（Cathedral of Seville）就是其中一例，該教堂原由清真寺改建，1402 年施工，1506 年完成；因著其獨特的歷史背景，塞爾維大教堂雖以哥德式建築為主，卻混雜了伊斯蘭和文藝復興式的元素；類似現象於歐洲教堂屢見不鮮。

10.4.3 東方教堂建築的特色

因著文化地域的距離，東西方教會的建築藝術存在相當差異；特別在日耳曼蠻族大遷移以後，東西方成為國家、族裔、語言均互不關連的羣體，彼此交流不多、關係疏離、發展獨立。在長逾千年的拜占庭帝國政權下，東方教堂的建築特色改變不大；由六世紀東羅馬皇帝猶斯丁年下令重建的聖蘇菲亞大教堂（Hagia Sophia），素為君士坦丁堡主教長的座堂，其代表地位一直延續到十五世紀拜占庭帝國淪陷，聖蘇菲亞大教堂被伊斯蘭教徒奪取變成清真寺，才告結束。與此同時，斯拉夫裔的基督徒羣體，因著語言文化、地域氣候的不同，亦發展出其本身特有的教堂建築模式。綜合而言，中世紀的東方教堂可大致分成以下兩類：

拜占庭式建築的土耳其聖蘇菲亞大教堂

a. 拜占庭式建築（Byzantine Architecture）：改進自古羅馬帝國的建築風格，揉合近東藝術特色，配以希臘式對等十字設計。特色包括高大的圓形拱門、細小的透光天窗和複雜多變的圓柱佈局，其中最重要的是無柱的圓拱天頂，為當時建築技術的一大突破；東方信徒認為教堂建築可反照天國，圓拱天頂是天堂的代表，基督的圖像鑲嵌在拱頂之上，象徵祂在天地宇宙間執掌王權。教堂各處鑲有馬賽克壁畫，誘發信眾默想思念；整體金碧輝煌，莊嚴華麗。

b. 俄羅斯式建築（Russian Architecture）：起源於十世紀的基輔羅斯公國，揉合羅馬式、拜占庭式和斯拉夫本身的藝術。特色包括圓形拱門、狹小窗戶和堅厚牆身，其中最重要的是多個圓拱形或洋葱形的屋頂，大小高低不一；結構形狀多變，設計有簡樸實用，也有複雜華麗。教堂內部多掛滿燙金的圖像壁畫，配以金光閃閃的裝飾和線條優美的吊燈，令人肅然起敬。

俄羅斯式建築的聖巴素大教堂

教堂設計的原則理念

2,000 年來，基督教會一直重視教堂的設計與裝飾。即使在初期教會受逼迫時期，羅馬城外地下墓穴內的教堂還是滿佈壁畫。位處一些相對安全地域的，如杜拉歐羅普斯（Dura-Europos）的家居教堂，和迦帕多家（Cappadocia）的石中教堂，更是滿室宗教圖像，間格匀稱合用。基督宗教於四世紀開始獲國家政權擁抱接納，從此教堂設計便日見輝煌；馬賽克鑲嵌、燙金壁畫、精緻雕刻、彩花玻璃、名貴聖器大量湧現，有拜占庭式、羅馬式、俄羅斯式、哥德式、文藝復興式、巴洛克式、洛可可式、新古典式等不同建築風格。雖然宗教改革家對教堂裝飾的應用存在分歧，當時甚至有極端改革者衝入教堂大肆破壞，但主流領袖如馬丁．路德、加爾文和諾克斯（John Knox，約 1513 ～ 1572）等，皆對教堂裝飾和擺設的功用抱持正面肯定態度。歸納而言，在往昔歷史裏，教堂設計對基督教會有下列幾個主要功能。

一、信仰教導：除宣講和文字外，圖像壁畫和雕刻擺設亦是傳達宗教信息的良好媒介。許多時，視覺藝術比抽象語言還能深印人心。在信徒多不識字的初期和中世紀教會裏，教堂設計在信仰教導上的角色更顯重要。

二、神學表達：羅馬天主教聖俗二分，聖壇與會眾席間必有欄柵隔離；信義宗強調基督救恩，十架前不容任何阻隔；浸信會注重屬神話語，必將講壇放置正中。不論任何宗派，教堂設計往往是羣體神學信念的具體反映。

三、崇拜氣氛：踏足莊嚴宏偉的大教堂，肅然起敬的感覺往往會悠然而生；在舒適雅緻的小教堂裏，卻又有番心靈平靜的體會。合宜的教堂設計有助提升崇拜氣氛，雜亂庸俗的場所許多時會扣減宗教聚會的果效。

教堂設計也許是今日華人教會最常忽略的其中一環；特別在許多樓宇式教會，及寄附學校或社區服務的教會裏，崇拜環境不單欠缺宗教氣氛，不少更充滿滋擾，令人難於投入。或有人抗議，教堂設計耗費龐大，會浪費教會寶貴資源，若將金錢投放在福音或牧養事工上，豈不更有果效？值得深思的是，我們為求家居舒服、善用空間，有時會聘請室內設計師加以規劃，難道教堂環境不及個人家居重要？事實上，有些改善崇拜環境的安排，可以相當廉宜實用；例如一塊具宗教圖案的窗簾，一排印有經文的易拉架，皆有助阻隔視線，減少外來滋擾，傳達真理信息，增添宗教氣氛。筆者曾協助教會裝修設計的工作，在這方面有以下建議：

一、滿足神為焦點：教會崇拜的對象是三一真神，不是為滿足信眾。教堂設計優先思考的，不是教會領袖是否喜悅，會眾是否舒適，而是能否有助達成神設立教會的目的。例如選擇花紋圖案，具適切宗教意味的佈置，就應較可愛的卡通人物當得優先考慮。

二、配合神學教義：教堂設計和崇拜安排，均應能反映宗派的教義立場，正確傳達信仰理念。舉一反面例子，不少堂會詩班獻詩，會面向會眾、背向十架；倘若十架是象徵主的同在，那麼背向十架又怎能正確反映向神呈獻？難怪常有詩班員誤以為是獻詩給會眾。

三、適切崇拜氣氛：教堂設計能誘發會眾投入敬拜，強化宗教情感。所塑造的氣氛，可以是莊嚴宏偉、寧靜安憩、溫暖親切或陽光活力；這一些需與教會的特色和取向配合。設計教堂環境時，要為教會的未來取向定位；在寧靜安憩的小聖堂帶出熱情投入的敬拜，只會弄巧反拙。

四、對應實用需要：對許多華人教會來說，地方不足是最常見又最頭痛的問題；用作崇拜的場地，瞬息間又要用來分享愛筵、開主日學。針對這現象，教會可採用流動式的裝飾擺設，以增加彈性。例如在崇拜期間，用布簾遮蓋容易令人分心的海報，聚會完後才拉開讓會眾觀看。

溫習及思考問題

1. 閱讀本章內容時，有哪兩點聲明需要留意？

   a. ______________________________

   b. ______________________________

2. 中世紀東西方教會的禮拜聚會分成哪兩部分？兩部分各有何對象？

   上半部分：______________ 或 ______________

   對象：______________________________

   下半部分：______________ 或 ______________

   對象：______________________________

3. 試填寫下表，比較東西方教會的禮拜聚會。

	東方教會	西方教會
禮拜名稱	彌撒/神聖禮儀	彌撒/神聖禮儀
使用語言	拉丁語/希臘語/斯拉夫語	拉丁語/希臘語/斯拉夫語
日常禮儀	屈梭多模禮儀/羅馬彌撒	屈梭多模禮儀/羅馬彌撒
禮拜程序	相對較長/相對簡短	相對較長/相對簡短
儀式情節	相對簡潔/相對複雜	相對簡潔/相對複雜

4. 教會年曆有哪 6 個主要部分？

   a. ______________________________

   b. ______________________________

   c. ______________________________

   d. ______________________________

   e. ______________________________

   f. ______________________________

5. 《本篤會規》有哪 7 次祈禱經課操練？各經課約在何時？

   a. ______________________________

   b. ______________________________

c. ______________________

d. ______________________

e. ______________________

f. ______________________

g. ______________________

6. 羅馬公教的七聖禮，哪些屬一次性不能重複？哪些屬暫時性可以重複？

一次性：______________________

暫時性：______________________

7. 與現今華人教會常見的水禮比較，中世紀的水禮多了哪些程序？

____

____

8. 中世紀領餐所用的酒，與今日華人教會所用的有何分別？

____

____

9. 根據本章內容，高等大學是由修院學校還是教堂學校演變而成？何以見得？

____

____

10. 中世紀的圖像雕刻，有何主要的功能、內容和材料？

功能：______________________

內容：______________________

____

材料：______________________

11. 試按出現的時間次序，列出中世紀東西方教堂採用的建築模式？

a. ______________________

b. ______________________

c. ______________________

d. ______________________

e. ______________________

12. 常有新教徒批評中世紀教會的發展偏離正道，一無是處，你認同這立場嗎？為甚麼？

____

____

13. 整體而言，中世紀東西方教會的信仰生活對你有何啟發或提醒？

____

____

____

進深閱讀書目

韋柏（Robert E. Webber）：「哈利路亞崇拜系列」。孫寶玲譯。陳康主編。共 7 冊。香港：香港浸信會神學院，2003 ～ 2004。

格萊夫斯（Frank P. Graves）：《中世紀教育史》。吳康譯。上海：華東師範大學，2005。

Drury, John. *Painting the Word: Christian Pictures and their Meanings*. New Haven / London: Yale University Press, c.1999.

Gimpel, Jean. *The Cathedral Builders*. Translated by Teresa Waugh. New York: Harper & Row, 1984.

中英對照索引

1. 人物

2. 主題、文獻、地方

教會事工系列 伴您作多方面裝備，服事教會！

佈道對談——在日常生活中談論上帝
Holy Conversation: Talking About God in Everyday Life
理查·皮斯(Richard Peace)著／黃大業 譯／HK$68

不可或缺的教會——重獲流失的一代
Essential Church? Reclaiming a Generation of Dropouts
湯姆·雷納(Thom S. Rainer)、薩姆·雷納(Sam S. Rainer III)著／陳永財 譯／HK$88

101間香港教會經驗分析
葉松茂 著／HK$128

崇拜：歷久常新
Ancient-Future Worship: Proclaiming and Enacting God's Narrative
韋柏(Robert E. Webber)著／陳永財 譯／HK$73

崇拜與聖樂——理論與實踐全方位透視
陳康 著／HK$98

宣講中的聖經——生命更新的信仰記號
The Sign Language of Faith: Opportunities for Preaching Today
戴歌德(Gerd Theissen)著／許子韻 譯／HK$83

此時此道
孫寶玲 著／HK$58

信主之後(附研讀指引)
梁家麟 著／HK$83

屬靈生命的素質—— 聖靈果子研讀本(組長本)
The Quality of A Spiritual Life: Fruit of the Spirit Bible Studies (Leader's Guide)
施家倫(Peter Scazzero)著/郭詠儀 譯/HK$98

屬靈生命的素質—— 聖靈果子研讀本(組員本)
The Quality of A Spiritual Life: Fruit of the Spirit Bible Studies (Study Guide)
施家倫(Peter Scazzero)著/郭詠儀 譯/HK$83

事奉生命的建立—— 認識事奉的態度、原則與恩賜
郭鴻標 著/HK$63

屬靈品格的建立—— 認識屬靈的操練、品格與價值觀
郭鴻標 著/HK$68

創意無界限—— 百變聖經教室
霍張佩斯 著/HK$98

跳!跳!跳!動物嘉年華!
陳芝瑛 著/HK$68

彩虹錦囊—— 培育積極喜樂的孩子
邱陳潔雯 著/HK$83

聖經人物嘉年華—— 幼兒導師手記
陳芝瑛 編著/HK$88

心靈關顧—— 修正基督徒的培育和輔導觀念
Care of Souls: Revisioning Christian Nurture and Counsel
貝內爾(David G. Benner)著/尹妙珍 譯/HK$83

人際衝突與靈命塑造
陳校慈 著/HK$48

系統神學叢書

進入聖言思想的殿堂，剖示神學的方法及基礎。

統一與多元的基督教信仰
The Mosaic of Christian Belief: Twenty Centuries of Unity & Diversity
奧爾森（Roger E. Olson）著／李金好 譯／鄧紹光 學術顧問／HK$98

如此我信——基督教教義導引
The Christian Faith: An Introduction to Christian Doctrine
根頓（Colin E. Gunton）著／趙崇明、鄧紹光 譯／HK$108

基督、聖靈與救贖：基督教要義導覽
陳若愚 著／HK$118

上帝論：全球導覽
The Doctrine of God: A Global Introduction
卡維里（Veli-Matti Kärkkäinen）著／陳永財、蔡錦圖 譯／鄧紹光 學術審閱／HK$138

聖靈論：全球導覽
Pneumatology: The Holy Spirit in Ecumenical, International and Contextual Perspective
卡維里（Veli-Matti Kärkkäinen）著／陳永財 譯／鄧紹光 學術顧問／HK$93

教會論：全球導覽
An Introduction to Ecclesiology: Ecumenical, Historical & Global Perspectives
卡維里（Veli-Matti Kärkkäinen）著／陳永財 譯／鄧紹光 學術顧問／HK$118

基督教三一論淺析
The Trinity
奧爾森（Roger E. Olson）、霍爾（Christopher A. Hall）著／蔡錦圖 譯／HK$63

基督教基督論淺析
Jesus Now and Then
伯理奇（Richard A. Burridge）、古爾德（Graham Gould）著／區秉中 譯／HK$98

基督教詮釋學淺析
A Short Introduction to Hermeneutics
賈思柏（David Jasper）著／紀榮神 譯／HK$73

聖經：一個教義式的勾畫
Holy Scripture: A Dogmatic Sketch
約翰・韋伯斯特（John Webster）著／鄧紹光 譯／HK$78

聖潔神學
Holiness
約翰・韋伯斯特（John Webster）著／陳永財 譯／HK$48

緊扣時代 服事教會

以文字傳揚基督真道

讀者意見表

衷心多謝你購買本社書籍。本社一直致力以出版事工服事教會，幫助信徒扎根於神的話語，促進靈命增長。為使我們的出版更能滿足你的需要，請填寫下列各項資料，並寄回或傳真予本社。

所購書籍：____________________

本書最吸引你的地方：
□作者　□適切性　□文筆　□設計　□實用性
□其他：____________________

購買本書地點：
□基道書樓　□基督教書店　□非基督教書店

性別：□男　□女　職業：__________

信仰：□基督徒　□非基督徒

年齡：□ 16 歲或以下　□ 17～25 歲　□ 26～35 歲
□ 36～55 歲　□ 56 歲或以上

學歷：□中三或以下　□中五　□預科
□大學　□研究院

□我欲更多了解基道出版社的事工及考慮支持，請寄給我下列資料：
□機構簡介　□新書資料　□基道會員通訊
□《基道文字事工通訊》

姓名：__________ 電話：__________

地址：____________________

傳真：__________ 電子郵件：__________

其他意見：____________________

多謝賜教！

基道出版社

意見表可以傳真（2687-0281）或直接郵寄以下地址：
香港沙田火炭坳背灣街26號富騰工業中心1011室
基道出版社編輯部收